普通高等教育"十一五"国家级规划教材

市场调查与预测

（第五版）

刘红霞　编著

科学出版社
北京

内 容 简 介

本书从市场调查与预测的实际需要出发，系统阐述市场调查与预测的基本方法与实施技能。全书包括市场调查、市场预测、课程实训三个部分共11章内容。市场调查部分在介绍市场调查必备知识的基础上阐述了调查方案的策划、调查问卷的设计、调查方法的选择与应用、调查数据的处理与分析技术。市场预测部分在介绍市场预测基本理论的前提下阐释了定性和定量预测方法，以及调查报告的撰写要点。课程实训部分设计了课程实训指导及实训报告册，与前面的市场调查、市场预测两部分内容相互呼应，边学边练边总结，能力提升更显著。

本书可以作为培养大学生形成市场调查与预测能力的教科书，也可以作为市场调查者、营销者、企业管理者、咨询者提高市场调查水平和决策管理能力的案头手册，还可以作为创新创业意向者考察、分析市场项目的指导书。

图书在版编目(CIP)数据

市场调查与预测/刘红霞编著.—5版.—北京：科学出版社，2021.3
普通高等教育“十一五”国家级规划教材
ISBN 978-7-03-068462-2

Ⅰ.①市… Ⅱ.①刘… Ⅲ.①市场调查-高等学校-教材 ②市场预测-高等学校-教材 Ⅳ.①F713.5

中国版本图书馆CIP数据核字(2021)第052036号

责任编辑：任俊红　张春贺 / 责任校对：王晓茜
责任印制：赵　博 / 封面设计：蓝正设计

科学出版社 出版
北京东黄城根北街16号
邮政编码：100717
http://www.sciencep.com

保定市中画美凯印刷有限公司印刷
科学出版社发行　各地新华书店经销
*

2007年9月第　一　版　开本：787×1092　1/16
2021年3月第　五　版　印张：13 3/4
2025年1月第五次印刷　字数：326 000

定价：45.00元

(如有印装质量问题，我社负责调换)

前　言

本书是普通高等教育“十一五”国家级规划教材，是作者二十多年市场调查与预测实践教学与理论研究的成果，融入了国内领先水平的市场调查与预测教学、科研成果的最新进展，以最新观点设计了市场调查与预测的能力培养思路和提升方案，并依此方案诠释了市场调查与预测能力培养过程，直至达到市场调查与预测能力显著提升的效果。

本书特点主要有三方面，一是理念先进性，吸纳国内外教育教学先进理念，应用国内领先的科研成果，保持行业（国内）领先水平；二是实践操作性，立足于企业管理者的角度考量市场调查活动，注重实际操作；三是简明易懂性，本书语言力求简明易懂，保持亲切感。

本书是市场调查者、营销者、企业管理者、咨询者提升市场调查与预测水平和提高决策能力的案头手册，是商科教师开展实践教学的参考书，是大学生形成市场调查与预测能力的教科书，更是创新创业意向者考察、分析市场项目的指导书。特别是国家提出实施“大众创业、万众创新”战略已有数年且不断升级后，许多创业公司如雨后春笋般涌现，本书对于创业公司的管理者同样有用，希望能为他们调查市场情况、预测市场走向、做出战略决策提供有效的指导和帮助。

在本书的编写、出版过程中，许多同行专家提出的宝贵意见丰富了本书的内涵，郑州西亚斯学院李静、李素麦，郑州工业应用技术学院王永娟，商丘学院安峥参加了本书的编写，多所高校提供的实践教学平台使本书观点得以运用和验证，出版社编辑倾注大量心血确保本书的质量，这里一并表示感谢！

编　者

2021 年春

目　　录

前言
第 1 章　市场调查必备知识 …… 1
1.1　市场调查的含义和作用 …… 1
1.2　市场调查的类型 …… 3
1.3　市场调查涉及的范围 …… 11
1.4　市场调查的原则和程序 …… 14
1.5　市场调查的组织方式 …… 17
1.6　市场调查机构和人员 …… 22
第 2 章　市场调查方案策划 …… 31
2.1　市场调查方案策划的特点和作用 …… 31
2.2　市场调查课题的界定 …… 33
2.3　市场调查方案的编制 …… 37
2.4　市场调查方案的评价 …… 41
第 3 章　市场调查问卷设计 …… 46
3.1　调查问卷的类型及结构 …… 46
3.2　调查问卷设计的原则和步骤 …… 54
3.3　调查问卷问题与答案的设计 …… 56
3.4　设计调查问卷应注意的其他问题 …… 66
第 4 章　市场调查方法（上） …… 68
4.1　面访调查法 …… 68
4.2　小组座谈法 …… 75
4.3　电话调查法 …… 79
4.4　邮寄问卷法 …… 81
第 5 章　市场调查方法（下） …… 86
5.1　文案调查法 …… 86
5.2　观察法 …… 92
5.3　实验法 …… 96
5.4　网络调查法 …… 99
第 6 章　市场调查数据处理 …… 106
6.1　市场调查资料的审核与整理 …… 106
6.2　市场调查数据的处理 …… 108
6.3　市场调查数据的分析 …… 112

6.4 数据变量间的关系分析 …… 120
第 7 章 市场预测必备知识 …… 126
7.1 市场预测的含义和分类 …… 126
7.2 市场预测的基本原理和程序 …… 129
7.3 市场预测的作用与内容 …… 134
7.4 预测方法的比较 …… 138
7.5 影响预测效果的原因及模型修正 …… 140
第 8 章 市场定性预测法 …… 144
8.1 资料分析预测法 …… 144
8.2 市场调查预测法 …… 147
8.3 集合意见预测法 …… 152
8.4 专家预测法 …… 154
第 9 章 市场定量预测法 …… 162
9.1 时间序列预测的原理 …… 162
9.2 简单平均法 …… 164
9.3 加权平均法 …… 165
9.4 移动平均法 …… 165
9.5 指数平滑法 …… 169
9.6 季节指数法 …… 174
9.7 回归分析预测法 …… 178
第 10 章 市场调查报告撰写 …… 188
10.1 市场调查报告概述 …… 188
10.2 书面市场调查报告 …… 190
10.3 口头报告 …… 194
第 11 章 市场调查与预测课程实训 …… 199
11.1 市场调查的意义 …… 199
11.2 市场调查在我国的发展 …… 200
11.3 市场调查工作中存在的问题 …… 202
11.4 市场调查与预测课程实训设计 …… 203
11.5 市场调查与预测课程实训报告册 …… 204
主要参考文献 …… 213

第 1 章　市场调查必备知识

不懂品牌和策略
可以做好调查吗?

本章要点

1. 了解市场调查的含义、作用、类型、范围。
2. 掌握市场调查的原则、程序。
3. 了解市场调查的机构和人员。

1.1　市场调查的含义和作用

1.1.1　市场调查的含义和特点

1. 市场调查的含义

市场调查是指通过科学的方法有目的地收集、记录、整理和分析市场信息资料，从而判断市场未来发展趋势，并以此为依据作出经营决策，达到预期目标的活动。

2. 市场调查的特点

（1）目的性。市场调查是为了找出市场发展变化的规律，向用户提供决策依据。市场调查是一种了解市场特征、掌握市场趋势变动的手段，而不是最终目的。市场调查的最终目的是为有关部门和企业进行有关预测和决策提供科学的依据。因而，市场调查目标必须明确。

（2）客观性。市场调查要提供反映真实情况的准确无误的信息。市场调查必须采用科学的方法，不带任何偏见，不受感情因素的影响，对事实、证据的阐述必须排除主观性，进行合乎逻辑的推断。

（3）时效性。市场调查应在用户对信息需求的有效时间内完成，并提供给用户。市场调查有一定的时间限制，若不能按期保质保量地完成，则会失去其应有的意义。

（4）不确定性。市场调查所掌握的信息并不一定绝对准确、完整。市场的情况是不断变化的，有的时候有些条件是稳定的，但大部分的情况下市场是一直在改变的。例如，政府的政策在改变、竞争的力量在改变、供应的条件在改变等，所以即使获得的资料完整，也可能具有某些不确定性，市场调查也不能确保企业预测和决策一定能成功，不能认为搞了市场调查就万事大吉了。

（5）系统性。市场调查的每个阶段都要制订系统的计划。系统性，是指市场调查是对市场状况进行研究的整体活动；调查是必须针对某一个问题，明确目的，在先行设计、经过认真策划的基础上收集充分的、有代表性的数据并加以整理、分析和提出调查报告的一个系统过程。

（6）全过程性。市场调查是信息识别、收集、记录、整理和分析的过程。市场调查不是单纯的市场信息收集过程，而是对市场状况进行调查研究的整体活动。它是包括调查设计、收集资料、整理资料、分析资料和撰写调查报告等环节的一个完整的过程。

1.1.2 市场调查的作用

市场情况是在不断变化之中的，无论是在国民经济宏观管理中，还是在企业微观经营中，都要时刻掌握市场信息和市场动向，否则将会造成决策失误，最终导致国民经济的无序发展或企业经营亏损直至破产。因此，从某种意义上说，能否搞好市场调查，是关系到国民经济能否健康发展或企业生死存亡的大问题。

市场调查的作用具体表现在以下几个方面。

（1）及时把握市场需求变化的特点，掌握市场供求之间的平衡情况，为编制生产和经营计划、制订科学的经营决策提供依据。

在任何领域内，科学决策的基础都是具备有效的信息并且充分利用它。这既适用于包括财务、生产、人事、营销等部门的企业经营，也适用于非营利性组织。所有作市场营销决策需要的信息和获得信息的方法都可被视为市场调查的内容，它所提供的通常是有关市场核心问题的信息。

随着经济的发展、科技的进步，社会、政治、法律环境不断变化，社会购买力的大小及其投向也必然发生变化，必然影响市场的容量和商品产销结构。虽然每个企业只占市场销售量的一部分，但只有从宏观着眼，才能搞好微观经营。掌握并合理使用市场调查的资料，能使商品生产和经营计划的编制比较切合实际。

（2）有利于企业科学管理，提高企业的经济效益。在竞争的市场上执行一项决策可能需要很多财力，而且风险性很高。为了制订科学的决策，有必要使决策建立在更严密和更可靠的数据资料的基础上。另外，现代市场和市场营销的许多特性，诸如消费者的多样性、市场的国际化以及不断加速的变化步伐、市场不确定性的增长，使得凭直觉和经验作出的分析缺乏可靠性。而在过去的几十年间，为增强决策信心和减少某些风险而进行的正规的市场调查技术不断发展和走向完善。所以，要使企业提高经济效益，必须进行市场研究，使企业的经营活动符合消费者的需要，产品适销对路，以扩大市场占有率和在销售中的盈利。

（3）使企业及时了解消费者的评价、期望和想法。通过调查给消费者提供一个表达自己意见的机会，使他们能够把自己对产品或服务的意见、想法及时反馈给生产企业或供应商。这就要求消费者积极配合。事实上，哪个地区的消费者积极参与市场调查，毫不保留地将自己的意见提供给市场调查机构，哪个地区的消费者就能得到更好的产品和服务。

（4）使企业及时把握市场的脉搏。企业可以对日益复杂的分销渠道进行筛选，确定最有效的分销途径和分销方式，以尽量减少流通环节、缩短运输路线、降低仓储费用、降低销售成本。

（5）有利于企业开发更为广阔的市场。企业可以使自己的产品尽快成功地进入国内、国际市场。每个地区和国家的市场环境各不相同，对同一产品的供需情况可能有很大的差别。只有真正掌握了各个市场需要什么产品、需要多少以及消费者对产品有什么不同的要求，并且使自己的产品能够及时满足这些要求，才有可能使自己的产品在这些市场上畅销。所以，进行广泛的市场调查，是企业成功地进入更加广泛的国内市场和开发国际市场的前提条件。

1.2　市场调查的类型

市场调查按照目的、产品、空间、时间、方法、方式等的不同可划分为不同类型的调查。

1.2.1　按调查目的不同划分

1. 探测性市场调查

探测性市场调查是指对市场情况不十分明了时，为了发现问题、找出问题的症结、明确进一步深入调查的具体内容和重点而进行的非正式的调查。例如，某个企业拟投资开设一家新的综合商店，首先可作探测性调查，从店址选择、需求大小、顾客流量、交通运输条件、投资额等方面初步论证其可行性。如果可行，则可做进一步的深入细致的正式调查。

探测性调查一般不如正式调查严密、科学，一般不制订详细的调查方案，尽量节省时间以求迅速发现问题。它主要利用现成的历史资料、业务资料和核算资料，或政府公布的统计数据和长远规划、学术机构的研究报告等现有的第二手资料进行市场研究，或邀请熟悉业务活动的专家、学者、专业人员，对市场有关问题做初步的研究。

2. 描述性市场调查

描述性市场调查是指对需要调查的客观现象的有关方面进行的正式调查。它要解决的问题是“是什么”，主要描述调查现象的各种数量表现和有关情况，为市场研究提供基本资料。例如，消费者需求的描述性市场调查，主要是收集消费者收入、支出、商品需求量、需求倾向等方面的基本情况。

描述性市场调查要求有详细的调查方案，要进行实地调查，掌握第一手原始资料，尽量将问题的来龙去脉、相关因素描述清楚；要求系统地收集、记录、整理有关数据和有关情况，为进一步的市场研究提供市场信息。

3. 因果性市场调查

因果性市场调查又称相关性市场调查，是指为了探索有关现象或市场变量之间的因果关系而进行的市场调查。它所回答的问题是“为什么”，其目的在于找出影响事物变化的原因和现象间的相互关系，找出影响事物变化的关键因素。如想确定在价格与销售量、广告与销售量的关系中，哪个因素起主导作用，就需要采用因果性市场调查。

因果性市场调查可以从一定的因果式问题出发，探求其影响因素和原因，也可先摸清影响事物变化的各种原因，然后综合、推断事物变化的结果。通常把表示原因的变量称为自变量，把表示结果的变量称为因变量。在自变量中，有的是企业可以控制的内在变量，如企业的人、财、物等；有的是企业不可控制的外在变量，如反映市场环境的各种变量。

因果性市场调查为了找出市场变量之间的因果关系，既可运用描述性调查资料进行因果关系分析，也可收集各种变量的具体资料，并运用一定的方法进行综合分析、推理判断，在诸多的联系中揭示市场现象之间的因果关系。

4. 预测性市场调查

预测性市场调查是指为了预测市场供求变化趋势或企业生产经营前景而进行的具有推断性的调查。它所回答的问题是未来市场前景如何，其目的在于掌握未来市场的发展趋势，为市场管理决策和企业营销决策提供依据。例如，消费者购买意向调查、宏观市场运行态势调查、农村秋后旺季市场走势调查、服装需求趋势调查等，都是带预测性的市场调查。

预测性市场调查可以充分利用描述性市场调查和因果性市场调查的现成资料，但预测性市场调查要求收集的信息要符合预测市场发展趋势的要求，既要有市场的现实信息，更要有市场未来发展变化的信息，如各种新情况、新问题、新动态、新原因等方面的信息。

1.2.2 按调查针对的产品不同划分

根据针对的产品不同，市场调查可分为消费者市场调查、生产者市场调查和服务市场调查。

1. 消费者市场调查

消费者市场是指商品以满足个人生活需要为目的，商品购买者和使用者是商品的最终消费者。消费者市场的商品购买者是消费者个人或家庭，市场购销活动对象主要是最终产品——生活资料。购买活动是经常性的、零星的。由于商品消费的替代性较强，购销活动有一定的弹性。这个市场的购买者一般都缺乏较专门的商品知识，而且服务水平的高低对商品消费量影响很大。

2. 生产者市场调查

生产者市场则是指为了满足加工制造等生产性活动需要而形成的市场，按照我国的习惯，通常称为生产资料市场。生产者市场的购买者主要是生产企业、单位，购买的产品多为初级产品和中间产品，或者为生产资料，购销活动具有定期、大量和缺乏一定弹性的特点。这是因为许多生产过程需要特定的原材料，否则不能生产出合格的产品或有一定特征的产品。同时，生产者市场的购买者多具有专门知识，有较强的主见，不是轻易可以被说服的。

3. 服务市场调查

产品可以分为有形产品和无形产品，有形的产品可以从产品实物本身看到或在使用过程中体会到其外观是否美丽、内在质量是否可靠、技术含量是否高、包装是否恰当等。而服务市场中的产品是无形的，主要是对第三产业行业发展、市场竞争、服务项目及质量方面的调查，主要包括服务内容、项目、形式、覆盖面、时间、手段、措施及效果等方面的内容。

1.2.3 按调查的空间范围不同划分

根据空间范围不同，市场调查可以分为国际市场调查、全国性国内市场调查、区际性（省际）市场调查和地区性（省内、县内）市场调查等。此外还可以分为城市市场调查和农村市场调查。

（1）国际市场调查，就是面向国际市场开展调查，其范围根据需要可以是某个国家、某个区域或全球市场，是范围最广泛的调查。随着世界经济全球化趋势的增长，越来越多的企业走出国门，不仅为国内人民服务，更要为世界人民提供高质量的产品和服务，这就需要了解外国人的特征和消费特点等诸多情况，因此就需要开展国际市场调查，如海尔集团打入美国、法国等国外市场之前，就对这些国家的情况进行了大量的调查，知己知彼，才能百战不殆。

（2）全国性国内市场调查，就是在全国范围开展市场调查，了解不同地区不同消费者之间的差异。

（3）区际性（省际）市场调查，就是在某几个省份或地区开展市场调查，了解不同地区不同省份不同消费者之间的差异。如东北地区就包括了黑龙江、吉林、辽宁三省和内蒙古的部分地区。

（4）地区性（省内、县内）市场调查，就是在一个省内的一个或几个市、县开展市场调查，了解不同市、县不同消费者之间的差异。

（5）城市市场调查和农村市场调查。这是按照传统的分类方法进行分类的，城市市场调查主要针对城市消费者的需求特点开展调查，以进一步满足城市市场的需求；农村市场调查主要针对农村消费者的需求特点，以进一步满足农村市场的需求。

1.2.4 按调查间隔的时间不同划分

根据间隔的时间不同，市场调查可分为一次性调查、定期性调查和经常性调查。

（1）一次性调查，又称临时性调查，是指为了研究某一特殊问题而进行的一次性的市场调查。例如，某企业拟建立新的零售商场、开拓新市场、开发新商品，一般都需要做一次性的市场调查，以了解市场范围、市场需求、市场竞争等方面的情况。

（2）定期性调查，是指对市场情况或业务经营情况每隔一定时期所进行的调查，如月末调查、季末调查、年末调查等。定期性调查一般是周期性的，调查的方式一般有定期报表调查、定期抽样调查、定期普查等。

（3）经常性调查，是指在选定调查的课题和内容之后，组织长时间的不间断的调查，以收集具有时间序列化的信息资料，如企业内部经营情况的统计调查、经常性的同行业价格调查、经常性的市场行情调查等。

1.2.5 按调查的方法不同划分

根据调查的方法不同，市场调查可分为邮寄问卷调查、面谈调查、文案调查、电话调查、网络调查等。

1）邮寄问卷调查

邮寄问卷调查也称信函调查，是指用邮寄的方法将设计并印制好的调查问卷寄给被选中的调查对象，由其根据要求填写后再寄回来，从而收集信息的一种调查方法。

邮寄问卷调查的优点在于：①调查的空间范围广。不受地理位置的限制，只要能获得一个适当的通信（邮寄）地址，就可以选为调查样本。②调查者的影响小。没有因调查者在场而引起的偏见，已被证明最适合于收集对敏感性问题的反映。③费用较低。特别是当调查一个很大的地区时，调查的样本数目可能很多，用邮寄问卷调查的方法得到信息资料相对比较便宜。④被调查者对问题的回答会更确切。被调查者有较充裕的时间来考虑问题，因此能更深入地思考或从他人那里寻找帮助，调查得到的答案比较全面和真实可靠。

邮寄问卷调查的不足之处在于：①问卷的回收率低。这有可能影响样本的代表性。②所花的时间长。大多数问卷的回收要几个星期。③结果的失真度高。由于不受调查者的控制，所收集的信息可能是许多人的综合意见，或者被调查者只是部分地答复问卷，所得到的结果不一定代表整个要调查的总体，从而导致调查结果的失真，因此邮寄调查的精确程度是较低的。

2）面谈调查

面谈调查是指调查者通过面对面地询问和观察被调查者而获取市场信息的方法。它是市场调查中最灵活的一种调查方法。调查前要事先设计好问卷或调查提纲，调査者可以依问题顺序提问，也可以围绕调查问题自由交谈。在谈话中要注意做好记录，以便事后整理分析。

交谈方式，可以采用个人面谈、小组面谈和集体面谈等多种形式，可以安排一次面谈，也可以进行多次面谈。这要根据调查的目的、时间、费用情况来加以选择。

面谈调查的优点在于：①直接性。调查人员能够直接接触被调查者，收集第一手资料，并根据调查者的具体需求做深入的访问。②灵活性。面谈调查使用的问卷具有相当的灵活性，提问的次序可以依据被调查者的特点而变化。一旦发现被调查者与所需的调查样本不符，可以立即终止调查。调查人员还可以根据调查工作的要求，随时向消费者、业务人员以及客户进行面谈调查，及时了解市场情况，并弥补事先考虑的不周之处。③可观察性。在面谈调查中，调查者不仅能直接听取被调查者的意见，而且能观察被调查者，便于判断被调查者回答问题的态度以及资料的真实可信度。④准确性。可以向被调查者充分解释问题，很少出现遗留问题未做答复的情况，答复误差可降低到最低。

面谈调查也有一些明显的缺点：①成本高，时间长。如果被调查者较多，需要雇用大批有专业知识的调查人员，并对他们进行短期培训，因此费用较高。同时，要与众多的被调查者分别面谈，花费的时间也多。②调查者的影响较大。面谈调查会因为调查者的影响或询问方法不当而导致调查结果失真。调查者个人的兴趣和态度也会使其对调查对象的回答作出不同的解释，还可能出现欺瞒谎报的情况，而调查机构很难监督、检查或控制，从而影响信息的质量，这种调查方法也不宜进行敏感性问题或纯属私人信息的收集。③对调查者要求较高。面谈调查的成功与调查者的业务水平、表达能力、工作责任感等有很大的关系。因此调查者需要训练有素、知觉良好，具有熟练的谈话技巧，善于启发、引导和归纳总结。

3）文案调查

文案调查又称二手资料调查或文献调查，是指查询和阅读可以获得的（通常是已出版的）与调查项目有关的资料的方法。文案调查与其他调查方式相比，所获得的信息资料比较多，获取也比较方便、容易，无论是从企业内部还是企业外部，收集过程所花时间短，而且调查费用也低。

4）电话调查

电话调查是指通过电话询问的方式从被调查者那里获取信息的调查方法。电话调查主要用于企业之间，借助电话向对方了解商品供求信息以及价格信息等。现在，也可通过电话向消费者进行询问调查。例如以电话簿为基础，进行随机抽样，打电话调查市场需求情况等。

电话调查的优点：调查费用相当低。这种调查多限制在当地，即使在全国性或地区性范围内，随通信设施的完善也能将费用控制在适当的范围。时间也相当短。因为省去了访谈时间和等待问卷的时间，可以在短期内快速地收集资料。同时可以保持询问过程或对被调查者控制的统一性，并可通过缩小调查员的主观影响而减少调查可能产生的偏差。

电话调查的缺点：首先是难以得到视觉的帮助。特别是在调查需要了解调查对象对一些图片、广告等实物或设计的反应和态度时，难以使用实物提示来提高调查的效率。其次，很难让调查对象回答电话提问的时间过长，除非调查对象对所调查的问题特别感兴趣。最后，敏感性问题也难以通过电话进行询问。同时调查者很难通过电话判断所获信息的有效性。

5）网络调查

网络调查也叫在线调查，是指企业利用互联网了解和掌握市场信息的方式。与传统调查方式相比，网络调查在组织实施、信息采集、信息处理、调查效果等方面具有明显的优势，充分认识这一方式的特点，是很好地开展网络调查的前提。

网络调查主要有以下特点。

（1）组织简单、费用低廉。网络调查在信息采集过程中不需要派出调查人员、不受天气和距离的限制、不需要印刷调查问卷。调查过程中最繁重、最关键的信息采集和录入工作是通过分布在网上的用户终端完成的。可以无人操作和不间断地接收调查反馈，调查范围可以覆盖全国乃至国外。信息检验和信息处理由计算机自动完成。

（2）调查结果的客观性高。与传统调查不同，网络调查使被调查者的主动性增强，因而增强了客观性。这种客观性体现在两方面：一是被调查者是在完全自愿的情况下参与调查的，调查的针对性更强；二是被调查者在完全独立思考的环境下接受调查，不会受到调查者及其他外在因素的误导和干扰，能最大限度地保证调查结果的客观性。

（3）快速传播与多媒体问卷。网络调查能通过网络迅速传播调查结果，使调查的速度加快，企业可以尽早获得调查信息；网络调查能设计出多媒体问卷，调查对象可以直观地通过文字、图形和其他各种表现方式，作出选择和回答，有些项目还可以通过下拉菜单轻松选取，大大增强了调查效果。

(4) 采集信息的质量可靠。这主要表现为：一是网络调查问卷上可以附加全面、规范的指标解释，有利于消除因对指标理解不清或调查者解释口径不一而造成的调查偏差。二是问卷的复核检验由计算机依据设定的检验条件自动实施，可以有效地保证对调查问卷100%的复核检验，保持检验的客观、公正性。三是通过身份验证技术，可以有效防止信息采集过程中的虚假行为。

(5) 没有时空、地域限制。这种调查方法与受区域制约的传统调查方式有很大的不同。

(6) 网络调查的周期大大缩短。传统方式的市场调查活动需要耗费大量人力，周期比较长，网络调查可以大大缩短周期。比如现在很多洗涤用品和食品等调查需进行入户调查，既要担心会被拒绝，又要考虑时间的冲突问题。互联网调查就免除了这种尴尬，因为填写调查问卷的人是主动的，如果对调查题目没有兴趣，他不会花费时间在线填写调查问卷。网络调查作为一种新型的调查方式，已经受到了中国网民的普遍认同。

按照调查者组织调查样本的行为不同，网络调查可以分为主动调查法和被动调查法；按网络调查采用的技术不同可以分为站点法、电子邮件法、随机IP法、视讯会议法等。

(1) 主动调查法。此方法是指调查者主动组织调查样本，完成统计调查。被动调查法指调查者被动地等待调查样本造访，完成统计调查。被动调查法的出现是统计调查的一种新形式。站点法是将调查的超文本标记语言文件（HTML）附加在一个或几个网络站点的万维网（Web）上，由浏览这些站点的网上用户在此Web上回答调查问题。站点法属于被动调查法，这是目前网络调查的基本方法，也将成为近期网络调查的主要方法。

(2) 电子邮件法和随机IP法。电子邮件法是通过给被调查者发送电子邮件，将调查问卷发给一些特定的网上用户，由用户填写后以电子邮件的形式反馈给调查者的调查方法。电子邮件法属于主动调查法，与传统邮寄问卷法相似，其优点是传送的时效性大大提高了。随机IP法是以产生一批随机IP地址作为抽样样本进行调查的方法。随机IP法属于主动调查法，其理论基础是随机抽样。利用该方法可以进行纯随机抽样，也可以依据一定的标准排队进行分层抽样和分段抽样。

(3) 视讯会议法。视讯会议法是基于Web的计算机辅助访问（computet assisted web interviewing，CAWI)，它是指将分散在不同地域的被调查者通过互联网视讯会议功能组织起来，在主持人的引导下讨论调查问题。这种调查方法属于主动调查法，其原理与传统调查法中的专家调查相似，不同之处是参与调查的专家不必实际地聚集在一起。因此，网上视讯调查会议的组织比传统的专家调查法要简单一些。视讯会议法适合于关键问题的定性调查研究。

1.2.6 按调查的方式不同划分

根据市场调查方式不同可分为市场普查、重点调查、典型调查、抽样调查等。

1. 市场普查

市场普查，就是对市场有关母体（又称为总体)，即所要认识的研究对象整体进行逐一的、普遍的、全面的调查。这是全面收集市场信息的一种方法，可以获得较为完整、系统的信息资料，是企业科学管理的基础。

企业在市场调查中，可以根据经营决策的要求，确定一定的市场范围，对市场情况进行普查，有时也可以为了获得某一方面的市场资料，进行专项普查，如商业网点普查、某种商品库存量普查、试销新产品时对消费者反映的质量问题进行跟踪调查等。采用市场普查形式，一般要组织专门机构，调配专门人员，在规定的时间内，按照统一的要求，分头了解市场某一方面的情况，然后集中统计、汇总形成有关市场总体的情况。

2. 重点调查

重点调查就是从调查对象（总体）中选定一部分重点单位进行调查。所谓重点单位，是指在总体中处于十分重要地位，或者在总体某项标志总量中占较大比重的一些单位。它们的重点地位在客观上是明确的。采用这种调查方式，较易选定为数不多的重点单位，能够以较少的人力、较少的费用开支，较快地掌握调查对象的基本情况。

在市场调查中，重点调查方式常用于商品需求和商品资源的调查。在一定地区范围内，某些商品的总需要量中，重点单位的需要量占较大比重，调查这些重点单位的需要情况，就可以掌握该商品的基本情况，便于企业作出经营决策。例如，某原料供应商，对几百家工厂供应某种原料，其中10家工厂的供应量占总供应量的80%左右，调查这10家重点工厂的需要，就足以掌握该原料需要的基本情况。

重点单位不具有普遍的代表性，重点调查的目的主要不是调查普遍性规律，而是为了对调查对象（总体）的基本情况作出估计，一般需要利用重点调查的综合指标来推断总体的综合指标，但在商品需求和商品资源的调查中，也可以利用重点调查所得的数据资料，对总体的综合指标作出粗略的估计。

3. 典型调查

典型调查就是在调查对象（总体）中有意识地选择一些具有典型意义或有代表性的单位进行专门调查。这种调查一般可分两类：一类是对具有典型意义的少数单位进行解剖麻雀式的调查，以研究事物的一般情况。这类调查通常用来研究新生事物、新情况或新问题，或者用来总结先进经验，以便掌握典型情况，全面指导工作。另一类是从调查总体中选择具体有代表性的典型单位进行调查，以典型样本的指标推断总体的指标。

典型调查的调查单位较少，人力和费用开支比较低，运用比较灵活，而且调查内容可以多一些，有利于深入实际，发现新事物，探索新问题，查明客观经济现象产生的原因。在我国，人们对这种调查比较熟悉，而且具有丰富的实践经验，所以它在市场调查中得到了广泛应用。

搞好典型调查的关键在于选好典型。所谓典型，是指被调查单位所具有的代表性。被调查单位是否具有代表性直接关系到调查效果的好坏。有代表性的具体标准，应当根据每次市场调查的目的和调查对象的特点来确定，不可能规定一个统一的、固定不变的标准。一般来说，如果调查目的在于总结推广先进经验，就可以选择某方面工作突出的先进单位作为典型单位；如果调查目的在于深入了解调查对象的具体情况和存在的问题，就可以好的、中等的、差的各选择若干典型单位；如果调查目的要以典型样本的指标来推断总体的指标，就可以根据调查总体各个单位的差异状况，采取“划类选典”的方法选定典型单位，即以某个标志分类，例如在居民消费品需求调查中，按居民人均收入水平高、中、低分类，在各类中按比例或不按比例选定典型单位，或者在每类中再细分为若干小类，在各小类中按比例或不按比例选定典型单位。

4. 抽样调查

抽样调查是指从市场母体中抽取出一部分个体作为样本进行调查，然后根据样本信息，推算市场总体情况的方法。在市场调查的实践中，更多的是采用抽样调查的形式。抽样调查的主要优势表现为以下几个方面。

（1）工作量小。抽样调查是从市场母体中选取一定数量的样本作为调查对象，以样本信息反映市场总体情况，工作量相对较小。

（2）调查费用低。抽样调查是选取样本做调查，相对节省调查费用，从而提高了市场调查的经济效益。

（3）时间短。抽样调查因为只选用了一定比例的样本，所以节省了大量的调查时间，可以较快得到调查结果。

当然，抽样调查也要注意采用科学的方法，保证调查结果的相对准确性。否则，尽管费用省了、时间快了，但准确性差的调查结果会使调查工作失去意义。

抽样调查只是对抽取的样本进行调查，所以调查结果难免会产生误差，这也是抽样调查的弱点。为了发挥抽样调查的优势，应尽量减少抽样误差，具体来说应从以下几方面予以注意。

（1）选取合适的样本，使抽选出来的样本能够真正代表母体。如果选取的样本能够很好地代表母体，则调查结果就比较准确、误差较小。反之，如果抽选的样本不是母体的真实缩影，则调查结果就不能很好地反映、推算母体的准确情况。

（2）恰当地确定样本的数目。调查样本数量多，有利于提高调查结果的准确性，减少误差，但随之带来的问题是，样本越多，费用开支越大，需要时间越长。样本数量少，可以节省时间和费用，但带来的误差较大，调查结果的准确程度较差。在市场调查中，处理好样本数目的多少和调查结果的准确程度这对矛盾的关系，需要从实际出发，依调查问题的性质而定。

抽样数目的多少，还取决于允许误差的大小。在市场调查中，有时可以根据调查要求，提出对调查的误差允许度。一般说，允许误差越小，抽样数目应越多；允许误差稍大，抽样数目可以适当减少。

（3）加强抽样调查组织工作，提高工作质量。在市场调查中，如果工作出现失误，也会明显降低调查结果的准确性。这类调查误差属于工作组织问题，并不是由于抽样方法本身造成的，称为非抽样误差。非抽样误差的产生，主要出于下列原因：①计划不调，划分范围不准，调查项目设计不当。例如，调查一个城市市场情况，计划对城区、近郊区居民的消费情况进行抽样调查。但是，这里忽略了对外来非常住人口和流动人口的消费调查，结果必然会出现较大误差。这是市场调查中计划组织工作的失误。调查项目设计不当，或含义不准，导致被调查者不愿如实回答、填报有关问题，则属于工作质量问题。例如，调查私营企业和个体经营者收入情况，如果设计项目中涉及收入、税收等内容，就有可能遇到不如实填报的问题。这类项目，在设计时应采用更具策略的方法，如匿名填表、深入面谈等，可调查了解真实情况，减少误差。②记录、计算、汇总误差。在抽样调查中，有时要填写成千上万张表格，一天中记录许多内容，工作单调枯燥。这时如果调查人员责任心不强，工作不细致，就有可能出现记录不准确的问题。另外在计算、汇总调查情况的过程中，因调查内容多、工作复杂，采用人工计算方式，容易发生差错。上述两类情况，可以采取适当措施，努力加强市场调查的组织工作，增强调查人员的工作责任感，保证工作质量，从而减少调查误差。

以上从不同角度以不同标志来划分市场调查的各种不同类型，其目的是对各种市场调查问题进行深入分析研究，便于针对不同类型调查的特点，提出不同的调查要求和选择相应的调查方式、方法。上述各种类型的市场调查，有些单独在市场营销管理、科学决策中发挥作用，但在实际工作中往往是相互结合、相辅相成的，许多不同类型的市场调查往往与同类型的市场预测结合起来，共同完成市场研究工作，探索市场未来发展趋势，为科学的经营决策提供依据。

1.3 市场调查涉及的范围

1.3.1 市场环境调查

1. 政治环境调查

政治环境调查主要是为了解对市场产生影响和制约作用的国内外政治方针与政策、法规条例等，例如，对世界贸易组织（WTO）的有关规则和各个国家制订的经济法规的调查与了解，对于企业进入国际市场是至关重要的。

2. 经济环境调查

经济环境包括各项重要经济指标。例如，全国及各主要目标市场的人口总数及构成，国内生产总值及其构成，社会商品零售总额，消费水平和消费结构，币值是否稳定及汇率水平，重要输入品、输出品及其数量，气候及其他重要自然条件，能源及其他资源情况等。

3. 社会文化环境调查

社会文化环境主要包括社会阶层、家庭组成、民族习俗、风土人情、宗教信仰、伦理道德、价值观、审美观、文化水平等方面的情况。

每一个地区或国家都有自己的传统思想、风俗习惯、思维方式、宗教信仰、艺术创造价值观等，这些构成了该地区或国家的文化并直接影响人们的生活方式和消费习惯。对于市场营销人员来说，营销活动只有适应当地文化和传统习惯，其产品才能够得到当地消费者的认可与接受。在构成文化的诸多因素中，知识水平影响消费者需求构成及其对产品的评判能力。知识水平高的市场，高科技的产品会有很好的销路。宗教信仰和风俗习惯的调查也是营销活动中极为重要的内容。

1.3.2 市场需求调查

市场需求调查是市场调查中最基本的内容，它包括消费需求量调查、消费结构调查、消费者行为调查等内容。

1. 消费需求量调查

消费需求量直接决定市场规模的大小，它一般受两个因素的直接影响：

（1）人口数量。人口数量是计算需求量时必须考虑的因素，一般来说人口数量越大，市场规模就越大，对产品的需求量也必然会增加，同时也要分析人口的属性状况，如性别、年龄、受教育程度等。

（2）可支付购买力。在拥有一定的可支付购买力的条件下，人口数量与消费需求量有密切的相关性。分析消费购买力主要看消费者的货币收入的来源、数量、需求支出方向以及储蓄状况等。

2. 消费结构调查

消费结构是指消费者将其货币收入用于不同产品支出的比例，它决定了消费者的消费投向。对消费结构的调查主要是对各部分支出占总支出的比例的调查。

3. 消费者行为调查

消费者行为调查主要是了解谁是购买者、他们如何购买、在什么时间购买、在什么地点购买、为什么购买、如何购买、哪些因素影响购买等。

1.3.3 市场营销活动调查

市场营销活动调查主要包括竞争对手调查、分销渠道调查、服务调查和促销活动调查等。

1. 竞争对手调查

竞争对手调查包括：生产或输入同类产品的竞争者数目与经营规模；同类产品各重要品牌的市场占有率及未来变动趋势；同类产品不同品牌所推出的型号与售价水平；用户乐意接受的品牌、型号及售价水平；竞争品的质量、性能与设计；主要竞争对手所提供的售后服务方式，用户及中间商对此类服务的满意程度；竞争对手与哪些中间商的关系最好，原因是什么；竞争对手给经销商或推销人员报酬的方式及数量；主要竞争对手的广告预算与所采用的广告媒体等。

2. 分销渠道调查

销售渠道的选择是否合理、产品的储存和运输安排是否恰当，对于提高销售效率、缩短交货期和降低销售费用有着重要的作用。销售渠道调查的内容包括：

（1）对各类中间商（包括批发商、零售商、代理商、经销商）应如何选择的调查。

（2）仓库地址应如何选择的调查。

（3）各种运输工具应如何安排的调查。

（4）如何既满足交货期的需要，又降低销售费用的调查等。

3. 服务调查

在市场竞争日益激烈的今天，竞争对手之间在有形的产品本身的质量、价格、营销等方面的差异在减少，并逐渐地转向软件方面的较量，即服务的较量。服务调查主要是了解服务项目、内容、形式、覆盖面、时间、措施及效果等方面的内容。

4. 促销活动调查

促销活动调查涉及面很广，内容很多，主要包括：

（1）广告的调查。包括广告信息的调查、广告媒体的调查、广告时间的调查和广告效果的调查等。

（2）促销人员的调查。包括促销力量大小的调查、促销人员素质的调查、促销人员分派是否合理的调查和促销人员报酬的调查。

（3）各种营销推广的调查。

（4）公共关系与企业形象的调查。

1.3.4 产品调查

1. 产品生产能力调查

产品生产能力是一个企业综合实力的体现。如果企业的产品市场被看好，市场需求巨大，而企业的生产能力达不到，就可能眼看着市场机会却抓不住，因而产品生产能力也是市场发展前景的标志。产品生产能力调查就是对企业产品总的生产量有多大、各大类产品生产能力有多大、各品种产品生产能力有多大、还有多少剩余生产能力未得到发挥、同行竞争者生产能力如何等方面进行调查，以进一步挖掘企业潜力，制订相应战略，最大限度地利用生产能力，取得更好的经济效益。

2. 产品质量调查

产品质量是产品的生命线，质量的好坏直接关系到产品的品牌、声誉、知名度等方面，进而影响到企业的生存和发展。产品质量的调查就是要了解产品从外在特征到内在特性是否满足消费者的需求、是否达到企业目标的要求，与竞争者相比优势在哪里、劣势在哪里、机会和威胁又在哪里，以制订改进策略，让企业在激烈的竞争中立于不败之地。

3. 产品包装调查

包装是产品的一部分，它除了能保护产品，方便运输、销售之外，还具有树立品牌形象和企业形象、促进销售等作用。产品包装调查主要是调查包装的外观设计、包装材料等是否能被消费者接受和喜爱，他们为什么会喜爱，他们希望通过产品的包装获得哪些产品信息，竞争产品的包装有什么特点，消费者的评价如何等内容。对于运输包装应该了解包装是否方便运输、储存、拆封，能否适应不同的运输方式和气候条件等。

4. 产品生命周期调查

任何产品都会经历一个从进入市场、成长、成熟和衰退，直至遁出市场的生命周期。企业掌握产品目前处在生命周期的哪一个阶段的信息，对制订营销策略和发展战略来说是必不可少的。

产品处于生命周期哪一阶段，主要反映在产品的销售量、产品的普及率、销售的增长率、消费者购买意向、市场竞争产品和可替代产品的开发和销售情况等方面。企业通过调查上述内容，可以确定产品所处的生命周期阶段，从而制订出适当的营销策略。

5. 产品价格调查

产品价格是企业可控因素中最活跃、最敏感、最难以有效控制的因素。企业为产品所规定的价格是否适当，关系到产品的销量、市场份额和利润的大小、产品与企业形象的好坏。然而，定价又不完全是企业单方面所能决定的，它涉及消费者和经销商的利益，以及市场供求状况、竞争产品价格以及其他各种社会环境因素的影响和制约。因此，企业在为产品定价或调价之前，进行价格调查是完全有必要的。

1.3.5 消费者购买力调查

企业的一切活动都围绕着消费者进行，对消费者购买力调查包括三方面的调查。

（1）城乡居民购买力调查，主要是对城乡居民收入和投向的调查。

（2）社会集团购买力调查，指政府机关、事业单位的购买力，主要调查财政收支状况、财政政策及社会集团的“讨价还价能力”。

（3）生产资料购买力调查，主要调查生产性消费品的品种、规模，以及相关经济政策、信贷政策、引进外资情况等。

1.3.6 广告效果调查

广告效果调查主要是调查广告效果是否达到预期，包括品牌知名度是否提高、消费者习惯是否转变、企业销售量是否上升等。通过广告效果调查，企业可以知道投放的广告是否达到预设的目标，同时调查结果也是企业或广告公司评价一则广告是否成功的客观尺度，是企业选择广告代理公司的一个标准。广告效果调查内容包括广告目标、广告创意、广告信息、广告画面、广告音响、媒体选择、费用预算、收视率及覆盖面等。

1.4 市场调查的原则和程序

1.4.1 市场调查的原则

1. 准确性原则

准确性原则又称真实性原则，是指调查资料必须真实、准确地反映是非曲直和描述客观实际，只有这样才能使市场预测决策建立在市场调查资料准确的基础上。它要求调查资料必须是对调查对象完全客观的描述，而不能夹杂着人为的主观评价；调查资料涉及的时间、地点、事情经过、经济活动主体都要准确无误；调查资料所描述的环境、条件和影响因素必须真实可靠，不能虚构；各种数据必须准确，计量单位必须科学，语言表达必须明晰、准确，不能含糊。为此，市场调查人员要努力提高技术水平、工作能力和鉴别能力，培养严肃认真的工作精神和负责任的态度。

2. 时效性原则

时效性原则是指收集、接收、加工、传递和利用市场调查资料的时间间隔要短，效率要高。只有这样，才能提高市场调查资料的价值，使生产经营决策及时进行，抓住时机，取得工作的主动权。因此，要求市场调查要及时进行，要注意市场活动的先兆性；

要求调查资料的传递渠道畅通、层次少、手段先进；要求对调查资料的加工效率要高，尽量缩短从收集到使用的时间。

3. 全面性原则

全面性原则又称系统性原则，是指市场调查必须全面系统地收集有关市场经济信息资料。只有这样，才能充分认识调查对象的系统性特征，从大量的、系统的市场经济信息中认识事物发展的内在规律和发展趋势。全面性原则要求从多方面描述和反映调查对象本身的变化和特征；从多方面反映影响调查对象发展变化的各种内外因素，特别是要抓住本质的、关键的因素；要求市场调查活动应具有连续性，以便不断积累信息，进行系统的、动态的分析和利用。

4. 科学性原则

市场调查的科学性主要体现在科学地选择调查方式、调查对象及科学地拟订问卷等方面。调查时需运用一些社会学和心理学方面的知识，以便与被调查者更好地交流，科学地整理所收集到的资料，并运用一些数学模型和统计学知识对整理的资料进行分析，较精确地反映调查结果。保证市场调查科学性的首要条件是资料来源准确。这一方面要求市场调查人员的技术水平较高，经验较丰富；另一方面也要求资料提供者持客观态度。在许多发达国家，市场调查人员都是经过很长时间专门培训的；而在我国，一些调查机构在选用调查人员时，通常只是临时找一些学生培训一上午就匆匆上岗，结果就大大影响了调查结果的精确度。这是调查公司应注意考虑的问题。

5. 经济性原则

经济性原则是指市场调查应按照调查的目的要求，选择恰当的调查方法，争取用较少的费用获取更多的调查资料。为此，市场调查要进行调查项目的成本效益分析，即在调查内容不变的情况下，比较不同的调查方式的费用多少，从中选择出调查费用少又能达到调查目的和要求的调查方式方法，并制订相应的调查方案。

1.4.2　市场调查的程序

市场调查是在目标明确的基础上进行的活动，需按照一定的程序进行，可以减少盲目性和少走弯路。一般来说，市场调查的过程可分为如下三个阶段：制订调查计划阶段、市场调查实施阶段、调查总结阶段。每一个阶段工作完成的好坏，关系到下一个阶段的工作质量。

1. 制订调查计划阶段

市场调查的计划阶段也叫制订调查计划阶段，是从客户提出市场调查的要求开始直到签订协议为止的过程，主要包括客户提出市场调查的要求、明确调查目标、拟订调查方案（包括设计调查问卷）、签署协议等过程。

市场调查的启动一般都是客户从自身的需求出发或是由于市场调查公司的激发开始的。那么调查公司首先要弄清楚客户要调查的问题所在，了解决策者从市场调查中希望得到什么，即明确问题的范围、内容，这样才能保证调查内容具体、明确。

为此，所要做的工作主要有：①与决策者充分交流和讨论。②索要委托方的运转情况、政策和传统做法等方面的背景材料。③探讨调查所要解决的焦点问题及其性质。④向行业专家咨询，加深对某些问题的理解。⑤收集第二手资料，补充从决策者和行业专家那里得到的信息。⑥进行必要的定性分析，如小组座谈会、德尔菲法。⑦搞清楚调查研究可能起到的作用以及其局限性，并在适当的时候向委托方作一般的说明。⑧对本次调查信息的大致价值向委托方作一预先的具体的估计。⑨明确调查要求完成的时间以及大致可能提供的经费。⑩说明需要委托方所做的合作或参与的形式。⑪解释在调查项目方面对委托方所负的道德责任。⑫通过坦率的交谈和专业方面、技术方面的介绍说明，增强委托方的信心和信任感。⑬了解在可能的调查结果的基础上，委托方可能要作出什么样的决策、选择或行动。

在明确了调查的问题之后，下一步的工作就是作一个市场调查计划，即拟订调查方案。拟订方案的过程就是通常所说的市场调查方案策划及其文字化的过程，通常在市场调查方案中对市场调查的目的、内容、方法以及抽样、统计分析、调查的时间安排、费用等作具体说明。

在许多实际调查中，调查方案还包括设计调查问卷。调查问卷的内容主要是把调查方案中涉及的调查内容或调查项目具体化，变成一系列问题，以取得所需信息。

在问卷设计完成后往往要进行一次预调查，即对小部分调查对象根据调查要求进行调查，然后将获得的资料加以整理、分析。这样可以发现问卷设计中存在的问题，便于对调查问卷及时调整以节省时间和经费。另外，预调查还是一个锻炼调查者和督导能力的好机会。

调查方案拟好后，并不可以直接拿去实施的，还必须经过讨论论证，得到客户的认可。在客户认可或拒绝方案之前，会进行严格的方案审查，并请调查公司对方案进行说明，必要时请调查公司加以修改。只有当调查方案得到客户的认可，双方按商业规范要求签订协议后，才可进行到调查实施阶段。

2. 市场调查实施阶段

准备工作完成后，市场调查的实施阶段就开始了，也就是正式的资料收集工作开始了。资料收集过程包括访问、问卷复核和回访等几个方面。访问是指由访问员对被调查者进行调查。问卷复核是对该访问员交回的问卷资料进行检查，查看其中是否有不符合规定的地方，比如说问卷要求单选而回答中填成了多选等，如有不符合规定的地方，条件允许时要对此问题回访，此工作一般可由督导完成。回访除了要消除不符合规定的回答外，还要了解、判断访问员访问过程的真实性。

3. 调查总结阶段

1）处理和分析资料的阶段

市场调查取得的各项资料，大多是分散的、零星的，还有些是片面的。为了反映事物的特征，必须对调查资料进行分类和归类、分析和研究，只有这样才能达到市场调查认识市场、揭示事物的必然性和规律性的目的。调查结果处理的步骤如下所述。

(1) 审核与校订。对调查资料进行审核与校订，是为了保证调查数据与资料的质量。审核的内容主要有四个方面：一是审核资料的完整性，看收集的资料是否齐全、有无重复和遗漏之处；二是审核资料的准确性，看是否存在登记、计算差错；三是审核资料的可比性，看数据的口径是否一致；四是审核资料的及时性，失去时效的资料应予以剔除。资料审核的方法主要有逻辑检查和计算检查。

通过审核通常可发现调查数据和资料存在的一些错误，主要有：资料不符合调查要求，访问资料不真实，数据存在计算、登记错误，各种数据之间相互矛盾，回答不充分或答非所问，资料有引起误解之处等。对这些问题，有的可由审核或编校人员更正，有的则需要返回重新修正或重新调查。

（2）分组与汇总。市场调查资料的分组，就是按一定标志将数据资料区分为不同类型或不同性质的组，借以划分市场现象的类型，说明现象的内部结构，分析现象之间的依存关系。分组有四种类型：①按数量标志分组，如职工收入调查可按年龄、工龄、受教育年数、家庭人口等数量标志分组；②按品质标志分组，如职工收入调查可按职业、行业、文化程度、民族、职业等品质标志分组；③按时序标志分组，如职工收入调查可按年、季、月次序分组排列；④按地区标志分组，如职工收入调查可按省、市、县分组，或按城乡分组。

调查资料经过分组后，应进行统计汇总，即求出各组和总体的总量指标。汇总的方法主要有手工汇总和计算机汇总。用计算机汇总一般包括编程、编码、数据录入、逻辑检查、制表打印等工作环节。对大型市场调查来说，用计算机处理调查结果具有质量高、速度快的特点。

（3）分析研究。对市场调查资料进行分析研究是市场调查出成果的重要环节。它要求调查者运用统计分析方法，如缩合指标法、时序分析法、指数分析法、相关与回归分析法、方差分析法、聚类分析法、判别分析法、主成分分析法等，对大量数据和资料进行系统的分析与综合，借以反映调查对象的情况与问题，掌握事物发展变化的特征与规律，找出影响市场变化的各种因素，提出切实可行的解决问题的对策。

2）撰写调查报告的阶段

市场调查报告是根据调查资料和分析研究的结果而编写的书面报告。它是市场调查的最终成果，其目的在于为市场预测和决策提供依据。调查报告的基本内容有：市场调查的基本情况、调查结论和主要内容、现状与问题、结果与原因、建议或对策等。

调查报告一般由标题、开头、正文、结尾及附件等要素组成。编写调查报告要注意：观点正确；材料恰当，用数据和事实说话；明确中心，突出重点；结构合理，层次分明；表达中肯，语句通畅；等等。

3）信息咨询服务阶段

在向用户提供信息咨询服务时，应注意及时了解用户对信息变化的需求，并根据用户需求的变化，进行新的市场调查，进入下一轮的市场调查过程。

1.5　市场调查的组织方式

市场调查根据决策问题的重要性以及时间、内容、费用等方面的不同要求，划分出不同的组织方式，主要有普查、典型调查、重点调查、个案调查和抽样调查等。

1.5.1 普查

1. 普查的概念

普查是指调查者为了某一特定的目的而专门组织的一次性全面调查，如工业普查、农业普查、商品库存普查等。

2. 普查的特点

(1) 专门性，是指普查是调查者为了某一特定目的而专门组织的调查。

(2) 全面性，是指普查要求调查者对所有被调查单位都无一例外地进行调查。

(3) 一次性，又称一时性，是指调查者对被调查单位的基本情况，每间隔一定时间才调查一次。

3. 普查的作用

(1) 普查是了解市场基本情况的重要手段。

(2) 普查是编制计划，特别是编制中长期计划和决定方针政策的重要工具。

4. 普查的方式

(1) 调查者直接登记式。这种方式要求成立专门的普查机构，组建专门的普查队伍，由调查者深入现场对被调查单位的有关情况进行直接登记。

(2) 被普查者自填式。这种方式要求普查机构将普查表下发到各基层单位，各基层单位再指定专人将被调查单位的有关情况填于表中并上报给普查机关。

5. 普查的原则

普查对调查内容的准确性和时效性要求较高，短时间内要普查的对象往往又是随着时间的推移而不断变化的，所以，普查的组织工作很重要，必须统一领导、统一要求和统一行动。在组织普查时，应遵守以下原则：

(1) 统一规定普查的标准时间。普查的标准时间是指登记调查资料时所依据的标准时点，即调查资料是哪一个时间点上的资料。

(2) 统一规定普查的步伐。因为普查的牵涉面广，所以各普查点的登记工作必须步调一致，同时进行。只有这样，才能确保整个普查工作按期完成。

(3) 统一规定普查项目。为了便于普查资料的汇总，确保普查工作的质量，必须统一安排普查项目。

(4) 对一些重要的普查，应尽量定期进行。为了保持调查资料的连续性，便于进行动态对比、分析，对一些重要的普查，应尽量定期进行，如 5 年进行一次，或 10 年进行一次。

1.5.2 典型调查

1. 典型调查的概念

典型调查是指调查者为了某一特定的目的从调查对象中有意识地选择少数典型单位所进行的一种非全面调查，如农产品产量调查等。

2. 典型调查的特点

（1）专门性，即典型调查是调查者为了某一特定目的而专门组织的调查。

（2）非全面性，即典型调查时只要求对调查对象中的少数典型单位进行调查，而对非典型单位则不必进行调查。

（3）经常性与一次性并举，即典型调查可以是经常性调查，也可以是一次性调查。

（4）主观性，即典型调查中的典型单位是调查者有意识地选出来的。

（5）细致性，即典型单位一经选出，必须对其做深入细致的调查，以达到认识事物的本质和发展变化的规律的目的。

3. 典型调查的作用

（1）认识事物的本质和发展变化的规律。马克思主义的辩证唯物主义原理告诉我们：特殊的事物是和普遍的事物联结着的，每一事物内部不但包含了矛盾的特殊性即个性，而且也包含了矛盾的普遍性即共性。矛盾的普遍性寓于矛盾的特殊性之中，即共性寓于个性之中。因此，深入细致地调查研究一个或几个有代表性的典型之后，即可认识事物的本质和发展变化的规律。再从马克思主义的辩证唯物主义的认识论来看，人们对客观事物的认识，就认识的顺序来说，是先认识个别的事物，然后经过科学的抽象，才能认识一般事物。典型调查，就是从认识个别的事物开始，经过科学的抽象后认识一般的事物。

（2）研究新生事物。新生事物在开始时总是少数，但它具有强大的生命力，代表事物发展的方向。对于处于萌芽状态的少量新生事物，用其他调查方式进行调查，它就可能被掩盖起来，而用典型调查方式对新生事物做深入细致的调查研究，揭示它的典型意义，对于领导决策具有十分重要的意义。

（3）总结经验教训。通过深入细致的典型调查，可以总结先进单位的成功经验，剖析落后单位的失败教训，以便于吸取成功的经验，找出落后的原因。

（4）补充全面调查的不足。全面调查因为调查的范围广，调查的项目有限，所以需要依靠典型调查来弥补全面调查的不足。同时，在一定条件下还可以利用典型调查资料来验证全面调查结果的真实性。

（5）推断总体的有关数量特征。只要所选取的典型单位具有充分的代表性，就可用典型调查的结果推断出总体的有关指标。

4. 典型调查的方式

（1）解剖麻雀式，是指当各单位差异不大，或者调查目的在于研究新事物及总结经验、树立典型时，可以选择个别单位进行深入细致的调查研究。因为麻雀虽小，五脏俱全，要认识麻雀的生理构造，不必解剖一串麻雀，而只需解剖一只麻雀就可以了。

（2）划类选典式。市场现象、活动和过程错综复杂，往往难以选择代表调查总体的无所不包的典型，这就需要采用划类选典的方法，即当总体各单位差异较大，且调查目的在于推算总体数量特征时，可以先对总体进行分类，然后在各类中按比例、有意识地选择一定数目的单位构成典型总体，最后由典型总体的指标值推断出总体的有关指标值。

5. 典型调查的关键

典型调查的关键在于选择典型单位。因为典型单位选择的正确性，将直接决定典型调查结果的真实性，并进而影响人们行为的取舍。

6. 选择典型单位的原则

（1）目的性原则。调查研究的目的不同，选取的典型单位也不同。如果是近似地估计总体的数量特征，则首先分类，再从各类中选择典型单位；如果是了解总体的一般水平，则应选择中等水平的单位作为典型单位；如果是要总结经验教训，则应选择先进或落后的单位作为典型单位。

（2）时间性原则。该原则要求选择典型单位时，要因时间不同来分别选择，因为过去的典型不一定是现在的典型，现在的典型也不一定是今后的典型。

1.5.3 重点调查

1. 重点调查的概念

重点调查是指调查者为了某一特定目的从调查对象中选择少数重点单位所进行的一种非全面调查。所谓重点单位，是指其标志值占标志总量比重较大的单位。在一个调查总体中，重点单位的数目虽然不多，但其标志值的和占总体标志总量的比重却相当大。例如，要了解长沙市商品零售市场的基本情况，就没有必要对长沙市所有商业零售企业进行一一调查，而只需调查几家大型商业零售企业就行了。

2. 重点调查的特点

（1）专门性，即重点调查是调查者为了某一特定目的而专门组织的一种调查。

（2）非全面性，即调查者只要求对调查对象中的一部分重点单位进行调查，而对非重点单位则不必进行调查。

（3）经常性与一次性并举，即重点调查可以是经常性调查，也可以是一次性调查。

（4）非推断性，即重点调查的结果只能用来说明调查对象的基本情况，而不能用来推断调查对象的详细情况。

3. 重点调查的作用

（1）重点调查的结果可以反映调查对象的基本情况。

（2）重点调查可以收到事半功倍的功效。

4. 重点调查的方式

（1）调查员直接登记式。该方式由调查员深入现场对调查单位的有关情况进行直接登记，一般适用于专门组织的一次性重点调查。

（2）被调查者自填式。该方式由调查者通过制订定期统计报表让被调查者自己填报调查单位的有关情况来进行，一般适用于经常性的重点调查。

5. 重点调查的关键

重点调查的关键在于选择重点单位。因为重点单位选择的正确与否，将直接决定重点调查的结果能否正确反映调查对象的基本情况。如果重点单位选错了，即将非重点单位作为重点，而将真正的重点单位排除在外，即使调查结果本身准确无误，也不能如实反映调查对象的基本情况，从而也就不能达到调查的目的。

6. 选择重点单位的原则

（1）目的性原则。调查研究的目的不同，其重点单位也不相同，所以，应根据市场调查的目的来选择重点单位。这是选择重点单位的首要原则。

（2）“少”“大”结合原则。该原则要求从一个调查对象中选出来的重点单位在数目上要尽量地“少”，但其标志之和占总体标志总量的比重又要尽量地“大”。

（3）时空性原则。该原则要求选择重点单位时，要因时间、地点不同来分别选择。因为此时的重点不一定是彼时的重点，此地的重点也不一定是彼地的重点。这也就是说，重点单位不是一成不变的，它因时间、地点的不同而发生变化。

1.5.4　个案调查

个案调查也叫个别深度调查，是指事先不拟定问卷、访问提纲或访问的标准程序，由访问员与被访者就某问题自由交谈，或半控制交谈，从交谈中获得信息的资料采集方法。在访问过程中，被调查者可以随便地提出自己的意见，而不管访问员所要问的是什么。

在访谈中，只要是针对访问者感兴趣的主题，被访者都可以自由地发表见解和回答问题。这种访谈的成功取决于访问者在下面几个方面的能力：①一开始就建立一种轻松与友好的关系的能力；②在不引起偏见的情况下，对某些回答进一步探询的能力；③把离题的情形回转到主题范围的能力。这种访谈可以长达两小时左右。在被访者同意的情况下，可以录下交谈的内容，为后面的资料整理带来方便，因为在交谈时低头做笔记常会破坏交谈气氛。当然适当地做一些要点记录是很有必要的，因为这样做会使被访者感受到自己的见解是被重视的，是有道理的。

个案调查法的优缺点很明显。

1. 优点

（1）可以获得比较全面的资料。因为个别深度调查是无结构的访问，没有回答项目，所以可以对某些问题做深入的探讨并可以获得意外的资料。

（2）有更多的机会判断所获资料的可信度。在访谈过程中，访问员可以从被访者的表情、语调和行动上判断被访者的动机和态度，分辨他们回答的真实程度。

2. 缺点

（1）对访问员的素质、访问技巧要求较高。

（2）样本量小，可能引起的误差较大。

（3）访问所得资料难以量化统计。

3. 适用范围

个案调查法适合于了解一些复杂和抽象的问题，如消费者动机、意见、态度分析等，这类问题往往用一句话或一个词组描述不清楚，只有通过自由交谈才可能谈得详尽、明白。

1.5.5 抽样调查

1. 概率抽样

在概率抽样中，总体的每一个组成部分都有一个已知的概率被选择。这种已知的概率有助于用统计分析来判断抽样误差。使用最多的概率抽样方法主要有以下几种。

(1) 简单随机抽样。在简单随机抽样时，总体中每一个样本都有相同的被选择机会，选择工具是随机数表。

(2) 系统抽样。在系统抽样中，每个样本都是系统地从总体中抽出的。一般情况下，每隔一定距离（位置）从中抽取一个样本。样本之间的距离取决于是从多少个样本中抽一个。

(3) 分层随机抽样。分层随机抽样是根据总体构成中可辨别的或可测量的特征——年龄、收入、文化水平等把总体分成若干个层次，样本总体就由每个层次里随机抽出的个体组成。当调查者对总体中某个特定组成部分特别感兴趣或为保证某些特定的目标被抽中时，可使用分层随机抽样。

(4) 分群随机抽样。在分群随机抽样中，组成总体的所有部分被分为若干大群，而样本是随机地从随机选出的某一群或某几群中获得的。这种方法一般在对总体的构成资料难以了解全面时，或在需要把调查限制在某个特定地区而节约时间和经费时使用。

2. 非概率抽样

在非概率抽样中，总体中的每个个体被抽中的概率是未知的，不能估计抽样误差。但这并不是说从非概率抽样样本里得到的资料就没有用，只要抽样进行得适当，其准确度也会达到概率抽样的程度。非概率抽样方法主要有以下几种。

(1) 方便抽样。在样本选择时，只考虑接近样本或衡量的方便。例如，为了调查消费者对某商场的意见，可在商场的门口、柜台边调查消费者。使用这种方法时，调查者周围的人就有较大的可能性被选为样本。

(2) 判断抽样。当总体的构成极不相同且样本数很小时，根据调查者的判断来选择样本个体，即判断抽样。调查者必须对总体的有关特征具有相当程度的了解。

(3) 雪球抽样。先利用随机方法或社会调查选出原始受调查者，抽样后，再根据原始受调查者提供的信息去选择其他被访者，即为雪球抽样。当总体很难寻找或成分稀少时，可采用此法。

(4) 配额抽样。首先选择“控制特征”作为将总体细分的标准；其次将总体细分为几个小总体，按比例来分配各小总体样本数的多少；最后调查者有极大的自由去选择小总体中的样本个体，只要完成配额调查，即宣告完成。

1.6 市场调查机构和人员

市场调查组织是实施市场调查活动的机构和主体，也是进行有效市场调查的根本保证。

1.6.1　企业市场调查机构

1. 企业市场调查机构的含义与类型

企业市场调查机构是企业内部策划、组织、协调或承担市场调查任务的职能部门，包括专职和兼职两种。

企业市场调查专职机构主要设立于一些大中型企业，特别是那些产品市场竞争程度高，市场范围广，并且具备相应资金、人员等条件的大中型企业。企业市场调查专职机构一般隶属于企业市场部或企划部，往往被称为市场调查处或市场研究室，它专门地、全面地负责企业各项市场调查任务。企业市场调查专职机构内部设置通常由方案策划组、项目执行组、信息处理组、研究分析组等构成，其人员配备及分工视具体情况而定。

企业市场调查兼职机构是企业内部在主要职责外兼管全部或承担部分企业市场调查任务的某个或某些职能部门。相对而言，企业市场调查兼职机构较多集中于市场部、企划部、公关部、广告部、销售部等企业职能部门，并且在上述部门有着数量不等的专兼职市场调查人员。

2. 企业市场调查机构的职能

企业市场调查机构在企业经营活动中具有十分重要的职能，这些职能并不会因为专业市场调查机构的涌现而被削弱，具体来看，企业市场调查机构的职能表现为以下几种。

1）收集企业所需要的各类现成资料

这是企业市场调查机构尤其是专职机构最为常规的工作与职责。它一般由专人负责收集杂志、报纸、网络等不同渠道传递的行业、产品等相关市场信息和数据资料，整理后归类存档。与此同时，它往往还汇总来自企业内部有关部门的工作动态、销售数据等资料。通过上述工作，企业市场调查机构拥有相当数量的各类现成资料，从而为企业领导层以及其他相关人员提供了重要的营销决策参考。

2）策划与确认市场调查方案

这是企业市场调查机构的主要工作与核心职能。企业高级管理层及有关部门，如销售部、品牌部等常常会因为营销方面的需要，提出开展各种类型的专项市场调查的要求，而这种市场调查往往需要企业市场调查机构的大力协助和积极参与。企业市场调查机构的协助和参与首先表现在对市场调查方案的制订方面。通常情况下，它会先拿出一定的设想或拟订的调查方案，然后择优选择相应的外部市场调查机构，并由其来策划具体的方案。此时，对这一市场调查方案的把关确认便成为企业市场调查机构的重要职责。

3）参与实地市场调查

这是企业市场调查机构的基本职能之一。一般而言，企业所作的市场调查是由专业市场调查机构组织实施的，此时企业市场调查机构普遍的做法是派人间接参与实地调查，如参加调查项目的专项培训、随同访问人员进行现场访问、旁听调查访问过程、对调查问卷加以核查等。企业市场调查机构对实地调查过程的间接参与可以增强整个调查过程的约束机制，可以提高自身对整个调查过程的感性认识，可以及时协调调查过程中所出现的问题，从而使调查质量达到较高的水平。此外，由于调查规模、性质、经费等原因，一些企业市场调查机构也直接承担部分市场调查项目的具体工作，如召开消费者座谈会、展开企业产品铺货检查等。

4）说明市场调查结果

这是企业市场调查机构的另一个基本职能。企业内部其他职能部门的人员，特别是企业领导人员因公务繁忙等因素，不可能对每个市场调查项目的每个细节以及具体调查结果在短时间内全部了解并消化，对部分涉及一些调查专业知识背景的概念与原理还可能一时不大理解，这时就需要企业市场调查机构及其人员能够随时运用专业知识和技能作出相应的说明，从而使调查结果更有效地发挥应有作用。

1.6.2 专业市场调查机构

1. 专业市场调查机构的含义与类型

专业市场调查机构也称社会市场调查机构，它是企业之外接受各方委托从事市场调查的主体，是进行市场调查的独立组织。

专业市场调查机构在我国起步时间不长，就目前来看，其主要类型分为以下 4 种。

1）市场调查公司

这是专业市场调查机构中数量最多的类型，是专门从事市场调查事务的机构。这类公司在接受委托后，必须针对客户所提出的调查原则和要求，制订调查细则即调查方案，然后根据客户确认的调查方案实施调查并汇总调查结果、提出调查报告。我国目前的市场调查公司相对集中于大城市，从主办者角度看，市场调查公司主要包括中外合资合作创办的市场调查公司，研究机构、大专院校、学术团体主导的市场调查公司，私人合作（民营）的市场调查公司，以及政府机构设立的市场调查公司等几种。从业务范围考察，市场调查公司分为综合性公司和专业性公司，其中前者调查的领域涉及面较广，可承担多种类型、不同行业、各个层次的调查任务，而后者一般比较熟悉少数行业或领域的知识，擅长于承担涉及相关行业或领域的调查任务。从规模方面分析，市场调查公司有大、中、小的区别，一般来说，大型市场调查公司专职人员拥有量在百名上下，而中小型市场调查公司往往只有数十名专职人员。

2）广告公司的调查部门

稍有规模的广告公司一般都单独设有调查部门，以担负与广告业务相关的调查任务。就我国当前情况来看，广告公司的调查部门主要承担的是广告制作前期调查和广告效果调查两大调查任务，上述两方面的市场调查也正是大多数广告公司的调查部门所擅长的。广告公司的调查部门所进行的调查项目基本来自两个方面：一是企业客户委托；二是自身制作或改进广告所需。必须指出的是，广告公司的调查部门在进行市场调查时主要执行的是方案策划与研究报告撰写，至于现场调查特别是量化调查的现场操作环节一般由市场调查公司配合完成。因此，广告公司的调查部门在组织结构及其人员配置上规模并不庞大。

3）咨询公司

咨询公司的主要任务是为企业的生产与经营活动提供技术方面、管理方面的咨询服务。咨询公司在咨询业务活动中，很多方面需要进行市场调查，市场调查结果将是咨询目标分析与建议提出的重要依据。咨询公司一般由专家、学者和富有实践经验的人员组成，其中前者侧重于咨询的前期设计及最终研究报告的撰写，后者侧重涉及咨询目标的具体调查工作。从目前我国情况看，咨询公司的规模差别很大，小的仅有数名员工，咨询范围也相对狭窄；大的可有数百名员工，其专业人员的数量较多、质量也较高，业务范围广泛，内部的组织与管理也较正规。

4）政府机构设立的调查部门

政府机构设立的调查部门包括国家、省、市级的统计、审计、工商行政管理、经贸委员会等机构设立或所属的调查部门。这些调查部门虽然也涉及一些商业性调查项目，但主要任务还是根据国家经济形势的变化发展和国家制订相应政策的需要，进行政治、经济、文化等方面的调查。其提供的资料数据与信息，对企业了解宏观政治、经济状况，了解行业发展动态，了解产品供求信息，引导生产与经营活动，减少盲目性，具有非常积极的作用。政府机构设立的调查部门在获取资料和信息方面有着其他任何市场调查机构所不具备的优势，其收集和提供的数据材料具有权威性。因此，随着我国社会主义现代化建设的发展，政府机构设立的调查部门的地位和作用日益凸显。

2. 专业市场调查机构的职能

专业市场调查机构的核心职能是服务，也就是根据国家、企业或自身业务的要求，展开相关市场调查活动，收集并提供社会和企业所需的各种数据、资料、信息、建议，为国民经济和企业生产经营服务。具体来讲，专业市场调查机构的职能主要有以下几种。

1）承接市场调查项目

专业市场调查机构拥有熟悉管理学、经济学、心理学、统计学、社会学、营销学、广告学、计算机科学等学科的专业人才，拥有具有一定社会交往与应变能力的协调人员，还拥有一批训练有素的专职与兼职操作人员，在长期的市场调查实践活动中，积累了相当经验，完全有能力承接来自社会各方的委托，并按相应的研究要求，展开市场调查活动。一般而言，大多专业市场调查机构能够承担的市场调查业务范围较广，研究领域较宽。

2）市场咨询

专业市场调查机构在日常经营业务活动中积累了相当数量的研究成果，涉及不同的研究类型和研究领域，正是凭借这一专业优势，再结合宏观经济形势、政府政策倾向等，可以为企业提供诸如产品投放、营销网络、促销手段等市场营销体系方面的各类咨询服务，从而为企业科学决策与经营管理提供依据。

3）提供市场资料

专业市场调查机构一般拥有稳定、高效的信息网络，订有各种专业报纸、杂志，定期采购各种统计年鉴、行业名录等信息工具书籍，加之日常市场调查的成果积累，所以它们掌握着大量的经归类整理的比较具有时效性的现成资料与信息，这些现成资料与信息就成为它们为社会和企业服务的重要资源。

4）管理培训

专业市场调查机构除自身拥有一定的专门人才外，一般都聘请部分专家学者、企业中高层主管为顾问，凭借这一优势，可以开展有关企业战略、市场营销、人力资源管理、商务沟通领域的新知识、新政策、新经验等方面的专项培训，从而为提高企业经营管理人员的水平提供服务。

1.6.3 市场调查人员的素质与培训

1. 市场调查人员的素质

按市场调查的客观要求，作为一个优秀的访问员，应该具备相应的品德、业务和身体素质，具体表现在以下三个方面。

1）思想品德素质

一个具有良好的思想品德素质的调查人员，应该能够做到以下几点。

（1）熟悉国家现行的有关方针、政策、法规，具有强烈的社会责任感和事业心。

（2）具有较高的职业道德修养。表现在调查工作中能够实事求是、公正无私，绝不能为完成任务而敷衍了事。

（3）工作认真细致。在调查工作中要认真、细致，要具有敏锐的观察能力，不放过任何有价值的资料，也不混入虚假的资料，对有疑点的资料应不怕辛苦，反复核对。

（4）谦虚谨慎、平易近人。调查人员最主要的工作是与人打交道。那些谦逊平和、时刻为对方着想的调查人员，容易得到被调查对象的信任，从而能够获得真实的信息，而那些脾气不好、盛气凌人、处处想着自己的调查人员，容易遭到拒绝或得到不真实的信息。

2）业务素质

（1）阅读能力。理解问卷的意思，能够准确无误地理解问卷中的提问项目和回答项目。

（2）表达能力。要求访问人员在调查过程中能够将要询问的问题和意思表达清楚。

（3）观察能力。具有敏锐的观察能力，判断被访者回答的真实性。

（4）书写能力。能够准确、快速地将被访者的回答原原本本地记录下来。

（5）独立外出访问能力。访问员能够独自到达指定的地点，寻找指定的被访者，并进行访问。

（6）随机应变能力。在调查过程中遇到的是各种各样的人，所以访问员要能够随机应变，适应不同类型的人的特点。

3）身体素质

一个健康的体魄，是做好一件事的基础，搞市场调查也不例外。只有具备了良好的身体，才能：①适应严谨的归纳、整理、计算的要求；②吃苦耐劳，满足实地访问等体力的需要；③适应长时间、高效率的工作，是一个合格的调查员的基本要求；④保持良好的工作状态，以应付各种类型的受访对象，机智灵活地处理各种各样的随机事件。

2. 市场调查人员的培训

市场调查人员的培训质量直接关系到调查成效，它对调查结果的公正性及其可利用价值十分重要。

1）培训的方式方法

一般而言，市场调查人员的培训以在职业务培训为主，采用书面训练、口头训练、模拟实践训练相结合的方法。

2）培训的基本内容

培训内容分三大块，即政策法规和规章制度培训、访问技巧和基本要求培训、项目专项培训。

（1）政策法规和规章制度培训。随着市场调查活动的发展，国际和国内相继出台了有关政策法规，如国际商会与欧洲民意和市场营销调查学会（ESOMAR）于1977年联合制订和颁发了有关准则，并于1986年做了修改，这一准则的主要目的是使被调查者的权利得到充分的保障。又如我国国家统计局为规范涉外调查服务，也制订了相关的管理暂行办法。此外，各个市场调查机构本身也有内部管理方法，如保密制度、访问工作协议等。因此，作为操作实施人员，对于和市场调查相关的准则与惯例、政策规定与管理要求，必须有清晰的了解，并能在实际调查活动中自觉遵守。

（2）访问技巧和基本要求培训。市场调查所采用的种种访问形式中，入户访问的技巧要求相对较高，其中一些主要原则同样适用于其他访问。这部分内容的培训受到市场调查机构的普遍重视，大体而言，访问各个环节应该掌握的基本要求和技巧如下所述。

首先，自我介绍环节。访问员在进行访问时，应佩戴胸卡及出示说明本人身份的证明，并且简要地自我介绍与说明来意，比如说："我是×××的访问员，我们现在正在进行一项调查，您是被抽中的代表之一，仅耽误您几分钟时间，作一个简短的访问。"

为了和被访者进行沟通，消除被访者的疑虑，建立信任是必要的。为此，访问员应该进一步说明访问目的，如这次访问是为了了解消费者对市场的各种意见，这些意见完全用于内部分析，并且这项工作最终将改善消费品市场的现状，有利于消费者本身。这种说明可有效地拉近访问者与被访者之间的距离，有利于双方相互配合，共同完成访问任务。

有时，访问是在假日或晚上进行，因为平时白天多数居民要上班或学习，这一点也应予以说明，以消除被访者的疑虑。此外，若选中的被访对象恰巧有事或不在，可礼貌地与其本人或家人另约访问时间。

其次，询问环节。访问员应该清晰明了地说出问卷中的每个问题，速度不能太快或者太慢，当被访者对问题有所误解或不清楚时，访问者应将问题重复一遍。询问应严格按问卷编排的顺序进行，因为问题的先后顺序将会影响整个答案的准确性，并且每个问题都需问到，不可自以为了解被访者的答案而跳过某些问题。每个问题应按经过仔细斟酌的问卷中所用的字句去询问，不能按照自己理解随意用自己的语言进行询问。询问要有停顿间隙，让被访问者有思考余地。对问卷中问题和被访者的回答，不能按照自己的理解解释与记录，因为这种理解很可能是主观的、随意的，必须严格保持中立，即是怎样就怎样。要认真、完整地记录被访者的意见，即使拒绝回答，也是一种重要的意见态度，也应记录下来。要善于把访问集中于主题，对于有的被访者离题太远的回答，要及时引导其回到正题。

必须访问调查指定的访问对象。有的被访者以为自己所知不多，自己的意见无助于市场调查，会建议访问家中的其他人，这时访问员应说明，这次访问的对象是用科学方法抽取的，不同层次的人都有可能被抽中，每个被抽中对象的意见都有相同的价值。在访问中，不能让被访者看到问卷，因为问卷中的内容，很可能改变被访者的意见。在访问中，要正确地应用卡片。当问卷中出现多项选择时，一般把可选择的答案印制在卡片上，在使用卡片时，访问者应手持卡片，但又要注意不可把手指指向某一答案，以免产生误导。要进行现场核对，在结束访问时，迅速复查一遍问卷，发现有错误、有遗漏，及时修正。

最后，追问环节。在访问中，被访者回答不清和不全是相当普遍的现象。因此，掌握追问技巧是十分重要的。

3）项目专项培训

市场调查人员在比较系统地经历了访问技巧和基本要求培训后，在正式参与市场调查项目前，还必须接受此项调查的专门培训，否则是不能参加正式调查的。市场调查项目专项培训一般包括以下几个组成部分。

（1）项目基本情况介绍，如项目背景、涉及范围、访问形式、访问地概况、调查产品情况等。

（2）调查问卷介绍，主要对问卷的各个问题及其各项指标作相应的解释，对问卷填写的格式要求进行必要的说明。

（3）市场调查人员职责说明，如每人承担的访问量，访问选样如何进行，问卷递交时间、地点等。

（4）模拟调查，可以采取培训人员与市场调查人员之间，市场调查人员相互之间用调查问卷互相轮换访问的方式进行模拟调查，有条件的情况下，应安排非正式调查区域的实地访问作为模拟训练。

本章小结

市场调查是指通过有目的地对一系列资料、情报、信息的判断、收集、筛选、解释、传递、分类和分析，来了解现有的和潜在的市场，并以此为依据作出经营决策，从而达到进入市场、占有市场并取得预期效果的目的。市场调查具有目的性、系统性、全过程性、不确定性、客观性和时效性。搞好市场调查，能及时探明需求变化的特点，掌握市场供求之间的平衡情况，为编制生产和经营计划，制订科学的经营决策提供依据。

市场调查按照调查目的不同划分为探测性市场调查、描述性市场调查、因果性市场调查、预测性市场调查。市场调查涉及市场环境、市场需求、营销活动、产品调查、消费者购买力、广告效果等实用领域。市场调查的步骤包括制订调查计划、市场调查的实施、调查总结三个阶段。市场调查根据决策问题的重要性以及时间、内容、费用等方面的要求不同，可以有不同的组织方式，主要有市场普查、重点调查、典型调查、抽样调查等。按市场调查的客观要求，作为一个优秀的市场调查员，应该具备相应的品德素质、业务素质和身体素质。

案例

神秘情报助赢点球大战！

在2006年世界杯1/4决赛中，人高马大的德国队和技巧娴熟的阿根廷队相遇。当足球解说员声嘶力竭讨论着胜负究竟是“比身体”还是“比技术”时，德国人却在悄悄演绎着全新点球决战的含义：比情报。

德国队在经历120分钟的残酷角逐后终于1∶1逼平阿根廷，将对手拖进点球大战。在主教练克林斯曼安排了点球队员以后，德国队守门员教练科普克把一张神秘的纸条送到门将莱曼手上，每当本方队员罚球的时候，莱曼便从右腿的袜子里拿出这张纸条看看，为自己的下一次扑救作精心准备。点球结果令人大吃一惊，莱曼4次都扑对了方向，并把阿亚拉和坎比亚索的射门拒之门外，最终德国队以4∶2胜出，以总比分5∶3晋级半决赛。赛后，人们都把赞美献给了莱曼的上帝之手，然而不为人知的是，点球大战真正的幕后英雄却是克林斯曼的情报员齐根塔勒以及科隆体育学院的专家团。这些足球行家赛前认真收集对手的每一场比赛录像，分析、研究对手主力球员的跑动路线，最经常分球给谁，罚任意球、角球和手抛球的方式，传中球的特点等，其中最重要的部分就是找出对方主力球员罚点球的习惯动作和门将的扑救方向的关联性，从而大大提高了德国门将扑救点球的成功率。

科普克交给莱曼的神秘纸条就是齐根塔勒的调查研究结果，上面写了几个最有可能出场的阿根廷球员射点球的特点，这为莱曼提前反应赢得了时间，也为德国队赢得了胜利。

事后，这张神秘的纸条被公开，令人叹服的是，科普克所写的与实际情况完全一样，这张纸条从上到下依次写着：

克鲁兹——长距离助跑，右上角；

阿亚拉——注意他的射门腿，左下角；

罗德里格斯——大力抽射右边；

坎比亚索——短距离助跑，左上角。

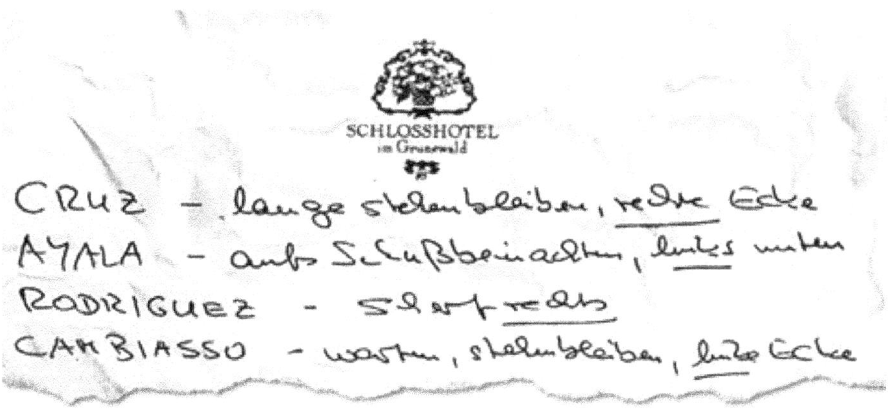

案例思考：

1. 上述案例对我们进行市场调查有什么启示？

2. 神秘纸条上写的结论是如何分析出来的？

能力提升

• **主要知识点**：市场调查的含义、特点、类型、实用领域、原则、程序、机构和组织方式。

• **本章重点**：市场调查的程序。

• **重要概念**：市场调查、普查、典型调查、重点调查、抽样调查。

• **动手操练**：找信息、说关系，找两条不同行业的市场信息，并说明对企业决策的作用（信息、作用、出处）。

第 2 章　市场调查方案策划

调查目标重要吗?

本章要点

1. 了解市场调查方案策划的特点和作用、市场调查课题的界定。
2. 掌握市场调查方案的内容与撰写。
3. 掌握市场调查方案的评价。

2.1　市场调查方案策划的特点和作用

市场调查工作需要调查者按照一定的程序协同进行，每一个步骤的完成都为下一个步骤的顺利开展创造条件，从而最大限度地节约调查费用和时间。只有市场调查方案策划周密，市场调查的各个环节才能有条不紊地进行，调查工作才能保质保量地完成。

2.1.1　市场调查方案策划的含义

市场调查方案策划，就是根据调查研究的目的和调查对象的性质，在进行实际调查之前，对整个调查工作的各个方面和全部过程进行的通盘考虑和总体安排，以作出相应的调查实施方案，制订合理的工作程序。市场调查的范围可大可小，但无论是大范围的调查，还是小范围的调查，都会涉及相互联系的各个方面和各个阶段。这里所讲的调查工作的各个方面，是指要考虑到调查所要涉及的各个组成项目。例如，对某超市竞争能力进行调查，就应将该市所有或抽选出的超市的经营品种、质量、价格、服务、信誉等各种相互区别又有密切联系的调查项目进行整体考虑，避免在调查内容上出现重复和遗漏。市场调查策划所指的全部过程，是指调查工作所需要经历的各个阶段和环节，即调查资料的收集、记录、整理和分析等。只有对此预先作出统一考虑和安排，才能保证调查工作有秩序、有步骤地顺利进行，减少调查误差，提高市场调查工作质量。而依据市场调查策划形成的书面文件就是市场调查方案，它详细地描述了获得信息和分析信息所必须遵循的程序，包括调查目的、对象、内容、方法、步骤、时间安排等，这一程序是顺利和高效地完成营销调查课题的前提和保证。

2.1.2　市场调查方案策划的特点

（1）可操作性。这是决定该市场调查方案实践价值的关键环节，也是任何一个实用性方案的基本要求，否则市场调查策划就是一次失败的策划，市场调查方案就失去了它存在的价值。

（2）全面性。调查方案策划本身带有一种全局性与规划性特点，它必须像指挥棒一样统领全局，直指调查目标，保证调查目的的实现，因此全面性是其又一个显著特征。

（3）规划性。市场调查方案策划本身正是为了对整个调查统筹规划而设计的，是对整个调查工作各个环节的统一考虑和安排，未雨绸缪，谋划未来。

（4）最优性。调查方案的最后定稿是经过多方反复协调磋商，多次修改和完善确定的，这样可以保证调查方案的效果最好而费用较少。有时客户还会要求专业调查机构同时拿出两个及以上的方案供其最后选择。

2.1.3 市场调查方案策划的作用

市场调查方案策划是全部调查活动的开始，为了在调查过程中统一思想、统一认识、统一内容、统一方法、统一步调，圆满完成调查任务，就必须制订出一个科学、严密、可行的工作计划和组织措施，以使所有参加调查工作的人员都步调一致、有章可循。因此，市场调查方案策划是顺利完成市场调查工作的首要环节，其重要作用主要表现在以下三个方面。

（1）从认识上讲，市场调查方案策划是从定性认识过渡到定量认识的开始阶段。虽然市场调查工作所收集的许多资料都是定量资料，但是应该看到，任何调查工作都是先从对调查对象的定性认识开始的，没有定性认识就不知道应该调查什么和怎样调查，也不知道要解决什么问题和如何解决问题。例如，要研究一个企业的生产经营状况，就必须先详细地了解该企业生产经营活动过程的性质、特点等，设计出相应的调查指标以及收集、整理调查资料的方法，然后再去实施市场调查。可见，调查方案策划正是定性认识和定量认识的连接点。

（2）从工作上讲，市场调查方案策划起着统筹兼顾、协调一致的作用。现代市场调查可以说是一项复杂的系统工程，对于大规模的市场调查来讲，更是如此。在调查中会遇到很多复杂的问题，其中一些属于调查本身的问题，另一些问题则是属于与调查相关的问题。例如，抽样调查中样本量的确定，按照抽样调查理论，可以根据允许误差和可靠程度的大小，计算出相应的必要抽样数目，但这个抽样数目是否可行，还要受到调查经费、调查时间等多方面条件的限制。在实际应用中，采用普查方法能够取得较为全面准确的资料，但普查工作时间长，工作量大，需要动用的人力、物力十分庞大，这些都需要各方面的合作。像人口普查、第三产业普查等全国性的调查，通常要由国家有关部门牵头组织，并非一个调查机构的力量所能胜任的。因此，只有通过调查方案策划，设置好市场调查工作的流程，才能分清主次，根据需要和可能采用相应的调查方法，使市场调查工作有序进行。

（3）从实践要求上讲，市场调查方案策划能够适应现代市场调查发展的需要。现代市场调查已从单纯的收集资料活动变成把调查对象作为一个整体来反映的调查活动。与此相适应，市场调查过程相应地改为市场调查方案策划、市场调查问卷设计、资料收集、资料整理和资料分析这样一个完整的工作流程，调查方案策划正是这一系统工作流程的第一步。

2.2 市场调查课题的界定

2.2.1 市场调查课题的概念和类型

1. 市场调查课题的概念

一般来说，企业总会有一个永恒的主题，那就是减少投入、提高产出。因此，当我们遇到课题太抽象或范围太大时，不妨多从这个角度对课题进行理解。那么，何为市场调查课题呢？市场调查课题是指一项市场调查研究所要解决的具体问题和主要问题下的分支问题。由企业单位或其他客户提出的市场调查问题，基于客户的认识水平，刚开始大多数是没有经过仔细深入的考虑而提出的，因此问题范围会较广泛，针对性不强，甚至只是停留在表层和概念层面。这就需要将市场调查问题逐层地分解为若干个层次的分支问题，从而确定市场调查课题。只有在清楚准确地界定好市场调查课题之后，才有可能顺利地将调查方案设计好并付诸实施。

2. 市场调查课题的类型

（1）按课题的性质，分为理论性调查课题和应用性调查课题。理论性调查课题多指停留在理论层面的研究课题，范围比应用性调查课题要大，多用来解释经济现象或企业行为。相比之下，应用性调查课题为企业所遇到的较为现实的问题。例如，我们想了解一下 20 世纪 70 年代和 90 年代出生的人的消费心理和消费行为的变迁，这个课题就是理论性调查课题。如果某个企业想了解其品牌在消费者心目中的印象，显然这是个应用性调查课题。

（2）按课题的目的和作用，分为探索性调查课题、描述性调查课题、解释性调查课题和预测性调查课题。当面临的课题存在过多变数，企业没有太大把握，但是又想提前了解一点时，企业常常会提出探索性调查课题。这种课题常常带有一定的理论假说和超前性。其研究方法会有较大的弹性，样本选取方面常用小样本，甚至不太考虑其具有多大的代表性。

描述性调查课题与探索性调查课题相反，其所具有的特点则是采用大样本（样本数在 600 个以上）。这种课题最终的目的是要描述事物总体的特征。

解释性调查课题与描述性调查课题有点类似。不同之处在于，解释性调查课题的结论已经完全出现，调查只是一种事后的解释；而描述性调查课题的结论尚未完全呈现，还有一点隐藏。

预测性调查课题与探索性调查课题有点类似。不同之处在于，预测性调查课题中未来的不确定性比探索性调查课题要小。

2.2.2 市场调查课题的界定

1. 用户信息需求的课题界定

根据用户提出的信息需求及其分类（知识型、消息型、数据事实与资料型、咨询服务型）确定相应的调查课题，每类课题的特点、要求各不相同。

知识型课题多为理论型调查课题，客户一般为一些非营利性组织，如政府机构、大学、学术团体等。消息型、数据事实与资料型、咨询服务型则为应用型调查课题，客户一般为企业。

2. 自我确定调查课题

调查机构自我选择课题，是课题确定的另一种重要形式。调查机构选择课题应遵循以下原则。

（1）课题的价值，包括理论价值和应用价值。当然，在实际的选题中有时会偏重其理论价值，有时则偏重其实际应用价值，还有的时候会要求二者兼而有之。

（2）课题的创造性。这不仅仅是市场调查课题的要求，而且是任何科研课题都应讲究的，是课题立项的基本要求，否则调查就会是重复劳动，毫无价值可言。

（3）课题的可行性。这一点至关重要。任何一项课题若不可行，无异于纸上谈兵。

一些大型的广告调查公司在接受商业性调查课题之余，常会做一些带公益性的研究，并将研究结果公开发表。例如，我国著名的北京零点调查公司就常做一些社会民情调查并公开发表，其结论常被多家有影响力的媒体采用。其实这也是调查公司向社会展示实力、宣传其公司形象的一种做法，这种采用无偿贡献的做法正是企业高明之处。

2.2.3 市场调查课题的研究假设

调查课题的研究假设是指对调查对象的特征及有关现象之间的相互关系所作的推测性判断和设想。

从某种意义上说，任何一项课题的研究都是从一些假设开始的，就像自然科学的探索性科学研究一样，先进行理论猜测，再通过实验来检验，不对则调整猜想，再进行实践检验，如此多个轮回。市场调查研究课题正是借鉴自然科学的实验原理来探索社会科学领域事物的本质和规律的，二者在纯粹的科学原理上并无多大不同。因此，事先对调查课题作一些研究性假设很有必要，这也是进行下一步的调查问卷设计的前提和基础。那么，怎样建立研究假设呢？其方法有：一是根据已有的理论和实践经验或研究论证演绎产生；二是通过对社会经济现象之间联系的观察和分析形成。

比如说，我们要做一项关于大学生心理健康的调查，这个命题就隐含了一个潜在的假设命题：大学生心理健康状况不太理想，大学生心理存在一些问题。然后我们的研究要做的工作是：找出这些问题并分析其原因，以便对大学生心理咨询和心理调适工作给出建议。

2.2.4 确定市场调查课题的程序

1. 课题背景分析

调查人员必须了解客户及所在行业的各种因素，特别是那些对确定调查课题有较大影响的因素，其中包括课题的背景，如所属行业和企业的历史背景和发展预测、资源限制、决策目标、消费者行为、法律环境、经济环境及营销能力和技术水平等。

(1) 历史背景和发展预测。调查人员为了了解调查课题，就有必要事先分析研究有关市场份额、创收能力、技术、人口统计及生活方式等方面的历史背景资料和对未来发展进行预测。

(2) 资源限制。为了确定调查的范围，有必要考虑现有的资源条件及相应的限制因素，如资金预算、成本、时间和调查手段等制约因素。

(3) 决策目标。决策的目的在于实现既定的目标。在界定管理决策问题时，必须分清两个目标：组织目标和决策者个人目标。组织目标可以是长远的也可以是近期的，如长远目标可能是保持企业的良好形象，或者说在下一个五年计划内使销量翻一番。近期目标可以是成功地推出一种新产品，使下一年的销量增长20%。调查必须服务于组织目标和决策者个人目标。

(4) 消费者行为。消费者行为的研究可用来预测消费者对特定营销行为的反应。影响消费者行为的因素主要有消费习惯、消费者人数与地域分布、价格敏感度、媒体的宣传等。

(5) 法律环境。国家和地方政府的政策、法律法规，政府机构以及在社会上能够影响和控制各类组织和个人的单位，对这些因素的考虑和分析，都属于法律环境分析中所考虑的问题，由此涉及的法律有专利、商标及税收等方面的法律，此外，还有关于特定行业的法律法规。

(6) 经济环境。经济环境涉及购买力、总收入、可支配收入、价格、储蓄、信用、社会总体经济状况等方面。社会总体经济状况直接影响消费者和企业的消费信心和投资信心。经济生活中的市场疲软问题与经济环境就有着密切关系。

(7) 营销能力和技术水平。企业的营销能力和技术水平状况同样会影响市场调查的性质和范围。试想一下，如果一个缺乏技术背景的公司把推出一项高科技含量产品作为目标，显然是不可行的。技术进步对市场调查的作用非常显著，特别是计算机技术的蓬勃发展。例如，商场普遍采用的商用POS机系统，能帮助超市每日监测消费者需求的变化，向工商界提供真实的数据情报。

2. 确定课题的相关工作

为了准确确认课题，调查人员应与决策者进行交流，采访专业人士，分析第二手资料，进行定性研究。

(1) 与决策者交流。调查人员需要了解决策者所面对的问题，以及他们希望通过调查获得什么。因此调查人员应该讲究同决策者交流的艺术。许多情况下调查人员很难见到决策者，甚至还需要一些繁杂的手续，有时决策者不止一个，尽管如此，同决策者见面仍是不可省略的环节。课题审计工作是调查人员与决策者交流的好机会。

（2）采访专家。向行业专家请教亦是十分必要的。为了获得专家的指点，采用个人访问的方法是较为可取的。采访专家的目的是确定调查课题，而不是为了寻求结论性的答案。在征求专家的建议时，有时会面临两个潜在的问题：一是自称行家的人实际上并没有自己的见解，二是得到专家的帮助比较困难。一般来说，在对工业企业或技术含量高的产品做调查时，采访专家会更有效。因为在这些领域内，相对较易识别和接近真正的专家。

（3）分析第二手资料。第二手资料是指前人为各自目的收集的历史数据，包括来自政府、企业、商业性调查机构和数据库的统计数据等。其特点是方便、经济和快捷。分析第二手资料是调查的基本环节，只有在第二手资料被充分分析后仍不足以满足我们的调查目的时，才会考虑开展第一手资料调查，以充分满足决策需要。第二手资料有个缺点，即时效性差，如果注意不到这一点，就可能会误导调查人员，所以调查人员要特别注意并尽量避免。

（4）定性研究。尽管有上述情报源，但有时候为了从根本上理解课题及其影响因素，还必须进行定性调查。在进行定性调查时，调查人员常采用一些探索性技术手段，如小规模的实验性调查。

3. 区分管理决策课题与市场调查课题

只有确认好管理者想做何种决策，我们才能确认好市场调查的课题。那么何为管理决策、何为市场调查决策呢？请看下面例证。

例如，管理决策课题是：应该推出新产品吗？

将之转化为市场调查课题则是：确认顾客对计划推出的新产品的偏好和购买意愿。

例如，管理决策课题是：应该改变广告促销方式吗？

将之转化为市场调查课题则是：确认现有广告促销方式的效果。

例如，管理决策课题是：应该提高商品价格吗？

将之转化为市场调查课题则是：确认价格弹性对销量的影响。

可见，管理决策课题主要与决策者要做什么有关，而市场调查课题主要与需要什么信息，以及如何以最佳方式获取这些信息有关。管理决策课题是以行为为导向的，它与决策人可能采取的行动有关。比如，应如何遏制市场份额的损失？应以何种方式细分市场？是否应推出新产品？是否应当增加促销预算？市场调查课题是以信息为导向的，它的主要内容是确定需要什么信息，以及如何有效地获取信息。例如，设想一个产品正在失去市场份额，决策者面临的决策课题是怎样弥补这一损失。假设决策者和调查人员都认为这个问题是由于不适当的市场细分引起的，并都希望市场调查能够提供该方面的信息，市场调查课题就可以被确定为“各种市场细分新方法的评估”。

4. 确定市场调查课题

在确定市场调查课题过程中，调查人员常犯两种错误：其一是过于空泛，以至于不能为整体调查方案提供清晰的指导，如探寻品牌的营销策略、增强企业的竞争能力、塑造企业的良好形象等。其二是过于狭窄。例如，在一个大型日用品公司进行的调查项目中，管理决策课题是：面对竞争对手实行的削价策略，应如何作出反应？调查人员最初确定的调查课题是：①降低产品价格是否可行？②在维持产品原价的同时，增大广告投入是否可行？③不与竞争对手形成竞争局面，略微降低产品价格，合理增大广告投入是否可行？

事实证明，以上述调查课题为中心的调查，并没有给该公司带来令人满意的结果。后来该公司请来调查专家展开专业调查，才真正改变了公司的面貌。首先，他们将调查课题重新确定为“扩大市场份额，加强产品线的生产能力”。另外，专家发现当顾客不能区分品牌商品的好坏时，很可能只依据商品的价格来判断商品的质量。为此，专家建议该公司采用新的营销手段，即提高现有产品的价位，同时推出两个新品牌，且其中一个品牌的价格与竞争对手的价格相同，另一个品牌的价格则明显低于竞争对手的价格。

为了避免犯上述两种错误，在确定市场调查课题时应遵循两个原则：一是允许调查人员收集涉及管理决策课题所需要的全部信息；二是在制订调查方案时指导调查人员。

5. 设计市场调查方案

市场调查方案的设计，是指实现调查目标或检验调查假设所要实施的计划的设计。在调查之前根据调查研究的目的、调查对象的性质，必须对调查工作总的目标和各个阶段进行通盘考虑和安排，并提出相应的调查实施方案，制订出合理的工作程序。

2.3 市场调查方案的编制

2.3.1 市场调查方案的主要内容

市场调查方案策划的编制应包括整个调查工作的全部内容。市场调查方案策划的编制是对市场调查工作各个方面和全部过程的通盘考虑。调查方案是否科学、可行关系到整个调查工作的成败。

调查方案是进行市场调查工作的框架和蓝图。当我们明确了问题之后，如何进行具体的实践操作，必须通过调查方案的编制来加以落实，在市场调查方案的编制中应规定具体的实施细节和实施方法。市场调查方案的主要内容包括调查目的、调查对象和调查单位、调查内容和调查表、调查方式和方法、调查项目定价和预算、抽样方案、数据分析方案以及其他内容。

1. 调查目的

确定市场调查的目的，即明确我们在调查中要解决哪些问题，通过调查要获得哪些资料，并说明取得这些资料有什么用途。衡量一个市场调查方案是否可靠和是否科学，主要看该方案的编制是否符合调查目的和要求、是否符合客观实际情况。例如，在某品牌口服液广告效果调查方案中，其调查目的就十分明确：分析现有的各种广告媒介的宣传效果，了解现行的广告作品的知晓度和顾客认同度，了解重点销售区域华南和华东地区用户的消费特征和消费习惯，为某品牌口服液下一年度的广告计划提供客观的事实依据，并据此提供相应的建设性意见。

2. 调查的对象和调查单位

确定了市场调查的目的，接下来的工作就是要确定调查对象和调查单位，目的在于解决向谁调查及由谁来提供具体相关资料的问题。调查对象是指依据市场调查的任务和目的，确定本次调查的范围及涉及的调查对象总体。它是由某些大体性质相同的许多调查单位组成的。调查单位指所要调查的社会经济现象总体中的个体，是在调查中要进行调查研究的各个调查项目的一个个具体的被调查者。例如，在某品牌口服液的调查方案中，所有华南和华东地区的 30 岁以上的某品牌口服液的消费群体都是该次调查研究中的调查对象，而被抽样的 11 个城市的4 400名消费者则是本次调查的调查单位。

可见，确定调查的对象和调查单位，就是要根据调查目的，确定我们想调查何种人、何种团体，细分下来要分析其人口、社会特征、心理特征和生活方式、个性、动机、知识水平、行为、态度和观念等，判断这些人是不是合适的人选，推测这些人未来的行为倾向等。

3. 调查内容和调查表

1）调查课题如何转化为调查内容

调查课题转化为调查内容指调查课题的概念化和操作化。这个问题与 3.2 节中讲的如何将管理决策转化为调查课题完全不同。因为在管理决策课题转化为调查课题时，要调查的问题是什么都没弄清楚，因此有必要由专业的调查公司重新审视和定义，然而，将调查课题转化为调查内容则是非常专业的问题，而且前者的内涵是基本已固定下来并达成共识的。我们要做的是用 10 个甚至 20 个、30 个不等的组合问题来探索调查课题要了解的信息。关于具体问题的转化，以某品牌口服液的调查方案为例，该次调查的课题是“某品牌口服液广告效果调查”，将其转化为具体的调查内容，如下所述。

（1）某品牌口服液的知名度，及其在提高免疫力口服液市场的排名情况；

（2）消费者知晓某品牌口服液品牌的主要信息来源和信息渠道；

（3）了解顾客对某品牌广告口号的喜好程度；

（4）了解顾客对公司售点的卖点广告（POP）的评价；

（5）了解华南、华东地区消费者的特征，包括其职业、年龄、文化教育程度、经济收入等特征，以及上述特征对消费者偏好的影响；

（6）了解上述地区顾客的消费心理和消费特点；

（7）了解消费者对某品牌口服液产品的口感、包装、容量的期望。

2）调查内容如何转化为调查内容

如何根据调查内容设计调查问卷，这一问题在第 4 章中会有专门介绍。在此，我们只提出一些框架性的意见。比方说根据调查课题拟订出一系列的问答题或选择题，设计的问题应是调查对象愿意并能够回答的问题。

4. 调查方式和方法

采用的调查方式方法是否适当，会直接影响到调查结果的精确度。

1）根据调查问卷内容和要求确定调查方式

在调查方案中，应事先确定采用何种调查方式和方法取得调查资料。比如某品牌口服液方案中，调查拟在华南、华东两个重点市场开展，调查的范围将深入到上述地区的中心城市和有代表性的市县。调查对象为 30 岁以上的消费群体。考虑到此次调查工作涉及面广，从市场调查的效果考虑，主要在某品牌口服液的重点销售地区进行，即上海市和广东、江苏、浙江等省的重点城市。年龄层分段：30～40 岁，41～50 岁，51～60 岁，61 岁以上。

2）确定具体的实施方式

在某品牌口服液方案中，调查的实施要求各地的访问员对所有调查对象实行面对面的街头访问，执行访问的访问员由当地的市场营销专业的大学生担任，调查公司付给他们一定的劳务费用。每个调查地点由两名调查员执行访问任务，每个城市大约需要 20 个访问员。访问工作的质量监督控制以及资料的统计处理工作均由 ABC 市场调查公司负责。

3）评价调查结果的标准

要评价一项市场调查结果的科学性、客观性，最重要的是检查调查方法的科学性和合理性。要获得可靠的调查结果，就必须将调查方案做得正确合理。

4）市场调查方法的种类

该内容在 2.2 节中已经介绍，不再赘述。

5）选择市场调查方法的一般性原则

前文我们介绍了几种调查方法，即探索性调查法、描述性调查法、因果性调查法等。事实上各种调查方法并不是绝对独立进行的。调查的目的不同，相应的调查方法也会不同。目前大多数市场调查中往往会采用两种以上的调查方法来收集资料。究竟采用哪些方法的组合取决于调查问题的性质。选择市场调查方法必须考虑以下原则。

（1）对要调查研究的问题一无所知或者有点不知头绪时，可考虑采用探索性调查法。

（2）在大多数情况下，探索性调查法是整个调查研究中最初使用的方法，为了得出科学准确的结论，还应采用描述性调查法或因果性调查法进行深一步的研究。

（3）并不是所有调查方案的设计都要从探索性研究开始，应根据调查者对调查研究的课题定义的准确度来决定，并根据调查者对调查方法的掌握程度以便扬长避短。

5. 调查项目定价和预算

调查的开支费用会因调查课题的不同而不同，在制订预算时，应当制作较为详细的细分工作项目费用计划。通常在调查的前期——计划准备阶段的费用安排应占到总预算的 20%左右。具体实施调查阶段的费用安排可占到 40%左右，而后期分析报告阶段的费用安排占总费用的 40%。因此，我们必须全面考虑不同阶段的费用支出情况，并避免出现不必要的事情影响我们的调查工作的进行。

(1) 用户指定课题的定价，包括调查员劳务费、被访者礼品费、交通费、材料费、资料印刷费、一定的利润等。

(2) 调查机构选择课题的预算方案，包括调查经费的来源以及经费开支预算。

6. 抽样方案

抽样方案的设计涉及样本数、取样的比例分配、取样的范围等问题。有关这些方面的问题在其他学科（如统计学原理、数理统计、抽样技术等）中已有介绍，在此不重述。

根据抽样原理，在某品牌口服液调查方案中，拟订每个城市抽取的样本数为 400 人，按年龄层次和性别比例分配名额。其中，年龄层分段：30～40 岁，41～50 岁，51～60 岁，61 岁以上，各层比例接近 1∶1，性别比亦接近 1∶1，样本总数为 4 400 人。

7. 数据分析方案

基于实地调查方法得到的原始资料大多是零散的、不系统的，只能涉及事物的表象，无法深入事物的本质和规律，因此，对大量原始资料的加工处理显得十分必要。目前这种工作大多使用计算机处理，这种情况在问卷设计中就应加以考虑，包括采用何种软件、使用何种统计技术等。

8. 其他内容

其他内容包括确定调查时间、安排调查进度，调查人员的选择、培训和组织等。

因为各种各样的因素影响，许多的市场调查项目都会遇上经费拮据、时间紧迫的问题，同时调查者必须尽快完成调查项目，拿出调查结果，但在经费预算上又不充足，因此事先必须制订进度表方便监控检查工作。进度表对于提高调查研究工作效率、节约经费开支也颇有裨益。

通常一个中等规模的调查课题需要花费 30～60 个工作日，一些大规模的社会调查有时会持续 6 个月甚至 1 年。

2.3.2 市场调查方案的撰写

1. 市场调查方案的格式

市场调查方案有两方面的作用：一是用来提供给调查委托方，以便审议检查之用，以作为双方的执行协议；二是用作市场调查者实施执行的纲领和依据。作为一个完整的市场调查方案，必然有一定的格式，我们不妨从市场调查方案所涵盖的主要内容谈起。

市场调查方案的主要内容一般包括以下几个部分。

(1) 前言部分。简明扼要地介绍整个调查课题选定的背景原因。

(2) 调查课题的目的和意义。较前言部分稍微详细点，应指出项目的背景、要研究的问题和可能的几种备用方案，指明该项目的调查结果能给客户带来的决策价值、经济效益、社会效益，以及在理论上的重大价值。

(3) 调查课题的内容和范围界定。指明调查课题的主要内容，规定所必需的信息资料，开列出主要的调查问题和相关的理论假说，明确界定此次调查的对象和范围。

（4）介绍调查将采用的方法，指明所采用的研究方法的主要特征、抽样方案的主要内容、要达到的精度指标、最终数据采集的方法和调查方式、调查问卷的设计方面的考虑和问卷的形式、数据处理和分析的方法等。

（5）课题的研究进度和有关经费开支预算。切记，计划应该设计得有一定的弹性，以应付可能发生的意外事件。

（6）附件部分。开列出课题负责人及主要参加者的名单，并可扼要介绍一下团队成员的专长和分工情况。指明抽样方案的技术说明和细节说明、调查问卷设计中有关的技术参数、数据处理方法、所采用的软件等。

2. 撰写市场调查方案策划报告时应注意的问题

（1）一份完整的市场调查方案策划报告，上述六个方面的内容均应涉及，不能有遗漏。

（2）具体格式方面，比如编辑排版上，本章提供的格式并不是唯一的，中间内容的适当合并或进一步的细分也是可以的。总之应根据具体的案例背景加以灵活处理。

应该特别指出的是，市场调查方案策划的书面表达是非常重要的一项工作。一般来说，策划书的起草与撰写应由课题的负责人来完成。

2.4　市场调查方案的评价

2.4.1　调查方案可行性分析的方法

在调查复杂的社会经济现象时，调查方案的设计通常不是唯一的，我们需要从多个调查方案中选取最优方案，同时，所设计的调查方案也不是一次完成的，而是需要经过必要的可行性研究，针对调查方案进行试点调查和修改。众所周知，决策失误是最大的失误。可行性研究是科学决策的必经阶段，是科学设计调查方案的重要步骤。因此，对调查研究工作而言，事先对调查方案进行科学的可行性研究是非常有必要的。针对市场调查方案进行的可行性研究的方法有很多，常见的有经验判断法、逻辑分析法、试点调查法等。现就上述三种研究方法分述如下。

1. 经验判断法

经验判断法是指通过组织一些市场调查经验丰富的人士，对设计出来的市场调查方案进行初步研究，以判断调查方案的合理性和可行性。例如，针对广州市白领阶层的消费支出结构进行研究，就不宜采用普查的形式，因为这样做既没必要也不可能。在对广州市白领阶层这一概念进行量化处理之后，我们完全可以采用抽样调查的方式。国家统计局在对我国全年农作物收成作出预测时，常采用抽样的方法在一些农作物重点产区做重点调查，这一方法亦属于经验判断范畴。总之，经验判断法可以节约人力、物力资源，并能在较短的时间内作出快速的预测。当然，这种方法也是有局限性的，这主要是因为我们的认识有限，并且事物在不断地发展变化。我们学辩证法时常说变化是绝对的、不变是相对的，正所谓世事难料，这个世界上唯一不变的事情就是变化。各种主要客观因素都会对我们的判断的准确性产生影响。

2. 逻辑分析法

逻辑分析法是指从逻辑的层面对调查方案进行把关，考察其是否符合逻辑和情理，如对学龄前儿童进行问卷调查、对内蒙古草原上的牧民调查、对电视广告的偏好调查等，这些都有悖于常理和逻辑，也是缺乏实际意义的。但是，如有一个调查课题，即某企业搞一次民意调查，想知道一项新的福利改革制度在职工中的支持度，在选取样本时我们应该这样操作：假设该企业有1000人，其中销售人员 300 人，生产人员 200 人，科研人员 500 人，只准备选取样本 100 人进行问卷调查，那么，从逻辑上讲，我们若按各工种人员在总人数中所占的比例进行样本的分配，显然这样做是科学和符合逻辑的。照此思路，我们将有如下样本分配方法：

销售人员取样数 $=300/1000\times100=30$（人），

生产人员取样数 $=200/1000\times100=20$（人），

科研人员取样数 $=500/1000\times100=50$（人）。

同样，当我们想了解广州市城市居民消费支出结构时，对各阶层人员的取样也可以依照此思路进行操作。

3. 试点调查法

试点调查法即通过小范围内选择部分单位进行试点调查，对调查方案进行实地检验，以判断调查方案的可行性。具体来说，试点调查的用意在于以下两点。

(1) 试点调查目的在于对调查方案进行实地检验。调查方案是否切实可行，可通过试点调查进行实地检验，如检查调查目标的制订是否恰当、调查指标的设置是否正确、有哪些考核项目应该增加、哪些项目应该减少、哪些地方应该修改和补充。试点调查工作完成后，要及时地提出具体建议，对原方案进行修订和补充，以便使制订的调查方案科学合理，能切合实际情况。因此，可以说试点调查法实际上是借鉴了实验科学的思想，是实验科学思想在社会科学领域的成功运用。

(2) 试点调查还可以理解成实战前的演习，可以让我们在大规模推广应用之前及时了解我们的调查工作哪些是合理的，哪些是我们工作的薄弱环节。

运用试点调查法进行调查方案的可行性研究，还应注意以下几个常见问题。

(1) 应选择好适当的调查对象，应尽量选择规模小、具有代表性的试点单位，必要时我们还可以采用少数单位先行试点，然后再扩大试点的范围和区域，最后全面铺开。如此这般，循序渐进。

(2) 事先建立一支精干的调查队伍，这是做好试点调查工作的先决条件。团队成员包括有关调查的负责人、调查方案设计者和调查骨干，这将为搞好试点调查工作提供组织保证。

(3) 调查方法和调查方式应保持适当的灵活性，不应太死板。事先确定的调查方式可以多准备几种，以便经过对比后，从中选择合适的方式。

(4) 试点调查工作结束后，应及时做好总结工作，认真分析试点调查的结果，找出影响调查的各种主客观因素并进行分析。试点工作也可理解为，在时间要求并不是那么紧迫的前提下，或者说在我们对方案的实施把握性不大，心中没底时所做的一种小范围测试。这样万一我们失算也不会损失过大，并且这是一种极好的调试方案的方法。

2.4.2 调查方案模拟实施

并非所有的调查方案都需要进行模拟调查，只有那些调查内容很重要，调查规模又很大的调查项目才考虑进行模拟调查。模拟调查结果的分析非常重要，是下一步正式大规模调查工作成败的关键。例如，我国第五次人口普查广州区方案制订后，结合对普查工作人员的培训工作，在正式调查开始前就搞过一次模拟调查，并就发现的问题，对方案进行了最后的检验和调整。

在一些大型的调查中，举行客户论证会也可被视作模拟实施中的一个环节。

2.4.3 调查方案设计的总体评价

市场调查方案设计的总体评价将涉及以下三个方面，即方案设计是否体现调查目的、调查方案是否具有可操作性、方案是否科学和完整，如上述某品牌口服液广告效果调查方案的设计中，对调查的目的、调查内容、调查方法、工作进度、问卷设计、调查费用的预算等要素都作了交代，是一份基本可行的市场调查方案，我们只要按照该方案将工作细化并操作即可。

本章小结

市场调查方案策划，就是根据调查研究的目的和调查对象的性质，在进行实际调查之前，对整个调查工作的各个方面和全部过程进行的通盘考虑和总体安排，以作出相应的调查方案，制订合理的工作程序。

市场调查课题是指一项调查研究所要解决的具体问题和主要问题下的分支问题，由企业单位或其他客户提出的市场调查问题，并将调查问题逐层地分解为若干个层次性的分支问题，从而确定调查课题。

市场调查方案的主要内容包括调查目的、调查对象和调查单位、调查内容和调查表、调查方式和方法、调查项目定价和预算、抽样方案、数据分析方案以及其他内容。

一个完整的市场调查方案的主要内容一般包括前言部分、调查课题的目的和意义、调查课题的内容和范围界定、调查研究方法、课题的研究进度和有关经费开支预算、附件部分等。

案例

某品牌口服液广告效果调查方案

一、调查背景

某口服液公司是我国饮料市场五巨头之一，以前很少作广告宣传，但有一年公司年度广告投入量达到800万元，主要是投在电视广告、各种方式的售点POP、印刷品广告及少量的灯箱广告等。为了有针对性地开展今后的产品广告宣传推介工作、促进产品品牌形象的传播和产品销售量的进一步提高，以便在竞争激烈的保健品市场中立于不败之地，公司拟进行一次广告效果调查，以供决策层参考。

二、调查目的

分析现有的各种广告媒介的宣传效果，了解现行的广告作品的知名度和顾客认同度，了解重点销售区域华南和华东地区市场的消费特征和消费习惯，为某品牌口服液今年的广告作业计划提供客观的事实依据，并据此提供相应的建设性意见。

三、调查内容

(1) 某品牌口服液的知名度，以及产品在提高免疫力口服液市场的排名情况。

(2) 消费者知晓某品牌口服液品牌的主要信息来源。

(3) 了解顾客对某品牌广告口号的喜好程度。

(4) 了解公司售点POP广告在顾客心目中的评价。

(5) 了解华南、华东地区消费者的特征，包括其职业、年龄、文化教育程度、经济收入等特征，以及上述特征对消费者偏好的影响。

(6) 了解华南、华东地区顾客的消费心理和消费特点。

(7) 了解消费者对某品牌口服液产品的口感、包装、容量的期望。

四、调查对象及方法

本项调查拟在华南、华东两个重点市场开展，调查的范围将深入到上述地区的中心城市和有代表性的市县。调查对象将锁定为中老年消费群体。从市场调查的效果考虑，主要在某品牌口服液的重点销售地区，如上海市和广东、江苏、浙江等省的重点城市进行，并拟定每个城市调查400人，调查对象按年龄层次分段：30～40岁，41～50岁，51～60岁，61岁以上。

调查的实施要求各地的访问员对所有抽中的400个样本实行面对面的街头访问。执行访问的访问员由当地的市场营销专业的大学生担任，付给一定的劳务费用。每个调查地点由两名访问员执行访问，每个城市大约需要20个访问员。访问工作的质量监督控制工作以及资料的统计处理工作均由ABC市场调查公司负责。

五、调查作业进度控制

此方案若在年初得以认可，调查组将在当年5月28日前完成调查工作，并提交调查报告。具体时间安排如下：

4月1～10日	总体方案、抽样方案和问卷的初步设计
4月11～15日	预调查及问卷测试
4月16～18日	问卷修正、印刷
4月19～20日	访问员挑选与培训
4月21日～5月18日	调查访问

5 月 19～24 日　　整理并打印报告

5 月 25～28 日　　报告打印提交

六、调查结果和形式

本次调查的成果展示形式为调查书面报告。具体内容将包括前言、摘要、研究目的、研究方法、调查结果、结论和建议以及附录七个部分，并交给客户两份书面材料。

七、调查费用预算

此次市场调查估价单，如表 2-1 所示。

表 2-1　市场调查估价单

费用支出项目	数量	单价/元	金额/元	备注
方案策划费	1 份	20 000	20 000	
抽样设计实施费			2 000	
问卷设计费	1 份	1 000	1 000	
问卷印刷装订费	4 400 份	4	17 600	
访问员劳务费	220 人	100	22 000	
总计			62 600	

资料来源：ABC 市场调查公司

案例思考：

1. 上述案例对我们确定市场调查目标有什么启示？
2. 该口服液公司的广告效果调查方案中策划的内容有哪些？

能力提升

• **主要知识点：**市场调查课题的界定，调查方案策划的特点和作用，调查方案的撰写。

• **本章重点：**调查课题的选择、调查方案的编制、调查方案的撰写。

• **动手操练：**

（1）选课题、讲背景，选一个调查题目，进行背景分析，并说明调查此课题所得市场信息对企业决策的作用。

（2）搞策划、编方案，对上述所选课题进行调查活动策划，并撰写调查方案。

第3章　市场调查问卷设计

设计问卷需要看清真相和本质吗?

本章要点

1. 了解调查问卷的类型与结构。
2. 掌握调查问卷设计的原则和步骤。
3. 掌握调查问卷问题的主要类型。

问卷调查是利用设计好的问卷，向被调查者收集关于市场需求方面的事实、意见、动机、行为等情况的一种间接、书面、标准化的调查方法。与其他形式的调查相比，问卷调查的好处：一是问卷调查的范围十分广泛；二是问卷调查的匿名性强，调查者可以得到更多的真实信息；三是问卷调查的费用较低；四是问卷调查易于对调查资料进行统一的处理和分析。

问卷调查的成功关键在于问卷的设计。问卷设计的质量优劣直接关系到调查目的是否能够达到，问卷内容的覆盖面涉及所收集信息是否全面，问卷的措辞和语气会影响调查对象是否愿意配合调查，因此，我们要学会设计调查问卷，并利用调查问卷解决调查中的实际问题。

3.1　调查问卷的类型及结构

3.1.1　调查问卷的含义与特点

1. 调查问卷的含义

调查问卷又称调查表，它是以书面的形式系统地记载调查内容，了解调查对象的反应和看法，以此获得资料和信息的一种工具。调查问卷也是一种收集数据的结构化技术，它是指一系列事先精心设计好的、需要调查对象书面或口头回答的问题，其目的是从调查对象那里获取所需信息。调查问卷是进行市场调查的工具，也是问卷市场调查获得成功的关键。

2. 调查问卷的特点

（1）通俗易懂，实施方便。在采用文案调查法查寻资料时，有时不可能获得调查所要求的全部资料和信息；采用面谈调查和电话调查时，又要求调查者具备相当高的询问技巧和记录技巧，在具体实施中还难免会出现被调查者对有些问题回答不完全或回答得模棱两可的情况。采用调查问卷这种形式可以将有所要问的问题全部以提问的方式写在卷面上，大多数题目，还同时提供多种备选答案，由被调查者从中选择。因此，采用调查问卷形式进行调查，形式上容易为被调查者所接受；同时问卷调查也不要求调查者一定要具备很高的交流技巧，实施起来比较方便，只要调查者说清意图，并能回答被调查者的问题就可以承担调查任务了。

（2）适用范围、对象广泛。从调查的范围上来看，调查问卷既适用于国际市场调查、国内市场调查，又适用于区域市场调查。从对象的广度上来看，调查问卷既可以针对消费品市场、生产资料市场，又可针对服务市场。因此，调查问卷适用于各种范围和对象的市场调查。

（3）便于统计处理和定量分析。市场调查中应用的各种调查问卷，除了少数题目需要被调查者通过文字表述作出回答以外，绝大多数题目都是给出备选答案，由被调查者从已给的答案中标示出与自己的观点和看法相同或相近的答案。因此，调查问卷这种方式与实地采访或其他调查方法相比要方便得多，便于通过人工或计算机的手段准确地对问卷中的每一题目的答案进行汇总、整理、归类，然后进一步进行定量分析。

（4）节省时间，调查效率高。由于调查问卷中的问题绝大多数都给出了备选答案，在回答问卷时，除非有特殊情况，一般不需要被调查者再对各种问题作文字方面的解答，只需对所选择的答案作上记号即可。这样就节省了在调查中用于详细解释沟通的时间，提高调查效率。

3.1.2 调查问卷的主要类型

根据不同的标准可以把调查问卷划分为不同的类型。

1. 按照调查问卷的传递方式不同划分

1）报刊调查问卷

报刊调查问卷是随着报刊传递分发的问卷，它希望报刊的读者对调查问卷作出回答，并按照规定的时间将问卷寄回报刊编辑部。

2）邮政调查问卷

邮政调查问卷是调查者通过邮局向选定的被调查者寄发的问卷，它希望被调查者按照问卷要求进行填写，并通过邮局寄还给调查者。

3）送发调查问卷

送发调查问卷是市场调查人员直接将调查问卷发送到选定的被调查者手中，待被调查者填写完毕后，再派专人收回的一种调查方式。

4）访问调查问卷

访问调查问卷是由市场调查人员按照统一设计的问卷，向被调查者当面提出问题，然后再由调查者根据被调查者的口头回答来填写的一种调查方式。

5）网上调查问卷

近年来，网上调查问卷是市场调查人员经常采用的方法，它是将设计好的调查问卷通过网络传递给被调查者，被调查者通过点击来回答网上问卷的问题，调查者通过设计好的程序来统计网上问卷的调查结果的一种调查方式。

2. 按照调查问卷是否由被调查者自行填写划分

1）自填调查问卷

自填调查问卷是由调查者发给（或邮寄给或网上提供）被调查者，由被调查者自行填写、作答的问卷。

例如，报刊举办的类似“十佳产品”“你最喜欢的电冰箱”等问卷调查，都是用随报刊分发的自填问卷，读者答完这些问卷后再寄到指定地址即可。

报刊调查问卷、邮政调查问卷和送发调查问卷均属于自填调查问卷。自填调查问卷是调查问卷的主要形式。

2）访问调查问卷

访问调查问卷是由调查者按照统一设计的调查问卷，向被调查者当面提出问题，然后再由调查者根据被调查者的口头回答来填写的问卷。例如，由全国妇联、国家统计局在 2001 年组织实施的“第二期中国妇女社会地位调查”采用的是调查员访谈法，所用的问卷就可称为访问调查问卷。

3. 按照调查问卷的设计是否有固定的结构划分

1）结构式调查问卷

结构式调查问卷又称为标准式调查问卷，是指调查问卷的设计是有结构的，调查问卷的问题是按一定的提问方式和顺序安排的，调查者对问卷中的问题和顺序是不能随意变动的。

结构式调查问卷的特点是每个问题的提问方式及顺序都是固定的，且在调查时不能改动，所有被调查者都回答同一结构的问题，因而称结构性问卷。结构式调查问卷适用于大规模的调查，以便于资料处理和分析。

结构式调查问卷根据答案形式又可分为封闭式、开放式和半封闭式调查问卷三种。

（1）封闭式调查问卷，是指调查问卷中的每一个问题都给出了明确的答案，被调查者只能从已给的备选答案中进行选择的问卷。

例如：“你喜欢游泳吗？”

A. 很喜欢　　B. 喜欢　　C. 不喜欢

被调查者根据自己的情况，只可从给定的这三个答案中选择一个来回答。

例如：“贵公司在生产中常遇到哪些困难？”

A. 资金不足　　B. 技术缺乏　　C. 设备陈旧落后

D. 燃料供应不足　　E. 剩余劳力无出路　　F. 各种摊派过多

G. 原材料难买　　H. 产品难卖　　I. 信息闭塞

J. 其他

被调查者只能从给定的这些答案中选择若干个自己认为经常遇到的困难来回答。

封闭式调查问卷的优点是：答案标准化，便于汇总与整理；可事先编码，便于信息处理；问题较清楚，便于被调查者对问题的分析、推测和理解，即使稍不清楚，也可以从备选答案中推知或判断应该怎样回答；答题简单，费时较少，有助于提高调查问卷的回复率；对被调查者的文化程度要求不高。

封闭式调查问卷的缺点是：被调查者只能在备选答案中作出选择，适用性和准确性有时会受到限制；被调查者对不明确、不熟悉或者不易表达的问题，可能猜答甚至随便乱答，从而使被调查者回答内容的真实性受到影响；调查者对调查问卷中问题的回答结果不易把握，也不易于进行正确性和科学性的检验；被调查者在回答问题的时候，出于个人看题习惯、理解习惯和书写习惯等原因容易发生笔误。

(2) 开放式调查问卷，又称自由调查问卷，是指只提出问题，不提供任何备选答案，由被调查者自由回答的调查问卷。开放式调查问卷中每个被调查者要回答的问题都是一样的，但被调查者可以根据自己的情况，针对调查问卷的问题作出回答。

例如，“你对这种观点有何看法?”

“你喜欢滑雪吗?”

“你喜欢看哪一类的电视节目?”

对这些问题，被调查者可以不受限制自由回答。采取这种提问方式，对每个问题都能收集到一些被调查者忽略的答案和资料。

开放式调查问卷的优点：充分性，被调查者可以就所问的问题充分发表自己的看法；适用性，适用于不易确定答案或答案过多的问题；检验性，调查者可从被调查者的回答中发现其是否理解了所提的问题，有没有误解原提问的目的等，从而有利于检验调查问卷所提问题是否存在着偏差。

开放式调查问卷的缺点：不易进行统计汇总。每个题目答案的不规范性，使得资料分散，不易汇总和整理，如对“为什么”这样的问题的调查结果，难以进行统计归纳。容易形成调查偏度。在进行资料整理的过程中，调查者或整理者自己的偏见往往难以完全避免，从而使得结果具有一定的主观性，降低调查的客观性。填答比较费时、费力。被调查者回答一些复杂的问题时，思考和回答的过程可能要占用较多时间，容易引起被调查者的不快，甚至拒绝回答，使调查问卷回复率降低。对被调查者的表达水平要求较高。开放式调查问卷要求被调查者具有一定水平的写作能力、语言表达技巧，不适用于对文化水平较低的对象进行调查。

(3) 半封闭式调查问卷，是指封闭式与开放式相结合的调查问卷，其形式有两种。

形式一：在一个问题中，除给出一定的备选答案供选择外，还相应地列出一个或若干个开放式问题以便回答。

例如：“贵公司在生产中常遇到哪些困难?”

A. 资金不足　　B. 技术缺乏　　C. 设备陈旧落后

D. 燃料供应不足　　E. 剩余劳力无出路　　F. 各种摊派过多

G. 原材料难买　　H. 产品难卖　　I. 信息闭塞

J. 其他（请注明）

对于这个问题，被调查者不仅能从给定的9个项目中选择出自己认为合适的答案，而且如果被调查者认为给定的项目不全或不符合实际，还可以通过第10个备选答案的自填项目来回答。

形式二：调查问卷的一部分问题是采用封闭式的，另一部分是采用开放式的。

例如：股民调查（节选）。

一、您入股市的时间

二、炒股的动机

请您根据自身在多大程度上符合或不符合下列情况进行选择（在表3-1中选定的项目上画“√”）

表 3-1 炒股动机

选项	特别符合	符合	不太符合	不符合
为了赚钱	①	②	③	④
因为储蓄利息太低	①	②	③	④
为了打发时间	①	②	③	④
更好地了解经济情况	①	②	③	④
有钱没更好的投资去向	①	②	③	④
锻炼自身的心理素质	①	②	③	④
支持国家的股市发展	①	②	③	④
作为遗产留给子孙后代	①	②	③	④
为了出钱去股市“就业”	①	②	③	④
其他	①	②	③	④

三、炒股资金的来源（按资金总额中以下各项所占的比重，从大到小的顺序将序号填入括号中）（　　）

①自己的储蓄存款

②银行贷款

③亲戚朋友凑钱

④其他（请注明）

四、投入股市的资金规模（请在下列答案中画“√”）

①1 万元以下

②1 万～5 万元

③5 万～20 万元

④20 万～50 万元

⑤50 万～100 万元

⑥100 万元以上

五、选股方法（按选股的比重，从大到小的顺序将序号填入括号中）（　　）

①媒体推荐（报纸、电视、网络等）

②看股票的技术走势图

③听朋友推荐

④选自己熟悉的股票

⑤根据宏观经济面的变化来选择

六、盈亏情况

1. 您去年炒股盈亏情况是（　　）

①盈利　　②微利　　③持平　　④亏损

选择①的请继续回答 2，选择④的请继续回答 3

2. 您去年的盈利为（　　）

①5％以下　　②5％～10％　　③10％～15％

④15％～20％　　⑤20％以上

3. 您去年的亏损为（　　）

①5%以下　　②5%～10%　　③10%～15%

④15%～20%　　⑤20%以上

七、请对去年的股市进行简要的评价

半封闭式的调查问卷兼有封闭式和开放式两者的优点，是实际调查问卷设计中用得比较普遍的一种。

一份调查问卷采用开放式还是封闭式，要视具体情况而定。一般来说，对于比较复杂的问题，需要进行探索性研究的课题，或者调查者不清楚有多少个答案的问题等，以采用开放式调查问卷为宜。对于比较清楚的问题，回答类型较明确的问题，答案数目相对较少的问题，以了解因果关系为主要目的的问题等，以采用封闭式调查问卷为宜。如果条件允许，可以同时采用这两种形式，以封闭式问题为主，在重要问题上添加一个或若干个开放式问题。

2）无结构式调查问卷

无结构式调查问卷是指调查问卷中的问题没有在组织结构中加以严格的设计和安排，只是围绕研究目的提出问题，调查者在实施调查时，可根据实际情况适当变动问题和顺序的问卷。

例如，某高校为了更好地进行校风和学风建设，拟对在校生进行一次抽样调查。通过此调查主要希望了解学生在以下几个方面的状况：人生价值与追求目标方面、学习方面、生活方面、人际交往方面与能力培养方面等。调查采用无结构式调查问卷的形式。为此，需事先对调查者进行培训，然后向每位调查者提供一份调查提纲，要求调查者围绕提纲的内容与被调查者进行自由交谈。

严格地说，无结构式调查问卷并非完全没有结构，而是问卷的结构较灵活。调查者为了了解某些方面的情况，必须事先准备问题并将其写在纸上，或在脑中记住，然后对被调查者进行提问。在不改变调查内容和调查方向的基本前提下，可以自由改变提问的方式、顺序等。如向被调查者A可以这样提问："你旅游的目的是什么？"向被调查者B可以这样提问："你为什么要来旅游？"被调查者可以自由回答，没有备选答案的限制。

无结构式调查问卷所需人力、物力较多、时间较长，适用于小样本调查。其优点是便于及时发现新情况，可用于探索性研究，或用来检验结构式调查问卷的精确度等。

3.1.3 调查问卷的基本结构

一份优良的调查问卷，首先要有一个清晰的结构。尽管不同的市场调查问卷可以有不同的结构，但是一般而言，可划分为标题和前言、主体和结语等组成部分，其基本的内容应该包括调查问卷的标题、说明词、问题与答案、填写要求、编码和必要的注明六部分。

1. 调查问卷的标题

调查问卷的标题是对调查问卷主题的基本概括，它的功能是能够使被调查者一目了然地了解该调查问卷的主要内容和基本用意，因此调查问卷题目的确定既要简明扼要，又要切中主题。调查问卷的标题一般位于调查问卷的上端居中位置，对调查起到画龙点睛的作用。

例如："乘客生活及消费问卷"，这是某市场研究公司刊登在《中国民航》上的一份问卷，一看标题就可以马上想到，此问卷调查的主题主要有两部分，一是生活方面，二是消费方面。

标题要求简明扼要，高度概括出调查的主题，能使被调查者对所调查的内容一目了然，同时还能吸引被调查者的注意，或使其感兴趣。切忌采用类似"问卷调查"这样的标题，它既不能说明主题，又易使被调查者因不知其为何物，从一开始就产生排斥的心理，最终不愿回答甚至拒绝问答。

2. 说明词

调查问卷说明词又称为前言，它是对调查的目的、意义及有关事项的说明。其主要作用是阐明调查的目的和意义，消除被调查者的顾虑，引起被调查者的兴趣，争取被调查者的支持和合作。前言一般位于问卷的开头，也可单独成为问卷的一封附信。在调查问卷的前言中，调查者至少应该传递如下基本信息。

(1) 自我介绍。说明调查人员所代表的公司以及本人的职务或姓名。

(2) 调查目的与意义。尽量从被调查者感兴趣的角度，说明本次问卷调查的目的和意义，以争取被调查者的合作。

(3) 回报。如果举办方有酬谢，应在前言中说明对被调查者的酬谢方式，如赠品或抽奖等。

前言的语气要谦虚、诚恳、平易近人，文字要简练、准确、有可读性。

调查问卷说明词的表现形式主要有两种：一是简单明了，开门见山式；二是宣传与引导并重式。

简单明了，开门见山式：金星产品的市场需求调查。

您好！

我是××公司市场调查员，我们正为金星产品做市场调查，请协助我们回答几个问题，只用您 5 分钟的时间，谢谢您的协助与支持。

宣传与说明并重式：ABC 商业街购物动向调查。

尊敬的顾客：

您好！东华研究所是从事社会生活、文化、消费等市场调查与管理咨询的调查机构，现正在为了 ABC 商业街的再开发进行关于购物动向的调查。您只要在各个提问预先设定的回答栏的号码上画圆圈即可，调查员将于本月 20 日来回收此问卷，请予以配合。谢谢！

3. 问题与答案

问题与答案是调查问卷的主体，是调查问卷中最重要的部分，其篇幅占整个调查问卷的比重较大。

问题部分的基本内容包括：根据调查纲要或调查项目而设计的各种问句、不同问句的回答方式、对各类回答方式的指导和说明。

4. 填写要求

填写要求又称为填写说明，是以文字的形式出现在问卷说明词之后、调查问题之前。它的作用是对填写的要求、方法、注意事项等进行说明。

填写要求，一般是针对某些较特殊的问题所做出的特定说明，如“可选多个答案”“请按重要程度排序”等。总之，调查问卷中每一个有可能使被调查者不清楚、不明白、难理解的地方，一切有可能成为被调查者填答调查问卷的障碍的地方，都需要给予某些说明，而对于编写指导语来说，最主要的标准，就是要简明易懂。填写说明的内容有以下几方面。

(1) 调查问卷中涉及年龄、人口、时间等需要填写具体数字的项目，请填写正确数字。

(2) 有选择的项目，请在适合您的答案的序号上画“√”。

(3) 除特殊要求外，每个题目只允许选一个答案。有特殊要求的题目，请按特殊要求填写。

(4) 填写中有不明白的地方请问调查员。

(5) 如有另外的想法可以反映给我们，请在调查问卷后附纸。

5. 编码

编码也是主体的一个组成部分。它将调查问卷中的调查项目以代码的形式表示出来，一般的调查问卷均需对每个问题加以编码，以便分类整理，易于进行计算机处理和统计分析。

调查问卷编码是实现计算机数据处理的中介、桥梁。调查问卷编码是指把调查问卷记录的所有资料，按一定的分类或排序规则转换成不同的数字组合，即把调查问卷中的各种数字和文字资料以数字的形式，填写到调查问卷给定的编码框里。

编号和编码不是完全等同的概念。对于每个问题而言，编号是进行编码的基础和前期准备；除了对每个问题实施编号外，每份调查问卷还必须有编码，即问卷的编码，该编码除了反映顺序号外，还应包括与该样本有关的抽样信息等。

例如：“第二期中国妇女社会地位调查”的家庭户编码的说明。

编码由4位数组成，具体含义为：第一位为样本类型代码，全国样本为1，省级追加样本为2；第二位为样本区县内的样本街道、乡、镇的序号；第三位为样本街道、乡、镇内的样本居委会或村委会的序号；第四位为样本居委会或村委会内的样本户（即家庭户）序号。其中前三位已给定，请根据省、市、自治区妇联下发的“居（村）抽样结果及编号”填写，最后一位按该户在抽样结果表中的顺序填写。

6. 必要的注明

必要的注明又称为结语，设在调查问卷的后面，通常可以是简短的几句话，对被调查者的合作表示真诚的感谢，也可以稍长一些，顺便征询一下被调查者对调查问卷设计和调查问卷本身有何感受等，更常见的内容还包括调查员的姓名、访问日期、访问时间、对被调查者回答的评价等。

例如，在调查问卷的最后可设计这样一组问题。

您填写完这份调查问卷感到还有什么需要补充的吗？如有，请写在下面：

____

您答完这份调查问卷后有何感想？

①很有意义　②可能有些用处　③没有意义　④不清楚

您以后还愿意答此类调查问卷吗？

①愿意　②不愿意

3.2 调查问卷设计的原则和步骤

3.2.1 调查问卷设计的原则

一份设计完好的调查问卷必须具备两个功能：一是能将问题准确传达给被调查者；二是使被调查者乐于回答。要实现这两个功能，调查问卷设计时应当遵循一定的原则和步骤，运用一定的方法和技巧。

调查问卷设计是一项理论性、技术性和实践性很强的工作，这项工作的好坏直接关系到调查结果质量的高低和整个调查工作的成败，要完成好这项工作，需要设计者不断在实践中积累经验，同时还应注意遵守一些在长期实践中形成的基本原则。

1. 目的原则

目的原则是调查问卷设计的最重要原则，也是调查问卷设计首先要遵守的原则。调查问卷设计的根本目的是设计出符合调查需要，能获得足够、适用和准确的信息资料的调查问卷，以保证调查工作的顺利完成。因此，一份调查问卷的设计就不只是列出一系列问题，还涉及许多在调查问卷上看不到的影响和制约因素，其中调查目的就是最重要的影响和制约因素。对于任何一项调查问卷设计工作来说，调查的目的都是其灵魂，因为它决定着调查问卷的内容和形式，涉及调查问卷必须问什么、不必问什么等重大问题，采用什么样的问句形式，也应服从调查目的的需要。如果调查的目的只是了解被调查对象的一般状况，那么调查问卷设计就应该主要围绕着被调查对象各个方面的基本事实来进行。如果其目的不只是一般的描述，而是要作出解释和说明，那么，调查问卷设计就要紧紧围绕着研究假设和变量来进行。

2. 接受原则

接受原则是设计调查问卷必须考虑的原则，也是获得被调查者支持的关键。比如，调查的内容离被调查者很远，被调查者对此十分陌生；调查中的问题涉及被调查者的隐私；一份调查问卷长达 40 页；一份调查问卷问题多达数百道；调查问卷中的一些问题需要被调查者进行难度较大的回忆和计算；等等。这些不妥表现都是设计时没有为被调查者着想，没有从被调查者的角度去考虑问题的结果，通常使得被调查者难以接受，因此，在设计调查问卷时，必须从被调查者的角度来设计。

3. 简明原则

简明也是保证调查问卷质量的关键，如果不能很好地遵循简明原则，就会事倍功半，最终使得调查工作的质量受到影响。简明原则具体可体现在以下几个方面。

（1）整体设计要简明。把握整体设计的通俗易懂性，调查问卷中语气要亲切，符合被调查者的理解能力和认知能力，避免使用过于专业的术语，尽量不使用生僻的字、过于华丽的词。

（2）调查问卷要简明。根据调查主题，从实际出发拟定问题。每个问题都要保证目的明确，重点突出，对于可有可无的问题坚决不问。合理把握问卷的长度，问卷中既不浪费一个问句，也不遗漏一个问句，将回答一份问卷的时间控制在30分钟左右。

（3）问句要简明。设计每个问句都要便于被调查者回答，便于被调查者充分理解，同时还要通过恰当提问，使被调查者能够回答、愿意回答、乐于回答、顺利回答和正确回答每个问题。

4. 匹配原则

匹配原则不仅是调查问卷设计中一个十分重要的原则，在进行资料整理和统计分析的时候也是十分重要的。坚持这个原则需正确把握调查目的与信息资料间的关系，使调查者完成问卷调查后，能够方便地检查其正确性和适用性，便于进行调查结果的整理和统计分析；把握问题与问题之间的关系，不设置一个多余的问句去获取不需要的资料，不遗漏一个必要的问句以致需要的资料残缺不全；把握数据与数据之间的关系，便于进行数据之间的核算、检验和分析。这些关系通常不是独立存在的，它们是目的性原则的具体体现，表现为目的与结果之间、资料与资料之间相互校验对应的关系。

5. 排序原则

调查问卷设计时，问句的排列要依照一定的顺序来安排，通常考虑的顺序主要有时间顺序、类别顺序、逻辑顺序等。

对于整个调查问卷而言，要从整体上考虑每一部分的排列顺序在整体中的逻辑顺序；对于每一个问题而言，注意不能发生逻辑上的谬误；对于被调查者而言，要考虑到他们回答时的便利与习惯，需根据被调查者的特点，设计不同的问句排列顺序，以适合他们的思维习惯；对于问题的难易而言，通常情况下，总是把容易回答的问题放在前面，较难回答的问题放在后面；对于问题的内容而言，需考虑将被调查者感兴趣的问题放在前面，被调查者认为敏感的问题放在后面。

3.2.2　调查问卷设计的步骤与流程图

1. 调查问卷设计的步骤

要设计一份调查问卷，第一步工作并不是马上动手写调查问题，而是先做一段时间的探索性工作，然后才是设计调查问卷初稿，并经过试用和修改，最后形成正式的调查问卷。其基本步骤如下所述。

（1）准备阶段。这是调查问卷设计的基础工作。准备阶段的工作是根据研究的需要，首先确定调查研究的主题；其次根据调查主题明确调查的范围和调查项目所需的资料。在问卷设计之前，调查者需先进行一定的第二手资料的收集工作，在对第二手资料进行充分分析的基础上，确定所需的第一手资料的内容，同时分析调查对象的各种特征，作为拟订问卷的基础。

（2）初步设计阶段。这是调查问卷设计的核心阶段。初步设计阶段需按照调查研究的目的，根据调查对象的特点和所需收集的资料确定相应的调查问卷形式，选择合理的调查问卷结构，设计每个问句的表现形式，对问句拟定编排方案，考虑调查问卷是否需要编码，并向被调查者说明调查目的、要求、注意事项等。

（3）试答和修改阶段。对初步设计出的调查问卷在小范围内进行试验性调查，及时发现存在的问题，并做必要的修改，使调查问卷更加完善。试答在调查问卷设计中至关重要，时间再紧也不能不做。这是因为调查问卷设计中所出现的任何不足或缺陷，都将在所得到的调查问卷资料中留下印记，有时甚至造成难以弥补的损失。调查问卷一旦发出，一切都无法挽回了。因此，通常要在对第一次试答结果进行审定后再进行多次的试答，对调查问卷实行的试答次数越多，所产生的效果也就越好。

（4）付印阶段。正式调查问卷确定以后，需将最后定稿的调查问卷，按照调查任务的要求，确定印制的份数，制成正式的调查问卷。

2. 调查问卷设计的流程图

调查问卷设计的流程图，如图 3-1 所示。

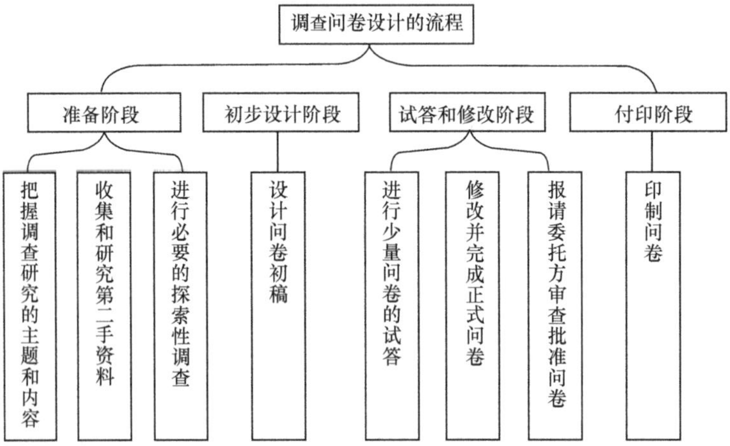

图 3-1 调查问卷设计的流程图

3.3 调查问卷问题与答案的设计

3.3.1 调查问卷问题的主要类型

调查问卷的主体是问题与答案，因此，设计调查问卷时首先要解决的就是确定问题形式，并判断每个问题与调查研究目的之间的联系等。所要问的问题一般可归纳为两大类，即开放型问题和封闭型问题。

1. 开放型问题

开放型问题是指被调查者可以自由回答的问题，这类问题调查者事先不规定备选答案，被调查者可以根据自己的理解不受任何限制地作出回答。

1）开放型问题的形式

（1）填空题。

例如，您喜欢的洗发液品牌是：

①__________ ②__________ ③__________ ④__________

您打算购买哪种品牌的小轿车：

①__________ ②__________ ③__________ ④__________

（2）自由回答题。

这是开放型问题比较常用的形式，故开放型问题又称为自由式问题。自由式问题是指调查人员提出问题，不提供备选答案，由被调查者自由地表达的问题。例如：您对攀比购买心理行为怎样看？

2）开放型问题的设计方式

（1）自由回答式，是指调查人员提出问题，不提供备选答案，由被调查者自由地表达。

例如：您认为软包装饮料有哪些优点和缺点？

您认为应该如何改进电视广告？

这种形式所得到的资料较多，但资料的汇总整理难度很大，主要用于深度谈话和自由访问。在这类问题的设计中不宜多用如下问句：

"您对某品牌空调满意吗？为什么？"

"您认为某品牌产品应在哪些方面加以改进？"

"您为什么选择某品牌的洗发水？"

这类问题的共同特点是可以直接了解被调查者的态度，而且回答不拘形式，被调查者可以充分发挥。但这种问题太过宽泛了，并不适用于所有被调查者，因为在有限的时间内，有些被调查者不愿对问题作过多文字方面的描述，而描述不够又说不清楚，易于使被调查者因回答困难而产生厌烦心理。

（2）词语联想式，又称语言联想式。它是指给被调查者一个有许多词的词表，让被调查者看到词后说出最先联想到的词，通过对反映词以及反映时间的分析，了解被调查者对刺激词的印象、态度和需求。例如，给被调查者一张第一列为产品品牌和第二列为形容词的调查表。然后请他为每一品牌选择最适合的形容词（表3-2）。

表3-2 品牌联想对照表

品牌	形容词
美洲虎	实惠
福特	快速
奔驰	舒适
丰田	安全
宝马	便宜
夏利	美观
奥迪	豪华

（3）文章完成式。与词句联想式属于同一类型。它由调查人员向被调查者提供有头无尾的文章，由被调查者按自己的意愿完成整篇文章，借以分析被调查者的动机和态度等。

例如："走进商店，我发现××电冰箱又多了两种规格，又添了两种新颜色，而且价格也比以前更便宜了。于是我想到了……"

（4）图画完成式。调查人员给出有两个人的图画，图中一个人说一句话，由被调查者以另外一个人的身份完成图中对话，从而了解被调查者的想法。

美国学者史密斯曾用此方法调查香烟销售情况。图中是一个男士下班回家后对妻子说："我决定吸烟了！"据此调查女士对男士吸烟的看法和态度。

(5) 角色扮演式，即不让被调查者直接说出自己的动机、态度和观点，通过他对别人动机、态度和观点的描述，间接暴露自己的真实动机、态度和观点。在美国运用这种方法的一个典型事例是 20 世纪 50 年代某公司有关速溶咖啡的调查。速溶咖啡省时省力，味道也不错，但这一新产品当时销量平平，徘徊不前。起初用自由回答式调查，结论是消费者不喜欢速溶咖啡的味道，但没有说出速溶咖啡和新鲜咖啡味道有什么不同。为了找出消费者持否定态度的真实原因，公司变换了问卷中问题的形式，向被调查者展示两张购货单，让其说出购买速溶咖啡和新鲜咖啡的两个家庭主妇的特点。调查结果是：被调查者普遍认为买速溶咖啡的是懒惰、不会计划开支、不称职的家庭主妇。这个结果帮助公司了解到了消费者不愿购买速溶咖啡的真实原因。被调查者在形容购买速溶咖啡的家庭主妇的特点时，不知不觉将自己的看法表达了出来。

2. 封闭型问题

封闭型问题是指调查者事先已经设计好了问题的各种可能答案，被调查者只能从中选定一个或几个现成的答案的一种问题。这种问题的具体表达形式有很多种，常见的主要有二项选择式、多项选择式、排序式、过滤式、矩阵式和表格式等。

1) 二项选择式

二项选择式又称是非式，这种类型的问题只允许被调查者在给定的两个性质相反的备选答案中选取其一，最常见的是在"是"与"否"，"有"与"无"，"好"与"坏"，"喜欢"与"不喜欢"中选取其一。

例如：您吃过奥利奥牌饼干吗？(在同意的方块中画"√")

吃过 □　　　　　　没吃过 □

这种提问方式便于被调查者选择，而且易于统计。但由于问题中两个备选答案的性质不同，调查者只能知道被调查者的一种态度或一种状况，不能弄清形成这种态度或状况的原因，也无法把握被调查者对所选答案的认同程度，因而这种提问方式常常需要有其他形式的询问作为补充，才能使提问更深入，使被调查者对问题的回答更明朗。

例如：您是否打算在近五年内购买轿车？

①是　　　　　　②否

回答①的，请问您计划买什么品牌的轿车？

2) 多项选择式

这种类型的选择题需调查者事先给出三个或三个以上的备选答案，被调查者根据要求，结合自身实际情况从中选择一个或几个答案来回答。只选择一个答案的叫单项选择题，适用于答案相互排斥的情况。选择两个或两个以上答案的叫多项选择题，适用于答案互不排斥的情况。

例如：您愿意与教师交流吗？(在选择的方块中画"√")

①非常愿意 □　　②愿意 □　　③一般 □

④不愿意 □　　⑤很不愿意 □

这是一道单项选择题，被调查者可从给定的 5 个备选答案中，任选其一且只能选择其一。

例如：您选择冰川牌电冰箱的主要原因是什么？（在选择的方块中画“√”）

①制冷快 □　②容积大 □　③价格便宜 □　④维修方便 □

⑤外观漂亮 □　⑥别人推荐 □　⑦质量好 □　⑧噪声小 □

⑨颜色漂亮 □　⑩售后服务好 □　⑪其他 □

这是一道多项选择题，被调查者可从已给的 11 个备选答案中选择一个或若干个。在这类多项选择题中，因为所设的备选答案不一定能恰当地表达出被调查者的所有看法，所以一般将最后一个备选答案设为“其他”，以便使被调查者能够有机会表达出自己的真实看法。

对多项选择题答案的选择一般没有个数限制，但有时为了便于统计，也可要求被调查者最多只可从备选答案中选择指定的项数或者不能超过指定的项数。

3）排序式

排序式是要求被调查者根据自己的偏好程度判断所列答案的重要程度，并按顺序排列答案的一种表达形式。

例如：请您按照喜欢的程度对以下品牌的洗发水进行编号，最喜欢者为 1 号，依次类推。

华姿 □　飘柔 □　力士 □　海鸥 □

蜂花 □　飘逸 □　奥丽斯 □　诗芬 □

进行统计时，将每一品牌的商品所得排序进行平均，从而得出该品牌商品在消费者心中的总体印象的排序。

对这类题也可以通过让被调查者打分的形式来完成。比如，设定每个品牌商品应得的最高分为 100 分，最低分为 0 分，被调查者认为该品牌商品应得多少分，就在相应的空格处填上自己打的分数。最后把每一品牌被调查者所打的分数进行平均，如果是 70 分以上，说明较受欢迎，30～40 分说明一般，20 分以下说明不受欢迎。

4）过滤式

调查问卷应是针对所有被调查者设计的，但这并不意味着每一个问题都必须适用于全体被调查者。对于只适合或只需对部分被调查者提问的问题，必须要事先过滤调查对象，即在要问的问题前设置一个过滤问题，回答“是”的人回答一类问题，回答“否”的人则回答另外的问题。

例如，请问您家有没有人在以下行业工作：

①市场调查公司——停止调查。

②广告公司——停止调查。

③百货或食品店——停止调查。

④饼干生产厂——停止调查。

⑤均无——继续调查。

5）矩阵式

矩阵式（双向列联式）是指有多个问题，同时又有多个备选答案，且每个问题可以用相同的答案时，就将其设计成矩阵的格式。

例如：请对下列问题表明你的态度（在相应的括号里打“√”）

	赞成	中立	反对
药品的价格应降低 5%	[ ]	[ ]	[ ]
药品的价格应降低 10%	[ ]	[ ]	[ ]
药品的价格应降低 15%	[ ]	[ ]	[ ]
药品的价格应保持不变	[ ]	[ ]	[ ]

上述问题也可表达成表格形式，如表 3-3 所示。

表 3-3 矩阵式表格

项目	赞成 中立 反对
药品的价格应降低 5%	
药品的价格应降低 10%	
药品的价格应降低 15%	
药品的价格应保持不变	

矩阵式的优点是：①节省空间，对于问题多，且有相同备选答案的问题，矩阵式是最节省空间的表现形式。②便于比较，采用矩阵式有利于同一矩阵中多个不同问题之间的相互比较。③简化说明，对于如何填答矩阵问题，只需在开头说明一次，不必重复说明。④节省时间，采用矩阵式有利于缩短被调查者思考和回答问题的时间。

6）表格式

如果调查目的是对某一事物的若干个特征进行程度比较，则可将特征与反映特征的程度排列成表格的形式，由被调查者在表格中确定得分，最终汇总时只需将每一特征的分数和项数统计出来，就可知道该特征的程度。

例如（表 3-4）：您认为星浪牌啤酒与您认为最好的啤酒相比如何（在您同意的程度上画“√”）？

表 3-4 比较打分表 单位：分

特征	理想	较理想	一般	不太理想	不理想
口味	5	4	3	2	1
泡沫	5	4	3	2	1
清纯	5	4	3	2	1
包装	5	4	3	2	1
价格	5	4	3	2	1
购买方便	5	4	3	2	1

很多被调查者对产品的印象并不能用简单的喜欢与不喜欢表达出来，如对食品、茶叶、酒类等味道的回答，不同的消费者有不同的判别标准，即使是说味道好的消费者，对好的感受程度也不会是完全相同的，所以用特征对应表格可以更精确地体现被调查者的心理感受程度。

例如：关于口味测验的特征对应表格，如表 3-5 所示。

表 3-5 口味测验的特征对应表

	3	2	1	0	1	2	3	
黏								不黏
清淡								浓烈
粗								细
新鲜								走味
酥脆								坚硬
稀								稠
干硬								松软

这是一种观念计量的方法，它反映被调查者对某事物的感受程度。该方法的要点是将问题的答案对称排列或顺序排列，让被调查者选择。

类似口味或感受如何的问题，不宜用“是”或“否”这样的简单方式来回答，这会得出过于粗略的结果，从而掩盖了被调查者更深的感受和这种感受内含的差异。表 3-5 则是用定量的方法将被调查者的感受程度反映出来。统计汇总时只需将每一特征对应的评分值相加，然后计算出它们的平均值或画出图形，就可以得到感受差异性的结果。

3.3.2 问题答案的设计原则

调查问卷中问题的设计是关系到整个调查问卷设计优劣的重要内容，而封闭型问题中备选答案的设计又是其中的重中之重。为了保证问题设计的质量，从而保证问卷的质量，在设计问题答案时必须遵守穷尽性原则和互斥性原则。

1. 穷尽性原则

穷尽性原则是指每个问题中所列出的备选答案应包括所有可能的回答。这是为了使所有被调查者都能在给定的备选答案中至少选择出一项符合自己看法的答案，不至于因所列出的答案中没有合适的答案可选而放弃回答。

例如，您家目前的收支情况是：

①较多节余　②略有节余　③收支平衡

对该问题若只设计以上 3 个备选答案就违背了穷尽性原则。这 3 个答案反映的都是“顺差”的情况，而对于“逆差”的情况却没有反映。因此，必须加上第 4 个备选答案“入不敷出”，这时答案才穷尽了。

2. 互斥性原则

互斥性原则是指每个问题中所有备选答案必须互不相容、互不重叠。互斥性是为了避免被调查者在选择时出现双重选择的现象。

例如：您平均每月支出中，花费最多的是哪项？

①食品　②服装　③书籍　④报刊　⑤日用品

⑥娱乐　⑦交际　⑧饮料　⑨其他

备选答案中食品和饮料，书籍和报刊等都不是互斥的。

问卷中答案设计要求所有答案既穷尽又互斥。如问“您的性别?”答案分“男”

“女”两类，每一个调查对象都可在这两个答案中选中自己所属的那一类，且这两个答案互不相容。这个问题的答案就设计得既符合穷尽原则，也符合互斥原则。

再如，您的职业是：

①工人　　②农民　　③教师

④司机　　⑤售货员　　⑥服务人员

在上述答案中，“工人”与“司机”，“售货员”与“服务人员”都不是互斥的，工人包括司机，服务人员包括售货员。当被调查者见到这样一个问题时，往往不知如何选填。同时，这些答案也不是穷尽的，答案中只列出了一部分职业，还有一些职业未包括进去，这又会使有些被调查者觉得选择哪一项都不太合适，这就是备选答案不互斥与未穷尽带来的问题。

如果一个问题所需备选答案太多，且不易穷尽时，可以加设一项“其他”。应当说明的是：如果选择“其他”项的调查对象所占比例较高，说明该答案设计的不是十分恰当，很可能有某些重要的、带普遍性的类别没有列出来，这就将影响调查结果的准确性和真实性。

3.3.3 问题顺序的编排技术

问题编排的先后次序会影响到被调查者对答案的选择和对问卷的兴趣及答卷质量，人们一般表现为对问卷中前几个问题回答的兴致比较高，回答起来比较认真。因此，设计问卷时，一项非常重要的工作是科学合理地编排问题的顺序。问卷中问题的顺序一般可按下列原则排列。

1. 问题的安排应有逻辑性

调查问卷的设计从整体上看要有一个问题的排列逻辑。从问题的总体顺序上考虑，可按时间顺序排列，也可按空间顺序排列；可按类别顺序排列，也可按性质顺序排列；可按内容顺序排列，也可按功能顺序排列。这种总体上进行逻辑性安排的目的，是要避免给被调查者带来因提问顺序的混乱而很难回答的麻烦。

2. 问题的安排应先易后难

从难易角度来看，一般要将较易回答的问题放在前面，较难回答的问题放在后面；将被调查者较熟悉的问题放在前面，较生疏的问题放在后面；将一般性的问题放在前面，将敏感性或困窘性的特殊性问题放在后面。这样做不仅使被调查者答题时感到顺畅，而且还会使其在回答问题的同时，感觉学到了新知识，了解了新情况。

3. 把能引起被调查者兴趣的问题放在前面

在考虑问题排列顺序的时候，有利于引起被调查者的兴趣是保证问卷顺利填答完成的一个非常重要的原则。在设计时应将被调查者感兴趣的问题放在前面，容易引起被调查者紧张、产生顾虑的问题放在后面；涉及个人资料的事实性问题放在卷尾；事实行为方面的问题先问，观念、情感、态度方面的问题后问。

4. 开放型问题放在最后

从问题类型上来看，一般应将封闭型问题放在前面，开放型问题放在后面。但这个原则不是固定不变的，设计者在处理具体问题时不可机械对待，需根据具体情况灵活设计，如有时在调查问卷的前几个问题中设置自由式问题，反而有利于让被调查者多讲话，多发表意见，使其感到十分自在，不受拘束，能充分发表自己的见解。因被调查者话题多，则与调查者之间的陌生距离就会缩短，关系融洽，有利于后面的调查顺利进行。不过还要注意，安排在前面的自由式问题必须是较易回答的，千万不可提那些高敏感性或困窘性的问题，否则一开始就有遭到被调查者拒绝的风险。

3.3.4　问题设计中应注意的问题

无论所调查的问题是大还是小，要设计一份科学合理的调查问卷都是一项复杂的系统工程，要完成这一艰巨任务，除了考虑一些必要的原则、步骤以外，还要注意问题设计中的一些技术和技巧问题。

1. 避免使用不确切的词和含糊不清的问句

"不确切"的词和"含糊不清"的问句会使被调查者不知所云，从而也就不知从何答起，甚至根本就不作答。

比如问："您通常读什么样的杂志？"这个"通常"会让被调查者很难把握，不知该怎样去理解，它可以指场合，也可以指时间，到底指的是什么难以定夺。

再如问："你最近有无头痛或生病？"

如果被调查者有过头痛，但并不认为是生病，答案便可能是"否"，如果头痛了，且也认为是病，答案便可以是"是"，至此同一现象出现了两种不同的答案。这问句显然不清楚，到底调查者是想知道被调查者有无头痛还是想知道有无生病？

调查问卷中问句的表达要简洁易懂，意思明确，不要似是而非，更不要模棱两可，要避免使用"一般""经常"等一类意思不明确的词语，

所谓"含糊不清"有多种表现形式，如一题两问就是常见的一种情况。

例如：我国加入WTO以后，您认为自己的文化水平和生产技术水平能否满足企业发展的需要？

①能满足　□　　②不能满足　□　　③不清楚　□

在这个问题里实际上是询问了两件事情：一是文化水平，二是生产技术水平。这是两个不同的事情，对于两者同高或同低的人来说尚可回答，但对文化水平较高，而工作年限较短、生产技术水平较低的人，或者文化水平较低，而工作年限较长、生产技术水平较高的人来说，将陷入难以作答的困境，故应该把这个问题分成两个问题来问，即

我国加入WTO以后，您认为自己的文化水平能否满足企业发展的需要？

①能满足　□　　②不能满足　□　　③不清楚　□

我国加入WTO以后，您认为自己的生产技术水平能否满足企业发展的需要？

①能满足　□　　②不能满足　□　　③不清楚　□

再例如："您为什么愿意购买××牌自行车？"这一问句实际上也是一题两问了，它将购买自行车和为什么选择这个品牌放在一起提问了，主题不明确，让人不易准确回答。因此，对每一个问题进行设计时，只应就某一件事情来问，以免使被调查者不知道如何来回答。

问题不确切或含糊不清，就意味着调查资料将不能反映客观现实。产生这种错误的原因主要是设计者对所提问题的目的和用意不清楚，或者是表达不当，对问题用语的推敲不够。

2. 避免诱导性和倾向性提问

合格的调查问卷中的每个问题都应该是中立的、客观的，不应该带有倾向性或诱导性，应让被调查者自己去选择答案。

例如：您认为我市职工的平均工资水平是否应该提高？

①工资偏低，应当大幅度增加 □

②水平尚可，应当小幅度增加 □

③工资偏低，但为了国家建设可暂不增加 □

④与劳动强度相比，工资不算低不应增加 □

提问中的“是否应该提高”这种问法带有明显的肯定倾向，很可能诱导被调查者选择前两项答案。如果把提问改为“您认为我市职工的平均工资水平如何”，就可以消除这种倾向性和诱导性。

例如：星浪啤酒制作精细、泡沫丰富、口味清纯，您是否喜欢？

这个问题中所使用的字眼也并非“中性”，而是有意向被调查者暗示答案的方向，或者暗示出调查者自己的观点，这些问题都可归类为“诱导性或倾向性问题”。

一般来说，如果问句有“您不认为……”“一般人们都不认为……您怎么认为?”等字眼，非常容易导致出现否定答案；如果问句中有“……应该这样……”等字眼，则极易导致出现肯定答案。在问句中举例列出几个答案的问题，也极易诱导被调查者选择这些列出例子中的一个或多个。

例如：您阅读一些中文杂志吗？如《读者》《小说月报》等。

有些被调查者一时记不起或者为表示有看杂志习惯时，就会将所列出的答案作为自己的答案。为了避免这种现象的产生，建议性的答案不应列出，或者列出较多的答案以多项选择式进行提问。

3. 避免否定式提问

否定式提问也称假设性提问，是指对有些要提的问题，先作出某种假设，以此为前提让被调查者作出单项或多项的选择，如先假定一种情况，然后询问被调查者在该种情况下会采取什么行动。

例如：如果滨江报纸涨价至 1 元，您是否将改看另一种未涨价的报纸？如果雪花牌洗衣粉跌价 1 元，你是否愿意用它？您是否同意把滨江城市建设成花园城市？您是否赞成服务窗口改善服务？等等。

这些提问皆属假设性问题，被调查者对这类问题多数会选择答“是”。因为多数人都存在愿意尝试一种新东西，或获得一些新经验的心理，这种探测被调查者未来行为的问题，事实上没有多大意义。

4. 避免提断定性问题

有些问题是先断定被调查者已有某种态度或行为，再基于此进行提问。

例如：您每天抽多少支香烟？

事实上该被调查者很可能根本就不抽烟，那么该如何回答呢？这种问题实际上为断定性问题。

正确处理这种问题的方法是在断定性问题之前加一条“过滤”问题，例：您抽烟吗？如果被调查者回答“是”，接下来再用断定性问题继续问下去，这样得到的回答才有意义；如果被调查者回答“否”，则在该过滤性问题后就应停止问每天抽多少支香烟。

5. 避免直接提出敏感性问题

有些关于个人隐私和不为一般社会公德所接纳的行为或态度类问题通常称为敏感性问题或困窘性问题。对这类问题若直接提问，被调查者往往会拒答，或不真实地回答。

例如：平均说来，您每个月打几次麻将？如果您的汽车是分期购买的，一共分多少期？您是否向银行抵押借款购买股票？您是否经常用公款吃喝？除了工资收入外，您还有其他收入吗？

这类问题都是敏感性问题，如果一定要获得这类问题的答案，必须避免被调查者出现不愿回答或不真实回答的情况，最好的方法是采取间接提问的方式，并且语气要特别委婉。具体有以下几种常用的方法。

（1）假定法，即用一个假定性条件作为问题的前提，然后再询问被调查者的看法。

例如：有些人不同意将“有两套住房”作为我国小康的标准之一，您能想出他们的理由吗？

用假定法旨在套取被调查者自己的理由。当然也有可能，他回答的确实是别人的理由。如有必要也可在他回答后，再加上一个直接问题：您同他们的理由是否一样？

（2）释疑法，即在敏感性问题的前面写上一段消除疑虑的文字。

例如：打麻将是我国民间传统的一种消遣娱乐活动，您平均每个月打几次麻将？

通过前面肯定打麻将是一种正常娱乐活动来消除人们心理上的疑虑。

（3）转移法，即让被调查者不以第一人称，而是以第三人称来回答这类问题。

例如：汽车消费将是我国未来消费中的一个热点，您周围的朋友对分期购买汽车怎么看？

6. 避免问题与答案不一致

这是一种稍不留意就容易犯的常见错误。

例如：您愿意与教师交流吗？

①经常　②有时　③偶尔　④几乎不交流　⑤从来未交流过

所提的问题是愿意与否，答案应是非常愿意、愿意、一般、不愿意和很不愿意，而此题的备选答案设置的却是与教师交流的情况。

例如：您认为教师的讲课如何？

①很生动　②生动　③一般　④不生动　⑤很不生动

对于教师的讲课可以从不同的角度作出评价，而是否生动只是其中的一个侧面，因此，问得广而答得窄，所问与所答不一致。

3.4 设计调查问卷应注意的其他问题

调查问卷拟定后还应注意印刷和模拟调查等方面的问题。

1. 印刷问题

(1) 注意调查问卷整体的版面设计，特别是错别字，字体不一、大小不等可能导致被调查者轻视此次调查活动。

(2) 使用优质纸张。低档纸张、粗糙印刷同样会引起负效应。

(3) 同一份问卷应装订在一起，避免丢失。

2. 模拟调查

大规模调查之前，需要通过模拟调查对调查问卷进行措辞、问题、答案、数量、顺序、逻辑性等全面的质量检查，并进行适当的修改。

本章小结

调查问卷又称调查表，它是以书面的形式系统地记载调查内容，了解调查对象的反应和看法，以此获得资料和信息的一种工具，根据不同的标准可以把调查问卷划分为不同的类型。

调查问卷的基本结构一般包括前言、主体和结语三个组成部分，其基本的内容应该包括调查问卷的标题、说明词、问题与答案、填写要求、编码和必要的注明六部分。

调查问卷设计的原则包括目的、接受、简明、匹配、排序原则。设计调查问卷的基本步骤为准备、初步设计、试答和修改、付印阶段。

调查问卷的主体是问题与答案，所问的问题一般可归纳为两大类，即开放型问题和封闭型问题。开放型问题是指调查者事先不规定备选答案，被调查者可以根据自己的理解不受任何限制地作出回答的一类问题。封闭型问题是指调查者事先已经设计好了问题的各种可能答案，被调查者只能从中选定一个或几个现成的答案的一类问题。这类问题的具体表达形式常见的有二项选择式、多项选择式、排序式、过滤式、矩阵式和表格式等。

调查问卷拟定后还应注意问卷印刷和模拟调查等方面的问题。

案例

走街串巷了解市场动向

产品是卖给消费者的，如果消费者不认可、不接受，最后承担损失的还是企业。所以，企业在决定投资、生产某项产品之前，必须先对消费者和市场作一番调查，做到心中有数。从产品的成本到产品的价格，从消费者是否愿意购买到产品的利润到底有多少，要有一番透彻的了解。

史玉柱东山再起的最初，是从江苏江阴起步的。在决定以脑白金启动江阴市场之前，史玉柱首先做了一次“江阴调查”。他戴上墨镜，走街串巷，逢人便问：“如果有一种保健品，可以改善你的睡眠，可以通便，价格又不贵，你愿不愿意使用它?”

就这样，史玉柱走访了上百位普通市民，对产品营销中可能出现的各种问题摸了个通透。为了进一步了解消费者对产品本身的反应，史玉柱又向一些社区的老人免费赠送脑白金，然后搞座谈会，史玉柱以脑白金技术员的身份出现，听取老人们对产品的意见。

根据这些反馈意见和调查得来的第一手材料，在综合比较了各种售价后，史玉柱心里有了底，他说：“脑白金这个产品很快就可以做到 10 个亿的年销售额。”很快他制订了脑白金的一系列具体推广策略，如价格策略、目标消费群定位、功能主诉求点等。

1998 年，有了充分准备的史玉柱决定将脑白金正式推向市场。到 1999 年初，脑白金已经打开了全国 1/3 的市场，年底时基本打开全国市场，实现 12 亿元的年销售额。“今年过节不收礼，收礼只收脑白金”这句广告语开始家喻户晓、妇孺皆知。

史玉柱可以说是营销上的奇才，但就是这样一个能人，在推出脑白金之前，还要对市场进行详细调查，可见任何销售的成功，首先都得是产品的成功，要确保产品成功，必须在进入市场之前就对市场做到透彻了解。

有了产品先做调查，不仅可以做到心中有数，提高产品进入市场的成功率，还可以避免企业的决策失误，减少企业的损失。如果某项产品并不符合消费者的需要，那么就应该果断地放弃，这总比在投入大量资金后才发现决策失误要好得多。

案例思考：

1. 基于上述案例，试分析市场调查在企业经营中的作用。
2. 参考史玉柱的工作流程，试用框图画出市场调查的程序。

能力提升

• **主要知识点**：调查问卷的类型、结构、设计原则和步骤，调查问卷设计技术和设计中应注意的问题。

• **本章重点**：调查问卷设计技术。

• **动手操练**：分内容、制问卷。根据上述所编调查方案设计撰写一份完整的调查问卷。

第 4 章　市场调查方法（上）

闭门造车还是长泡市场?

本章要点

1. 掌握如何选择有效的调查方法收集所需的资料。
2. 掌握面访调查法、小组座谈法的程序、特点、主要形式。
3. 了解电话调查法和邮寄问卷调查法的程序和注意事项。

4.1　面访调查法

4.1.1　面访调查法的概念

面访调查法是访问人员（即调查人员）同被访者面对面接触，通过提问和回答，来获得市场信息资料的方法。无论是生产者市场调查，还是消费者市场调查，面访调查通常被认为是获取调查资料最为常用的方法。

它适用于调查对象不多，但需要了解较多、较深入情况的调查。面访调查法可以是个别面谈，也可以是群体面谈。个别面谈适用于了解个体或家庭的特殊资料，如家庭收入、个人的购物特点等，这种方法包括入户访问、留置问卷调查法、拦截式访问、深度访问法、计算机辅助面访调查等；群体面谈多适用于那些存在共同倾向的问题的调查，这种调查方法又称为小组座谈法，下文会详细介绍。

4.1.2　面访调查法的分类

面访调查法按事先是否设计问卷划分为标准式面谈与非标准式面谈。

（1）标准式面谈是访问人员将想要了解的内容按一定的顺序排列好，形成调查问卷后依次提问，由被访者进行回答。这种方法的优点是访谈的内容明确，访问人员可以控制问答的速度，问卷回收率高，调查结果容易整理。这种方式适用于那些需要获得较高准确性资料的市场调查，如产品的需求量、家庭消费量的调查等。

（2）非标准式面谈是事先不设计问卷，没有固定的提问顺序，只是准备一个题目或提纲，由访问人员围绕调查问题自由交谈，做好记录后再进行整理的访谈方式。这种访谈方式要求访问人员有较好的谈话技巧，既要善于启发又要能控制被访者的思路。这种调查方式的优点是环境宽松，调查气氛好，大多能获得较翔实的资料；缺点是中心不明确，可利用的资料不多，整理资料较费时，如调查了解消费者的消费倾向、产品质量等问题。

此外，无论是标准式还是非标准式面谈，调查中都可以借助于一些调查工具，如样品、图片和提问卡片等。

4.1.3 面访调查的程序

标准式面谈应事先设计好调查程序，其调查过程见图 4-1。

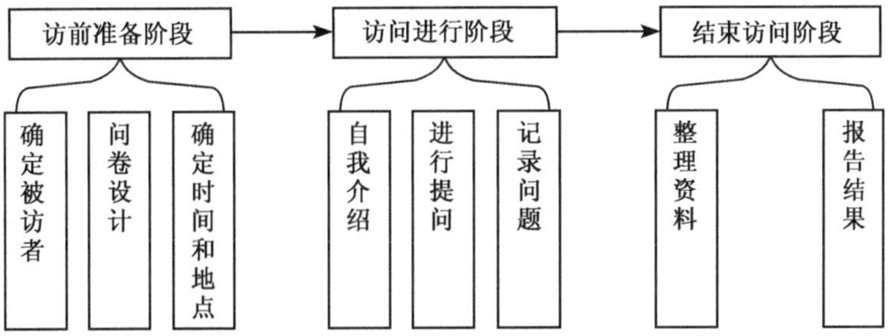

图 4-1　标准式面谈程序

(1) 访前准备阶段。第一阶段的主要工作是做好访谈方案，其中包括确定访谈目的、确定被访者、设计问卷、时间和地点的选择及其他的一些组织、实施工作安排。访问人员应事先了解被访者的基本情况，对一些在访问中可能会遇到的问题和困难要做到心中有数，同时准备访问的工具、材料等。

(2) 访问进行阶段。这个阶段主要是进行访问，关键是访问气氛要融洽，这样才能获得所需资料。访问人员在访谈过程中要能控制访问的进程、突出重点、善于引导和启发；访谈时要注意自身的言谈举止、遵循一定的道德准则。

(3) 结束访问阶段。这个阶段要注意做好现场检查，包括问卷中是否有遗漏、信息是否有不准确的，如有遗漏或错误，尽量当场更正，资料收集完整后，要及时地整理、分析，提交报告。

非标准式面谈的程序与标准式面谈的程序不同。它事先不需设计问卷，只是依据一个调查题目或提纲向被访者进行调查，调查过程比较简单，如图4-2所示。主要内容与标准式面谈相似，不再详述。

图 4-2　非标准式面谈程序

4.1.4 面访调查法的特点

1. 面访调查法的优点

(1) 问卷回收率高。访问者实地去调查，进行面对面的接触，被访者大多能抽出时间配合访问，因而这是问卷回收率最高的调查方法。

(2) 真实性较强。访问者与被访者是直接接触的，访问者可以借助于现场的环境、气氛，观察被访者的行为、动作和了解其心理状况等，判断信息的可靠程度。

(3) 资料可用性较高。面访调查时，访问者可以对问卷中专业性的问题加以解释说明，避免被访者因理解错误而导致的资料可用性低的情况发生；同时交谈双方还可以在较为广泛的问题上交换意见，使调查的信息达到一定的广度、深度和准确程度。

（4）灵活性较强。在面访调查中，访问者可以根据实际情况，如被访者年龄、阅历及环境等，来改变提问的方式及顺序等，适当控制交谈的场面和气氛。

2. 面访调查法的不足

（1）成本较高。面访调查的形式虽有多种，但大部分需要访问者去实地调查。如果被访者众多，居住较分散，调查所需的人力、经费消耗就较多，有时还需支付访问人员的培训费等。

（2）对访问人员的监督、管理较困难。在面访调查中，访问者可能因急于完成调查，会自行填写或随意删减调查内容、减少被访者的数量，使调查不能取得预期效果。

（3）访问人员自身素质不足会影响现场调查的效果。这种面访调查，要求访问者有较高的素质，包括调查经验、询问方式、态度等。访问人员不能保持与被访者融洽地交谈或不能理解被访者回答问题的主旨，或记录发生错误，或不能控制现场，都会导致结果的偏差。

4.1.5 面访调查的注意事项

一次成功的面访调查，很大程度上取决于访问人员的访问水平。访问水平不仅包括专业知识水平，还包括面访的技巧。运用一定的面访技巧是使调查顺利进行、获得满意资料的关键。面访技巧运用需要注意以下几点。

（1）在调查的全过程中，访问者精神状态要始终如一，应精神饱满、自信乐观。访问者的精神不佳会影响被访者的情绪、回答问题的态度。访问者要以亲切、友好的态度同被访者交谈，创造良好的交谈气氛，切不可盛气凌人或过分自卑。

（2）面访时，若双方是老相识，见面稍加寒暄便可开门见山；若双方是初次接触，则需先向被访者说明来意，讲清访问目的，调查资料做何用，以消除对方的戒备心理，使其愉快地接受询问，提供真实情况。

（3）问话的语气、措辞、方式要适合被访者的特性，如身份、地位、知识水平。问话的水平过高或过低，都可能会招致被访者的不安全感或理解错误。

（4）询问的问题应有一定的次序性。一般先问简单的问题，使被访者增强信心，产生一种良好的情绪，由浅入深，在对问题逐步了解后，被访者才能对一些需要思考的问题有一定的思路。

（5）遇到被访者有抵触、拒绝回答或不合作的情况时，要凭经验分析，采取相应措施，一般可采用以下方法：注意双方的沟通，可穿插一些能提起对方兴趣的话题；对于被访者的发言，应耐心、细致地领会和引导，以提高对方发言的积极性；若对方工作忙，可约期再访；对确定无意合作的可以放弃。

（6）掌握访问时间。访问时间过长，会使被访者产生烦躁情绪，思考能力下降，使调查结果不理想。

（7）选择的被访者应保证有充分代表性。例如，某公司在武汉、北京两地为某品牌清洁剂作产品测试时，因无法获取城市居民数据库，而简单随机抽样也行不通，所以他们的调查方法主要是入户产品留置问卷调查，采取了分群抽样的方式：每个城区各随机抽取 2 个街道，每个街道又随机抽取 3 个居委会，每个居委会又随机抽取 3 个小区，每个小区又随机抽取 15 户家庭进行访问。这不仅使得调查实施得非常顺利，而且保证了样本的足够分散、随机。

4.1.6 面访调查的主要形式

按照访问人员与被访者接触的方式不同，面访调查法分为入户访问、留置问卷调查法、拦截式访问、深度访问法、计算机辅助面访调查等，常见的问卷形式可参见第 3 章中的股民调查（节选）。

1. 入户访问

入户访问是访问人员到被访者的家中，与被访者面谈，收集有关资料的一种面访方法。访问人员按照问卷中的问题提问，被访者则针对问题按要求作出回答。问卷中的问题多采用封闭式的题型，让被访者从设定的一组答案中选出一个或几个答案，这种调查结果容易进行量化处理。

入户访问在访问时间上较宽松，还可以同时出示样品、图片、卡片、包装等，因此适合调查那些内容较复杂、细目较多的项目。但要注意问题不宜过多、过杂或超出被访者的理解范围，否则会引起被访者的厌倦心理而敷衍了事，致使调查结果有误差。入户访问一般给被访者赠送小礼品以表示感谢，同时在时间上一般要控制在半小时之内。

1）入户访问的优点

（1）问卷的回答率较高。入户访问因在被访者家中进行，被访者在心理上会有充分的思想准备，大多会配合访问。

（2）访问的形式较灵活。可以根据被访者的性格、心态及所处的环境状况来调整问题的顺序、问题的深浅，也可以借助于解释、启发和激励的方式来访问。

（3）可获得额外信息。在入户访问时，访问者还可以通过观察被访者表情、动作及环境等，来了解被访者不愿回答或回答不正确的问题，如家庭收入、年龄等情况。

2）入户访问的缺点

（1）拒访率较高。由于被访者有顾虑，如人身、财产的安全问题，入户访问人员被拒绝的概率高，这种情况在城市家庭入户访问中尤为常见。

（2）调查成本较高。入户访问的人力、经费成本较大，尤其对于大规模、复杂的市场调查支出更大。

（3）对访问人员的素质要求较高。访问人员的性别、年龄、服饰、气质、表达能力等都会对被访者产生影响，调查结果被访问者的工作态度、提问技巧和情绪等因素影响较大。

2. 留置问卷调查法

根据调查的目的或具体情况，入户访问有时也采用留置问卷的调查方法。访问人员将调查问卷交给被访者，对有关问题作适当的解释说明后，留给被访者自行填写，访问人员按约定日期上门回收；有时也可以交给被访者已写好地址、贴好邮票的信封，请被访者填好问卷后寄回调查部门或调查公司。这种调查方法介于面访调查法和邮寄问卷法之间。

1）留置问卷调查法的优点

（1）避免询问偏见。这种调查方法中访问人员的主观影响小，有利于被访者独立思考问题，避免访问人员主观意见对被访者产生影响。

（2）节省了访问的时间。访问人员将问卷交给被访者后，填写过程不需花费访问人员的时间，由被访者自行安排时间，一定程度上降低了数据收集的成本。

（3）提高问卷的回答质量。访问人员按约定时间回收问卷时，可以对问卷进行初步审核，如有答错的或理解错误的情况，可在当时给予纠正。

2）留置问卷调查法的缺点

（1）调查结果的准确性不能保证。问卷由被访者自行完成，访问人员无法了解被访者是否自己完成，是否集中精神来回答问题等，资料的真实性会降低。

（2）调查范围有限。由于需要访问人员亲自送问卷给被访者，有时还要去回收问卷，这会增加成本支出，为降低各种成本（如时间、人力、财务成本等），必然会缩小调查的范围。

（3）信息的时效性降低。访问的结果一般需过一段时间才能获得，时间越长，信息的实际指导意义越低。

3）留置问卷调查法的注意事项

（1）入户访问的问卷同留置调查的问卷应有所区别，前者可设置一些开放型问题，而后者一般全部采用封闭题型，而且回答时要比较简单。

（2）留置问卷调查法的关键环节是取得被访者的信任和支持。访问人员要注意自身的言行举止，在较短的时间内获得被访者的信任。

4）留置问卷调查法的特殊应用

（1）购买现场或样品室留置法，即访问人员在购买现场或样品展览处，将问卷交给被访者，并以某些奖励作为条件，鼓励消费者参与问答。

（2）会议留置问卷调查法，即访问人员在各种专业会议上将问卷交给被访者，由被访者当场作答或邮寄回公司，以此来收集资料。

（3）销售卡留置问卷调查法，即销售商品的同时，随赠消费者一些卡片，包括维修卡、产品质量跟踪卡等，希望消费者在遇到某些情况时，可以将意见、建议等反馈给公司。

3. 拦截式访问

拦截式访问（街头访问、定点访问），即由访问人员在某个事先选好的地点（如街头、公园、商场、医院等）拦住被访者进行调查。这种调查大多以问卷作为主要工具，在产品实体测试、品牌包装、价格等测试中则需要增加一些辅助工具和设施，当场询问，当场记录。根据拦截的地点不同，可分为街头拦截、街区定点访问。

肯德基在开拓中国市场时，就是在公园和其他公共旅游景点提供的休息场所，一边免费向潜在消费者提供已经烹调好的炸鸡块，一边征询消费者的意见，以便对肯德基炸鸡的口味进行调整。他们会在消费者作了初步品尝后，与其坐在一起，亲切地询问“味道是否合适，盐放的是多是少，烤制的是否过火，皮是否够脆，肉是否够嫩”等问题，内容相当详细全面。消费者在感谢的同时并不知道自己做了他们的调查对象，会毫无保留地提供真实的意见。借此，肯德基找到了符合中国消费者口味的生鸡来源，也完善了烹调技术标准，使肯德基的连锁店在中国获得快速发展。

这种方法常被应用在对消费者行为及态度的调查中，如在超市的出口或超市中，拦截消费者就某种商品进行调查访问，一般情况下也会以赠品来表示感谢。

1）拦截式访问的优点

（1）访问的进程快。拦截式访问不同于入户访问，不需要访问人员进入被访者家中，同时也可以通过访问人员的侧面观察来了解某些问题，这样节省了大量的时间。

（2）成功率较高。同入户访问相比，被访者消除了很多的顾虑（如入户访问的安全问题），加之在访问之后多有礼品赠送，被访者多能积极配合。

（3）成本较低廉。拦截式访问节省了一部分入户访问时所需的人力、财力成本，获得资料的时间也相应缩短，时效性增强，可以快速指导企业的实际经营。

2）拦截式访问的缺点

（1）现场访问效果可能不理想。拦截式访问中的环境有可能较嘈杂，尤其是商业繁华的地点，会影响到被访者的情绪，使被访者因烦躁而突然中断访问，或者心不在焉。

（2）被访者的选取受访问人员的影响较大。访问人员在拦截访问时经常会加入个人的主观判断，如同样是符合条件的被访者，某些访问人员可能更愿意选择表情温和、易于接近的人，而那些表情冷淡的人往往会被访问人员放弃，这样必然影响资料的代表性。

（3）回访较难。被访者因与访问人员之间没有更多的交流时间，陌生感较明显，不愿将真实的个人信息（如个人家庭住址、电话、联系方式等）留给访问人员，难以回访复核。

3）拦截式访问在访问时需要注意的问题

（1）访问的时间安排要考虑到被访者是否方便，一般不要在上下班的时间实施调查；访问时间不宜过长，一般控制在 15 分钟左右，以降低拒答率和无效回答率。

（2）调查地点的选择十分重要。邀请被访者走到调查地点会有一些难度，因此访问的地点应根据调查对象的特点和行为习惯来决定，既不能凭主观想象决定，也不能一刀切，以方便将被访者带入调查地点为前提，并且事先要适当地布置，使之烘托气氛以利于调查。

（3）被访者的选择很重要。拦截时进行被访者的甄别是必需的，先进行初步筛选，符合样本要求的，再进行正式访问。甄别时要进行样本配额的控制，因此要控制不同性别、不同年龄段和不同收入的被访者的比例。这样可以大大降低访问的难度，节省费用。

梦乡香皂在上海作香型测试时，采用了商业区拦截式访问调查方法。因为以往的调查已经证明梦乡香皂的主要消费者是 18～35 岁的年轻人，所以要调查的就是他们对新香型的评价。访问人员的做法是，在上海四川北路、淮海中路各选一个点，没有选择南京路是因为南京路外地游客较多，而外地游客不能成为上海消费者的代表。让访问人员对路过的行人每隔 10 人上前拦截，这也能提高随机度，同时要求，几人以上结伴的消费者，即使都符合要求，也只能访问其中一人。这些抽样的规定都有效地提高了调查的质量。

4. 深度访问法

1）深度访问法的概念

深度访问法是个人面访调查的方法之一，是根据调查主题某一方面的研究需要，由调查人员向一个或少数几个被调查者作深入访问的一种调查方法。深度访问法适用于对购买动机较隐秘的消费心理的调查。

在具体形式上有按照问卷进行调查、无结构式的访问调查两种。前者多应用于一般被访者，后者多是同专家型的被访者访谈。对于后一种形式，一般是围绕调查主题，作深入性交流、探讨。

2）深度访问法的调查程序

深度访问的调查程序表现为形式简单，内容复杂。形式上多采取“确定问题→进行访问→提出结果”的常见三段式结构。

首先内容上应做好访问前准备，包括提哪些问题、怎样提出才能达到目的等。其次是正式访问时应善于随机应变，引导或诱导被访者谈出不愿谈的想法或意见；否则准备不充分，技巧掌握不好，会使调查流于形式。

3）深度访问法的特点

深度访问法的优点包括以下几点。

(1) 能够弥补其他调查方法的不足，获取其他调查方法不易得到的资料。通过交谈可以使被访者提出某些意想不到的建议，或激发其思维，尤其是对于比较内向、比较深沉的被访者，访问人员获得的资料会更翔实。

(2) 问卷回收率高。深度访问法是个人面访调查，由访问人员与被访者在访问现场完成，因此问卷可以在填好后，立即收回。

(3) 保密性较高。访问时一般涉及的是事关企业重大决策的内容，而深度访问法是与访问对象单独、面对面的交流，不是公开的，这样难以让竞争对手窥探。

深度访问法的缺点包括以下几点。

(1) 成本高。一对一式的访问，是一种费时、费力的市场调查方法。调查人员投入精力较大，往往一个调查对象需多次访问才能达到调查目的。在经费紧张的情况下，不宜采用。

(2) 调查困难，常因调查对象拒访或不愿回答一些问题，而使调查陷于困境。

(3) 控制难。深度访问法如果以无结构式的方式进行，访问人员对调查的进度、成本难以控制，有可能花费了精力与时间，却只得到一些表面性的资料。

4）深度访问调查的要求

深度访问除了要作好调查前的准备和掌握调查技巧外，还有以下要求：

(1) 做好说明与解释工作。因深度访问常涉及隐秘问题，被调查者不愿配合，所以调查者一定要向被调查者讲明调查的目的和意义，让被调查者消除顾虑，配合调查。

(2) 应给被调查者创造一种轻松舒适的访谈环境，让被调查者无拘无束地发表意见，通常是把被调查者邀请到便于访谈的地点，如企业的会客室等，效果较好。

5. 计算机辅助面访调查

计算机辅助访问是对传统调查方法的一种改革、创新。这种方法最突出的优势是问卷设计在计算机上完成，访问时借助于计算机，将访问资料直接在计算机上生成，并由此进行数据分析。计算机辅助访问分为计算机辅助面访和计算机辅助电话调查。后一种方法将在电话调查中介绍。

计算机辅助面访调查，是被访者用键盘和鼠标器回答显示器上的问卷，或者由访问人员依次读出问题，请被访者回答，然后将答案输入计算机的方式。这种面访调查费用较高，并要求所提出的问题应是被访者感兴趣的、可以理解的、占用时间也比较有限的。在一些电视台的现场访谈中有时也用到这种方法。

4.2 小组座谈法

4.2.1 小组座谈法的概念

小组座谈法是定性研究中常用的一种方式，是调查者依据调查目的要求，将被访者召集到一起，以小组讨论的形式进行讨论、发表意见，从而获得调查资料或调查结论的一种调查方法。

传统意义上的小组座谈场所，从外观上看跟普通会议室大致相同。不同的是在一面墙上会安装单向镜，在某个隐蔽的地方安装麦克风和摄像头，为了保证录音效果，墙壁和天花板可能会用一些特殊材料。单向镜的另一边是个观察室，观察室内可能会有各种控制仪器。在我国，这类小组座谈场所还屈指可数，因此，对大多数企业来说，小组座谈法的实施要么出大价钱租用场所设备，要么让调查更“简易”一些。

该方法适用于对一个调查主题的多个调查方案的取舍，或收集与调查课题有密切关系的少数人员的倾向和意见，最终获得对企业有重大影响的调查资料，如产品的研发、投资等。例如，卡特彼勒拖拉机公司的分部——国际太阳汽轮机公司的几个主要经理人员曾将世界各地最重要的客户招到他们的办公室。客户们就该公司打算开发的一种新型燃气轮机的可能用途和需求与公司的财务经理和生产工程师进行了极为深入的讨论。从交谈中获得的资料与公司以前的预测结果很吻合，这样，一个数百万美元的工程就上马了。

另外该调查方法也广泛应用于社会事务的征询中，如价格听证。

4.2.2 小组座谈法的基本程序

（1）成立课题小组，依据调查课题提出调查目标，设计征询表；

（2）依据调查问题选定参加座谈会的人员，并确定召开座谈会的时间和地点；

（3）逐轮咨询和信息反馈；

（4）定量评价和表述。

4.2.3 小组座谈法的特点

1. 小组座谈法的优点

（1）调查成本低，基本上是一次会议就能收集所需的资料，所需被访者人数有限，资料收集时间短，同时还可借助一些辅助设备（如监控设备）来了解更多的信息。

（2）可以作为定量研究的指导纲领来探求定量研究中可能遇到的问题；也可以对定量研究的结果进行补充、解释或验证某些信息的真实性、准确性。

（3）应用范围较广，可以对企业商标、包装、价格、形象、广告宣传、新产品的开发及推广等进行调查、了解。

2. 小组座谈法的缺点

（1）调查资料易产生较大偏差。因为参与人员较少，意见易集中到少数几个人身上，这样获得的资料代表性必然降低。比如，有的专家、学者在调查的问题上有丰富的理论与实践经验，在座谈会上常被当作“意见领袖”来对待，从而导致其他人的从众行为，形成一边倒的结果。

（2）主持人的经验不足会影响调查结果。小组座谈会多由主持人来进行发问，展开讨论，如果主持人经验不足，对问题的主旨抓不住，会产生错误的引导；同时主持人如果不能很好地控制讨论的进程，会导致某些问题的讨论占用时间过多，而另一些问题却讨论不足。

（3）局限性。小组座谈法适宜进行定性调查，而定量调查的准确性资料要求却很难实现。

4.2.4 小组座谈法的注意事项

（1）拟定调查提纲是小组座谈法成功的关键之一。调查提纲应该给出小组要讨论的所有主题，还要对主题的顺序作合理的安排。

以某机构为某比萨店拟定的座谈会提纲为例。

座谈会提纲：①预热话题和介绍发言规则（10 分钟）；②小组成员自我介绍(3～5 分钟)，一般从主持人开始，顺时针进行；③上饭馆吃饭的态度和情感测试、消费行为测试（15 分钟）（具体问题略，下同）；④对快餐的态度和情感测试、消费行为测试（15 分钟）；⑤对西餐的态度和情感测试、消费行为测试（20 分钟）。

针对没有比萨店用餐经历的小组：①测试对比萨店的态度和认知（20 分钟）；②对比萨店服务的期望（10 分钟）；③对比萨店内部装饰的期望（10 分钟）。

针对有比萨店用餐经历的小组：①了解在比萨店的消费行为细节和对用餐经历的评价（30 分钟）；②对比萨店用餐服务的评价（10 分钟）；③对比萨店内装饰的评价（10 分钟）；④概念测试（出示概念板，10 分钟）。

最后要感谢被访者的参与，结束座谈，并说明如何领取报酬。

（2）选好参加会议人员。小组座谈法调查的效果如何取决于参加会议人员的素质和结构，所以一定要认真甄别、选择参会人员。一般来说，参会人员既要有专家、理论工作者，又要有从事实际工作的人员。各位参会人员对会议主题应有一定的了解和研究，最好包括具有某些专业知识和经验丰富、思想活跃、富有创造性和判断能力的人员。

可先由调查人员定下标准，让访问人员找到数量足够的符合条件的候选人。对参与者的分组，一般以某个参数是否同质为准，同质同组。比如，某调查机构曾调查驾驶员对某交通台的节目评价，候选人的条件是“最近 6 个月一直正常开车，并每天收听某交通台节目30分钟以上”，按公车、私家车、出租车分组。同质分组的目的在于减少参与者之间的抵触情绪，提升认同感，这样有利于互相激发。当然，条件允许时，还可以进一步进行同质化，如出租车男驾驶员一组、女驾驶员一组。关于同质分组不必要求过高，实际上性别、年龄、职业、收入、表达能力等参数，很多时候根本无法判断哪个最需要，完全靠调查人员根据自己调查的目的来决定。

（3）参加座谈会的人员人数可根据具体情况而定，一般10～50人，实际上也有多达百人的情况，常常是选定的人数比实际需要的人数多一些，在一定程度上可以避免人数过少产生的回收率低及资料偏差情况。

（4）选好会议的主持人也是开好会议的关键。主持人应具有很强的组织能力，要善于引导、控制座谈人员，让他们围绕中心比较自由地进行讨论；当讨论中出现与调查无关的不同意见时，要能阻止参会人员进一步争论；而当出现与主题有关的不同意见时，则要引导各方将各自的论点、论据说清楚讲透彻，让问题在争辩中明朗化。主持人的主要职责可归纳为如下几方面：①与参会人员建立友好的关系；②说明座谈会的沟通规则；③告知调查的目的并根据讨论的发展灵活处理；④探寻参会人员的意见，激励他们围绕主题热烈讨论；⑤总结参会人员的意见，评判各种参数的认同程度和意见分歧。

（5）对座谈会的数据和资料分析要求主持人和调查人员共同参与，他们必须重新观看录像，不仅要听取参会人员的发言内容，而且要观察发言者的面部表情和身体语言。

在整理资料并提交成果时，一般要求主持人、参与座谈的工作人员、观察者（营销专家、调查人员）每人都递交一份分析报告，然后集中到调查人员手中，由调查人员召集项目组人员举行头脑风暴会议，对每个人的独到的见解再次进行剖析和发散，最后由调查人员撰写正式报告。

4.2.5 小组座谈法的主要形式——专家座谈法

1. 专家座谈法的概念

专家座谈法是以在某个研究领域或某个问题上有理论造诣、有专业知识或特长、有丰富实践经验的学者、管理者或经营者作为调查对象，收集所需信息的调查方法。它是进行市场预测的方法之一，下文还会进一步介绍。

2. 专家座谈法按照形式不同的分类

1）头脑风暴法

（1）头脑风暴法的概念。

这种调查方法采用小组座谈会的形式，邀请若干名专家参加。参加头脑风暴座谈会的专家只能公开发表各自的意见或设想，不对其他专家的构想进行讨论，也不能进行私下的交谈，不提出任何集体或权威的意见，以免阻碍个人的思考。各位专家在会上踊跃发表看法，相互启发，在各自的头脑中掀起思考的风暴，形成智力碰撞和激荡，产生新的思想火花。

它是一种集思广益，防止片面，寻求新观点、新方案的调查方法。专家们一起集体思考，相互启迪，将各人的意见集中起来，则可以对所调查的问题有一个全面的认识和理解。

（2）头脑风暴法与其他小组座谈会的根本区别在于：①不批评别人的意见；②提倡自由奔放地思考；③提出的方案越多越好；④提倡在别人方案的基础上进行改进或与之结合。

（3）头脑风暴法的特点。

头脑风暴法的主要优点为：它所要解决的问题是创造性的问题而不是逻辑性问题。参加座谈的专家虽然在某一方面有专业知识或特长，但就某个具体人而言，因为受传统、环境、经历和思考问题的角度等影响，所以会有某些不足或缺陷。通过座谈的形式，可以最大限度地发挥专家们所具有的智慧和创造力，来寻找解决问题的各种可能性，最终得出令人满意的答案。

头脑风暴法的主要缺点为：①主持人难找，头脑风暴法对主持人要求高，需要其有高超的组织能力和民主作风，善于鼓励有不同意见的专家充分发表看法，让大家都能畅所欲言；擅长控制会议进程，又能使会议气氛融洽和谐，形成一种表达创造性思维的会议环境。②某些专家不愿发表自己的意见，导致调查的结果不全面。③某些专家不愿公开修正自己已经感觉到的发言中的错误，从而影响调查的结果。

2）专家会议法

与头脑风暴法一样，这种调查方法也是以小组座谈会的形式进行的，由有关专家对企业的生产经营或某个产品及其发展前景作出分析，取得具有创造性的信息。

所不同的是，参加会议的专家事先按照调查提纲先期准备资料，后在会上围绕中心问题展开讨论，相互启发、相互交流、相互补充。

3）德尔菲法

德尔菲法又称为专家小组法。它是按一定的程序，采用背对背的函询的方式，征询专家小组成员的意见，经过几轮的征询与反馈，使各种不同意见渐趋一致，最终获得所需的信息。它是头脑风暴法和专家会议法的发展，这种方法把邀请专家坐在一起面对面交谈、讨论，改为背对背地征询意见。其特点如下。

（1）匿名性，即在函询时，专家相互间没有交流，而是以背对背的方式获得其他专家的各项意见。

（2）反馈性。该方法要多次反复征求意见（一般要经过 3～4 轮），每一轮征询之后，组织者都要将该轮征询的结果作为反馈资料发给每一位专家，有助于专家相互启发，集思广益，拓展思路，征询到更准确的信息。

（3）获得资料的时间较长。信息需多次征询才能明朗，占用时间比较长，资料的时效性会降低。

（4）调查结果多为理论探讨，缺乏实际案例的配合，因此在指导实践时，可能会有一定的差距。

4.2.6 专家座谈法的注意事项

这类调查所得到的信息的多少和准确程度，主要取决于专家的代表性、知识经验的广度和深度以及他们的合作程度，因此选择好受访专家是最重要的。

（1）应该从调查目的和内容出发，有针对性地选择在该研究领域有较高造诣的学者、专家。

（2）要注意在选择专业型专家的同时，也要选择具有丰富经验、熟悉该问题领域的实际工作者。

4.3 电话调查法

4.3.1 电话调查法的概念

电话调查法是指调查者预先选定要调查的问题，以打电话的形式向被调查者征询意见，从而获得信息资料的一种调查方法。电话调查常用于样本数量多、调查内容简单明了、易于让人接受，需快速获取信息的调查课题的调查。现在最常见于对老百姓比较关心的社会热点的调查、了解。

4.3.2 电话调查法的程序

电话调查法的程序不复杂，基本上类似于非标准式面谈的程序，见图 4-3。

图 4-3 电话调查法程序

4.3.3 电话调查法的应用范围

（1）预测实地调查方案的可行性。实地调查范围比较广、投入成本大，故不能盲目进行，可以借助电话调查法，作探索性的初步调查，选取小范围样本，来检测该调查方案是否可以大范围开展。

（2）了解调查对象业务经营范围，以便确定采访内容。电话调查可以尽快收集调查对象的相关资料，预先对被调查者有一定的了解，在开展正式调查时，可以有针对性地提出有关问题。

（3）查询某些简单数据。有些数据资料是二手资料或调查对象一直在收集的资料，且没必要了解很多，这样就可以通过电话调查来了解。

（4）核对面访调查时所提供的情况，或确认被调查者所寄资料。在进行回访或验证资料的准确性方面，电话调查有其独到之处，同时它也可以作为邮寄问卷调查法提高成功率的一种手段。

（5）直接了解有关现场情况。如产品展销会的参观人数、当地顾客对电台电视广告的反应等。

（6）与被访者进行初步的联系和接洽。在未进行实地调查之前，可以与被访者预约时间，以便于让被访者有一定准备，从而降低拒访的概率。

4.3.4 电话调查法的特点

1. 电话调查法的优点

（1）获得资料速度快。这是它最大的优点。相对于面访调查、小组座谈会等其他调查方法，其整个项目的访问过程花费时间最短。

（2）节省费用。电话调查法所需费用比面访调查少，且可在短时间内调查较多的调查对象，即使调查对象分布广泛，也不需支付大量的费用，同时也不需要进行任何现场组织工作，成本较低。

（3）适用于访问某些特殊的被访者，如知名人物，因工作繁忙面访调查时不易接触的被访者。

（4）问卷资料易汇总。电话调查使用的问卷多为标准化的，有利于资料的整理、分析。

（5）问卷较简单，对访问人员的要求较低。

2. 电话调查法的缺点

（1）只能得到简单的资料，无法深入了解情况。电话调查不像面访调查可以控制访问的时间，电话调查必须连续进行，时间不能太长，所询问的问题无法深入探讨，不适用于复杂的调查。这样会直接影响对问题的深度和广度的调查、了解。

（2）调查对象有局限性。无法访问到没有电话的单位或个人，存在一定的局限性。

（3）不能进行有形产品的调查。电话访问中访问人员与被访者不在同一空间，不能借助于辅助工具，无法了解被访者对未接触过的产品，如刚刚面市的新产品或者其包装、颜色、口味等的看法。

（4）难以辨别答案的真伪。访问的过程中，访问人员无法观察被访者的动作、表情等非语言信息，无法了解被访者当时的情绪及环境状况等，被访者所提供的资料可能不准确，而访问人员又不能借助其他方法来判断。

（5）拒访情况较多。回答问题时，访问者不能控制被访者所处的环境，被访者极易受到干扰，有时会突然中断或挂断电话，或干脆拒绝接受访问。

随着计算机技术日益完善和普及，计算机辅助电话调查法也开始出现。这种方法通常是访问人员坐在计算机显示器前面，头戴小型的耳机式电话。显示器上有事先设计好的问卷，用计算机拨打所要的电话号码，电话接通后，访问员读出在显示器上的问题并将访问的结果录入计算机。在计算机上完成整个调查、分析过程。这种方法获得资料快，也可以防止手写的失误。

4.3.5 电话调查法的注意事项

（1）应预先设计好要了解的问题，最好以问卷形式进行。调查过程要简明扼要，突出重点；问题不宜太多，最好采用二项选择式进行调查，注意方言与普通话的使用场合。

（2）为了提高电话访问的效率，有时对重要的访问也可以先寄一封信或一张明信片给被访者，说明将要进行的电话访问的目的、内容和时间。

（3）确定访问的时间要从被访者的实际情况出发，最好避开工作和晚上休息时间，以提高调查的效率。电话访问还有一个特殊的要求，就是电话铃响至自动挂断才可以作出放弃访问的决定。

（4）注意吸引被访者的注意力。在通话的过程中，应掌握主动权，在开头的介绍中就应引起被访者的兴趣，否则，容易遭到被访者拒绝。引起被访者兴趣的方法有很多，应在实践中多加总结。比如，由公司的主要负责人进行调查，或者以高层主管的名义进行调查，可以减少出现被访者不重视的情况。在进行正式访问前，应说明访问时长，尽量精简开场白。

4.4 邮寄问卷法

4.4.1 邮寄问卷法的概念

邮寄问卷法是通过邮寄的方式将设计好的调查问卷寄给被调查者，由被调查者自行填写后将问卷寄回调查部门或专业调查公司的一种调查方法。它是一种标准化调查，且调查范围较广，在实践中多被调查者采用。

通过一个宝妈时尚杂志市场调查实例可以进一步了解邮寄问卷调查的形式。

第一部分：基本信息

1. 姓名____________ 出生年月____________ 性别____

您的孩子情况：

①宝宝 3～4 岁 ②宝宝 4～5 岁 ③宝宝 5～6 岁 ④宝宝 6～7 岁

2. 宝宝的姓名____________ 性别____出生年月____________

3. 联系电话____________E-mail ________________________

通信地址________________________邮编____________

4. 职业____________

5. 教育状况

①高中或以下 ②大专 ③大学本科 ④硕士或以上

6. 您的家庭收入

①1000 元以下 ②1000～3000 元 ③3000 元以上

7. 您的兴趣

①旅游 ②上网聊天/游戏 ③时尚/化妆品 ④服装服饰 ⑤房产家居

⑥阅读/图书音像 ⑦健身/户外运动 ⑧财经信息/股市行情 ⑨购物指南

⑩汽车 ⑪文化/教育/育儿 ⑫影音娱乐 ⑬医疗保健 ⑭其他

第二部分：时尚杂志信息

1. 您是从什么渠道知道我们杂志的？

①书报亭 ②广告 ③朋友推荐 ④偶然翻阅 ⑤其他

2. 您喜欢直接购买还是订阅的形式？

①直接购买 ②订阅

3. 您最喜欢哪种订阅方式？

①邮局订阅 ②刊社订阅 ③网上订阅 ④上门收订

4. 您是否已经订阅我们的杂志？

①是 ②否

5. 如果您还没有订阅我们的杂志，那么将来订阅的可能性为

①肯定会 ②有可能 ③不知道 ④不太可能 ⑤不可能

6. 您阅读我们杂志的方式是

①每篇必读 ②阅读一半以上 ③阅读一半以下 ④挑选自己喜欢的读

7. 您通常和几个人一起分享我们的杂志？

①1 人　②2～3 人　③4～5 人　④5 人以上

8. 您愿意在有关的咨询栏目中看到专家的照片和具体单位地址吗？

①愿意　②不愿意　③无所谓

9. 您最喜欢哪一部分栏目？

①欢乐童年　②成长阶梯　③妈咪俱乐部　④卫生保健

⑤贴心家教　⑥幼儿画刊

10. 您最喜欢本期哪些文章和图片？（请注明页码）

A ________　B ________　C ________　图片 ________

11. 您最不喜欢本期哪些文章和图片？（请注明页码）

A ________　B ________　C ________　图片 ________

12. 您孩子最喜欢读的经典童话是

____

13. 您还希望在本刊阅读到哪些内容？

____

14. 您还经常收看或购买哪些育儿类电视、广播节目或报刊？

____

邮寄问卷法不太适用于一般消费者的调查，因为一般消费者并不一定会对某个企业的资料收集感兴趣，但对于客户满意度研究（企业已掌握其客户名单及住址资料），使用邮寄问卷法比较常见。

4.4.2 邮寄问卷法的程序

邮寄问卷法视调查的具体情况不同，可分为以下两种。

(1) 直接调查，即将设计好的问卷直接寄给所有被调查者，直接进行正式调查，再将问卷按规定时间收回，并对问卷进行整理分析。

(2) 先实验再正式调查，即为了验证问卷是否可行，可先在小范围内进行实验调查，经验证可以实施，再进行正式调查。

两种形式调查的基本程序见图 4-4。

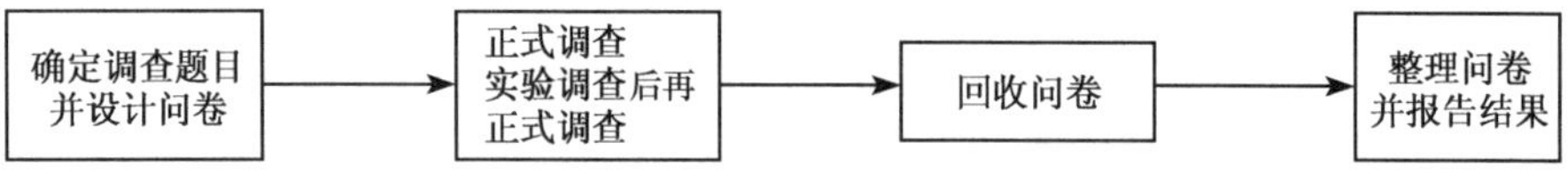

图 4-4　邮寄问卷调查的基本程序

4.4.3 邮寄问卷法的特点

1. 邮寄问卷法的优点

(1) 调查成本低。与面访调查法相比，邮寄问卷法所需的邮资费用远比面访所需的差旅费用要少得多，而整个调查过程不需更较多的人力投入。

(2) 收集的调查资料内容可以更丰富、准确。邮寄调查可以用较低的成本在一个相当大的范围内进行，调查对象的范围广泛；被访者也有较充分的时间仔细填写，必要时还可查阅有关资料，准确回答。此外，调查的内容也可以比较多，某些涉及个人隐私和敏感的问题也可以进行调查。

（3）调查区域广。采用邮寄问卷方式，调查的区域可以广些，调查数量可以多些，夸张地说，几乎可以把问卷寄给地球上任何一个地方的调查对象。这不仅在费用上可行，而且在时间上允许，因为调查可以同时进行。

（4）调查结果较为客观。没有访问人员在场，被访者不会受到倾向性影响，更能畅所欲言。

（5）对访问人员的要求比较低，无需专门的培训和管理。

2. 邮寄问卷法的缺点

（1）回收率低，难以得到较为全面的资料。因调查者无法对被访者填写并寄回问卷进行控制，如被访者因工作繁忙或不感兴趣而不答卷，导致问卷回收率低。另外，由于现在的交通和通信事业的发展，对于一些人而言，利用信件进行沟通，显得太落后了，被访者会产生抵触的情绪，这样也会导致问卷回收率低。一份国外的统计资料表明，一般情况下，邮寄问卷的回收率只有5%～24%。

（2）容易产生理解差错。访问人员不在场，不能和被访者直接交流，在被访者可能对问卷的某些内容产生误解时，无法当面给予被访者帮助。被访者只能按照自己的理解来回答，这样会影响调查资料的准确性。

（3）调查问卷的回收期长。邮寄问卷进行调查花费时间较多，加之部分被访者不能及时寄回，会导致调查资料的时效性大大降低。

（4）难以选择具有代表性的调查对象。

4.4.4 邮寄问卷法的注意事项

邮寄问卷法的调查对象的选择应与被调查的问题密切相关，一般利用现有的各种通讯录、花名册、电话簿等进行抽取，有时也可以在专业的报纸、杂志、书籍上刊登或附带调查问卷，请读者填写后邮寄给调查单位。

邮寄问卷的设计应尽量完善。面访调查、小组座谈法、电话调查等方法多由访问人员来组织，可以凭借经验弥补问卷的不足，而邮寄问卷是在无人指导的情况下由调查对象独立完成的，因此应保证问卷能被理解，易于回答。

邮寄调查法最大的问题是问卷回收率较低。为了提高回收率，常用的方法有以下几种。

（1）选择被访者比较关心的问题，这样可以获得更多的回收资料。

（2）可以使用邮寄固定样组的方式。它是一种特殊的方式，是在某一调查区域选定一些家庭，这些家庭会定期收到问卷，填写完整后寄回的调查方式。

（3）可以附已填好邮寄地址的信封并贴上邮票，这样便于被访者在填好问卷后，及时将其寄回。

（4）承诺赠送购物优惠券或一定的咨询费，或附寄礼品、礼券，或赠送新产品的样品或小礼物等。

（5）提前通知。利用电话或信件方式提前通知被调查者，是提高问卷回收率和加快回收速度的有效办法。

本章小结

本章重点介绍了四种市场调查方法。这四种调查方法中，面访调查法、电话调查法、邮寄问卷法属于定量调查的范围，而小组座谈法属于定性调查的方法。

面访调查法作为一种常用的方法，是回答率、资料的真实性和可靠性都相对比较高的方法。具体的调查方法常见的有入户访问、留置问卷调查法、拦截式访问、深度访问、计算机辅助面访调查等，且为了弥补其缺陷，又不断有新的技术应用于这种方法，其分类越来越细化，但相对于其他调查方法来说费用也是较高的。

小组座谈法作为定性调查中常用的方法，在发达国家十分流行。其有如下优点：比一对一的面访更容易发现新概念、新创意，因为被访者们的发言能互相激励、互相启发；提供了较好的观察被访者言行的机会，如通过单向镜或监视器，从而使不同的观察者都能发现自己想要的信息；快速，节省大量时间。

电话调查法最突出的优势是调查速度快，信息反馈及时，随着移动电话的普及，其应用前景越来越广阔，但缺陷也是因为速度快而不能深入、翔实地来了解相应的资料。

邮寄问卷法最突出的优点是调查范围广泛，且费用低廉，最大缺陷是调查问卷的回收率低，且其应用前景越来越有限，应结合新的技术来完善此种方法。

以上四种调查方法比较关键的是调查对象的确定，它会直接影响调查资料的利用价值，一般在实际应用中会使用抽样的方式来选择。在具体运用各种调查方法时，要根据它们各自的特点、适用条件，结合调查的具体目的和要求，进行综合比较分析，从而选择最佳方案。

案例

某公司宽带维修质量及服务质量电话回访调查记录

1. 请问您是××先生（或××女士）吗？
   ①是　　　　②不是
   （如果回答①，继续往下进行；如果回答②，说“对不起，可能我打错了”。）
2. 我是××公司的，能否打扰您1分钟的时间，就我们公司为您提供的宽带维修服务做个回访吗？
   ①可以　　　　②不行，我现在很忙
   （如果回答①，继续往下进行；如果回答②，说“对不起，我10分钟后再打来，可以吗”?）
3. 请问我们公司的技术员上门为您维修宽带以后，您现在能正常上网吗？
   ①能　　　　②不能
   （如果回答①，继续往下进行；如果回答②，说“对不起，我们尽快给您再派一个技术员上门维修”。）
4. 请问我们公司的技术员上门为您维修宽带时，是否穿了带有我们公司标志的工作服装？
   ①穿了　　　　②没有穿

5. 请问我们公司的技术员进入您家里时，是否主动戴上了鞋套？

①是　　　　②不是

6. 请问我们公司的技术员在为您服务时，是否有耐心？

①是　　　　②不是

7. 请问我们公司的技术员在为您服务时，有没有向您借用工具？

①有　　　　②没有

8. 请问我们公司的技术员在您家里有没有抽烟？

①有　　　　②没有

9. 请问您对我们的服务满意吗？

①满意　　　　②不满意

（如果回答①，说“谢谢您的合作，再见”。如果回答②，问第 10 题。）

10. 对不起，您能提出具体意见吗？

①

②

③

（顾客提完意见，说“谢谢您提的宝贵意见，我将如实向公司汇报，尽快给您一个答复，再见”。）

调查时间：________年____月____日

调查人：

备注：

（1）上述问题中，小括号内的文字在问卷中不显示，是需要调查人员熟练掌握的。

（2）在日常调查中，经常将第 4 至第 8 题中“请问我们公司的技术员”简称为“他”。

案例思考：

1. 上述案例中前三个问题括号里面的内容起到什么作用？
2. 简述电话调查的过程。

能力提升

• **主要知识点**：面访调查、小组座谈、电话调查和邮寄问卷法等方法的含义、技巧和应用。

• **本章重点**：调查方法的掌握。

• **本章难点**：调查方法与技巧的运用。

• **重要概念**：面访调查、小组座谈、电话调查和邮寄调查。

• **动手操练**：真调查、收问卷，按照本章所编调查方案和问卷进行实地调查，每人成功取得有效调查问卷不少于 3 份。

第5章　市场调查方法（下）

一次性调查VS
长期跟踪调查

本章要点

1. 掌握文案调查法的特点、程序。
2. 了解观察法、实验法和网络调查法的基本概念、程序、特点。
3. 能结合实际情况利用各种调查法开展调查活动。

本章也可以叫作现代市场调查方法，是因为所包含的四种调查方法都与现代有着不解之缘，文案调查法中最重要的信息来源是互联网这个现代人不可或缺的工具；观察法中调查人员再也不是单凭肉眼在观察，而是随时随地带着数码相机、摄像机，用现代化的仪器记录下最真实的画面与声音；实验法则是现代人决策理念的写照，不取得实验数据绝不拍板，这才叫科学决策；而网络调查本身就是现代人在现代社会生活中重要的一种调查方式，没有网络就不存在这种调查方法。

本章就文案调查法、观察法、实验法及网络调查法这四种现代调查方法进行介绍。

5.1　文案调查法

市场信息来源于第一手资料或第二手资料。第一手资料，即实地调查资料；第二手资料，是指为以前某种调查目的而收集的信息。文案调查就是对第二手资料的收集活动。

5.1.1　文案调查法的含义

1. 文案调查法概念

文案调查法是一种间接调查方法，主要通过收集企业内部和外部已积累起来的各种信息、情报资料，作为当前调查目的所收集资料的补充和完善。

当为某一调查目的收集资料时，如果当前资料或经费有限，且已有可用的资料时，文案调查法必然成为首选。但如需要更翔实、深入地了解某些市场情况时，实地调查则是第一步的工作，而文案调查只能是实地调查的前道工序或必要补充。

2. 文案调查法收集的资料的特点

（1）文案调查法收集的是已经加工过的第二手资料，而不是第一手资料，这些资料已经形成一定层次和相互之间的联系性。

（2）文案调查法以收集文献性信息为主，具体表现为各种文献资料，常见的有印刷型信息、视听型信息、计算机信息库和计算机网络信息等。

（3）文案调查法收集的资料包括动态和静态两个方面，尤其偏重从动态方面收集各种反映市场情况的历史与现实资料，如历年的物价资料。

5.1.2 文案调查法的主要作用

在市场调查中，文案调查法有着特殊的作用，它作为对市场信息收集的重要手段，一直受到世界各国的重视，也总结了许多实用的调查方式。

文案调查法的具体作用体现在如下几方面：

(1) 文案调查法是重要的信息来源，为某些营销决策的制订奠定基础。据市场调查的实践经验，文案调查法常被用做市场调查的首选方式。几乎所有的市场调查工作都开始于第二手资料的收集，如企业在制订市场选择决策时，可以通过文案调查法收集各地区的人口、收入、法律、文化、经济政策等方面的资料，筛除没有开拓可能的市场，初步选择一部分市场。只有当已有资料不能为解决问题提供足够的依据时，才进行实地调查。因此，文案调查法可以作为一种独立的调查方法加以使用。

在对市场的研究中，文案调查法适用于对以下四种情况进行研究。

第一，市场供求趋势分析，即通过收集各种市场动态资料并加以分析对比，以观察市场发展方向。例如，根据某地区近几年的收入、人口增长情况，可以大致预测未来几年该地区一些行业的需求量。

第二，相关和回归分析，即利用一系列相互联系的现有资料进行相关和回归分析，以研究变量之间相互影响的方向和程度，如成本与产量之间的关系，并可在此基础上进行预测。

第三，市场占有率分析，即根据各方面的资料，计算出企业某种产品的市场销售量占该市场同种商品总销售量的份额，以了解市场需求及企业所处的市场位置。

第四，市场覆盖率分析，是用企业某种商品的投放点与全国该种商品市场销售点总数比较，反映企业商品销售的广度、宽度。

(2) 文案调查法可为实地调查创造条件。如有必要进行实地调查，文案调查法还可为实地调查提供经验和大量的背景资料。具体表现在以下四方面。

第一，通过文案调查法，可以初步了解调查对象的特点，如经营性质、范围、内容和重点等，并能够提供进行实地调查的理论指导，便于进一步开展和组织实施实地调查。

第二，文案调查法所收集的资料还可用来验证各种调查假设，用文案调查资料与实地调查资料进行对比，鉴别和证明实地调查结果的准确性和可靠性。

第三，利用文案调查资料并结合实地调查资料，可以推算所需掌握的某些数据资料。

第四，利用文案调查资料，有助于探讨现象发生的各种原因并进行说明。

(3) 文案调查法可作为有关部门和企业经常性的收集资料的方法。实地调查和文案调查相比，不仅费时、费力，组织也比较困难，一般不经常进行。而文案调查如果组织得当，对企业来说，尤其是已建立内部及外部文案市场调查体系的企业，就具有较强的机动性和灵活性，能随时根据企业经营管理的需要，收集、整理和分析各种市场信息，定期为决策者提供有关的市场调查资料。

(4) 文案调查法某些时候可以代替实地调查。文案调查法既能对企业内部资料进行收集，还可掌握大量的有关市场环境方面的资料。尤其是在作国际市场调查时，由于距离遥远、市场条件差异大等情况，采用实地调查需要更多的时间和经费，加上语言障碍等原因，将给实地调查带来许多困难。相比之下，文案调查法显得轻松自如，如美国政府提供了有关美国的综合性统计资料，它对人口、住房、工商业及农业进行定期调查，有的已经进行了100多年。有关美国市场的详细信息的其他来源还包括商业性信息机构、行业协会、管理团体、州政府和地方政府，这些资料可以在互联网上、美国的有关文案资料中获得。

5.1.3 文案调查法的特点

1. 文案调查法的优点

（1）可以克服时空条件的限制。文案调查法既可以获得现实资料，还可以获得实地调查所无法取得的历史资料；既能获得本地域范围内的资料，还可以借助于报纸、杂志及互联网等媒介，收集其他地区的资料。

（2）文案调查法收集到的情报资料受各种因素影响小。文案调查资料既不会受调查者的主观情感判断影响，也不会出现实地调查中，由被调查者的阅历参差不齐、情绪不佳等造成的错误结果。

（3）与实地调查相比，文案调查组织工作较简单，实施起来更为方便、自由，只要找到文献资料，就可查阅。

（4）文案调查法费用低，效率高。文案调查法的问卷设计、调查人员的培训、交通费用等各项费用的支出，相对于其他方法要低廉，且某些资料只需简单的加工，花费的时间短，能够在经费少，时间有限的情况下进行操作。

2. 文案调查法的缺点

（1）对文案调查法获得资料的加工、审核工作较难。这种方法依据的主要是历史资料，过时资料比较多，需要一定的加工过程，往往需要对其历史背景进行分析，并依据当前的情况进行调整。但许多资料经人多次传抄引证，已经成为第三手、第四手资料，使用时难以考察其时代背景；有的资料被人故意歪曲，其真实性、可靠性则令人怀疑。

（2）文案调查资料难以与当前的调查目的吻合，调查结果的准确性受影响。由于受各种客观条件的限制，很难掌握所需要的全部文献资料，会有文献资料不足的缺憾；这些资料是前人为自己的目的去收集、整理和刊载、发布的，因此对企业的某个具体的调查项目来说，适应性不高，经过整理也难以保证准确无误。

（3）文案调查法要求更多的专业知识、实践经验和技巧，需要具有一定文化水平的人才能胜任，否则寸步难行。文案调查法要求调查人员有较广的理论知识、较深的专业知识及技能，否则将感到无能为力，难以加工出令人满意的资料。

5.1.4 文案调查法的资料收集

1. 文案调查法收集资料的注意事项

（1）广泛性，即文案调查法中的现有资料必须周详，要通过各种信息渠道，利用各种机会，采取各种方式大量收集各方面的有价值的资料。一般说来，既要有宏观资料，又要有微观资料；既要有历史资料，又要有现实资料；既要有综合资料，又要有典型资料。如果可能的话，对同种资料应从多种信息源取得，以便相互印证、核实。例如，在国际市场调查中，需要了解国际政治、经济、社会、科学技术、生态等相关的宏观环境。

(2) 针对性，即要着重收集与调查问题紧密相关的资料，善于对一般性资料进行摘录、整理、传递和选择，以得到对企业生产经营有参考价值的信息。

(3) 时效性，即要考虑收集的资料是否过时。当今是信息时代，知识更新的速度越来越快，市场行情也是瞬息万变，资料适用的时间在缩短，因此，只有反映最新市场活动情况的资料才是有价值的资料。

(4) 连续性，即要注意所收集的资料在时间上是否有中断，只有连续性的资料才便于企业进行动态比较，掌握事物变化的特点和规律。

2. 文案调查法的资料来源

1) 企业内部资料

企业内部的资料，主要是企业在经营活动中所作的各种形式的记录，包括与企业经营活动有关的各种书面的和存储在各种仪器、设备中的资料。

这些资料可以由企业的营销信息系统来提供，该系统中存储了大量的有关市场经营的数据资料；也可以由本企业的各种记录来提供，如各种业务资料、统计资料、财务资料以及平时所积累的各种各样的报告、总结、会议记录、用户来信、营销活动的照片与录像等。

2) 企业外部资料

企业外部的信息来源很多，信息量更大。

(1) 政府机构、行业协会、各种经济信息中心、专业信息咨询机构、银行、消费者组织公布的和提供的各方面的信息资料；

(2) 各类新闻、出版机构发行的期刊、杂志以及电台、电视台公布的各种市场信息、经济信息；

(3) 有关生产和经营机构提供的商品目录、产品说明书、产品价目表、广告资料、专利资料以及上市公司发布的中期和年度财务公告；

(4) 国内外商品博览会、展销会、洽谈会、订货会上发布的消息；

(5) 专业性、学术性机构每年召开的年会、学术研讨会上所发表的论文及各级图书馆收藏的大量与企业经营活动相关的资料；

(6) 各种国际组织、外国使领馆、各国银行、各国经贸部门、各国商会所提供的国际市场信息；

值得注意的是随着互联网的普及，互联网上的信息已经成为文案调查法的首选外部信息来源。网上资源不分国界，快捷而又方便，信息量大，被越来越多的人所接受。人们越来越离不开网络了。

5.1.5 文案调查法资料收集的方式和方法

1. 文案调查法资料收集的方式

在文案调查法中，对于企业内部资料的收集相对比较容易，可以在平时的工作中建立一套有效的收集方式，可从企业的各种经营记录、书报资料等方面收集，调查成本低，操作也容易，因此，应尽量利用企业的内部资料。

对于企业外部资料的收集，可以依据不同情况，采取不同的方式。

1）有偿收集

需要采取经济手段获得的资料，如对于公开出版、发行的资料，一般可通过订购、邮购、书店购买等方式直接获得；对于限制发行或内部的资料，或者某些专业机构的研究成果等需要有偿使用的，可由企业付费购买。

2）无偿收集

各种交流会、展销会等提供的资料，如产品目录、使用说明书、会议资料等，是企事业单位为扩大影响、推销产品、争取客户而免费向社会提供的，可以无偿取得。

2. 文案调查法资料收集的方法

要想研究现有资料，必须先查找现有资料。对于方案调查法来说，科学地查寻资料具有十分重要的意义。从某种意义上讲，文案调查法也就是对资料的查寻方法，我们在此主要介绍文献性资料的查寻方法。

1）参考文献查找法

参考文献查找法是根据市场调查课题的目的和要求，从各类文献中分析、筛选有关文献资料的方法，采用这种方法可以提高查找效率。在我国，主要是从印刷型文献资料中筛选。采用文献资料查找法收集情报资料，检索方法主要有手工检索和计算机检索两种。

（1）手工检索。进行手工检索的前提是要有检索工具，因收录范围不同、著录形式不同、出版形式不同而有多种多样的检索工具。以著录方式来分类的主要检索工具有三种：一是目录，它是根据信息资料的性质进行编制的，常见的目录有产品目录、企业目录、行业目录等；二是索引，它是将信息资料的内容特征和表象特征标明出处，按一定的排检方法组织排列的检索工具，如按人名、地名、符号等特征进行排列；三是摘要，它是对资料主要内容所作的一种简要介绍，能使人们用较少的时间获得较多的信息。

（2）计算机检索。与手工检索相比，计算机检索不仅具有检索速度快、效率高、内容新、范围广、数量大等特点，而且还可获取不同地域、不同时间的信息资料，能在有限的时间、经费下获得既完善又准确的信息，在市场调查计算机化程度提高之后，将主要依靠计算机来检索信息。

2）报刊剪辑分析法

报刊剪辑分析法是指调查人员在工作和闲暇时间通过浏览报刊上所刊登的文章、报道，分析和收集情报信息的一种方法。信息社会突出的特点是信息量大和信息流快。市场情况的瞬息万变在日常新闻报道中都有所体现，这就要求调查人员要注意多观察、多动手，随时从各种报刊上获得与企业生产经营有关的情报信息，以扩大视野。

3）情报联络网法

情报联络网法是指企业在全国范围内乃至国外一些地区设立情报联络网，使情报资料收集工作的触角伸到四面八方的一种方法。建立情报联络网是企业进行文案调查的有效方法。企业可以采取重点地区设立固定情报资料收集点，由企业派专门人员或驻地人员兼职；一般与同行业、同部门以及与此有关的情报中心挂钩，定期互通情报，以获得各自所需要的资料。

5.1.6 文案调查法的程序及资料的管理

1. 文案调查法的程序

文案调查法的组织工作虽然相对简单，但也遵循一定的步骤，其程序如下。

（1）评价现有资料，即对手头拥有的资料进行筛选，主要从资料的内容、时间、准确性等方面进行评价。

（2）寻找收集情报的途径，即一般先从一般资料入手，逐步过渡到特殊资料的收集。

（3）资料的筛选，即剔除与研究问题不相关的、不完整的资料，获得有价值的资料。

（4）提交调查报告。

2. 文案调查资料的管理

1）文案调查资料管理的方式

文案调查所获得的资料中，有许多具有很高的利用价值，对这部分资料就需要加以合理的储存与保管。

（1）资料库的储存和管理方式。为反映市场发展变化过程，便于企业科学积累资料，企业也应针对各自的特点为资料建立资料库，便于系统性地保存有价值的资料，这是文案调查资料管理的重要内容。

在目前条件下，资料库的储存和管理方式具有普遍性，但这种方式工作量较大，提供信息较慢，当市场调查发展到一定阶段后，必然要求利用计算机来储存和管理资料。

（2）计算机储存和管理方式。计算机储存和管理方式是把与企业经营相关的各种信息资料储存到计算机中，利用计算机对资料进行储存、查找、排序、计算；或者借助于信息情报系统来管理的方式。这种方式不仅可以大大节省储存时间和空间，而且还可以提高数据资料处理的效率。

2）资料储存和管理要点

（1）储存方法。应先根据实际情况编好基本资料目录，按因地制宜、先易后难、逐步完善的原则有计划、有重点地收集、积累资料，使市场资料的收集和储存做到经常化、制度化。

（2）储存工具。应根据资料性质和企业现有条件选择储存工具，对资料加以妥善保管，所用的工具一般有资料袋、文件夹、录音机、录像机、计算机等。

(3) 储存地点。储存地点应根据资料的重要程度加以选择，通常需要有防火、防潮、防盗等措施，以保证资料的安全。

(4) 储存时间。要注意资料的时效性，要定期检查分析，对过时资料要果断销毁，以提高储存资料的质量。

在资料的管理中，建立文案调查体系是很有必要的。其特点是资料的收集、储存和资料的利用各环节是统一的，它有利于企业系统收集、积累有关资料，有利于保密性资料的管理，但也容易产生对各种资料的垄断，不利于提高资料的利用率和调查机构的效率。因此，随着市场调查水平的进一步提高，文案调查应逐步向社会化、专业化方向发展。

3. 文案调查资料的利用

文案调查资料的储存和管理的目的是资料的利用，资料的利用有两个含义：一是要充分发挥企业方案调查资料对企业经营管理的参考价值，使其得到最合理有效的使用；二是要发挥资料的社会价值。

5.2 观察法

5.2.1 观察法的概念

观察法是调查人员在调查现场或利用观察器材，对调查对象的各种情况，如状态、过程或结果，进行观察和记录，收集第一手市场信息的一种实地调查方法。

不同于我们日常生活中的随意观看，观察法是一种有目的、有计划、有准备的调查活动，如观察顾客在选购商品时的动作行为、顾客的言语等，用的就是观察法。

这种调查方法的特点是调查人员不直接向调查对象提出问题并要求回答，而是依赖于调查人员的亲身感受，或者利用某些摄录仪器和设备来跟踪、记录和观察调查对象以收集资料。

这种方法即使在调查费用十分有限的情况下也可以采用，并且能获取大量的有用的资料。

5.2.2 观察法的调查程序

为了能够获得有用的信息，采用观察法调查时应遵循一定的调查程序，不能简单、盲目地进行。

观察法的调查程序是：第一步提出调查的目的及相应的调查对象，设计好观察记录表格，或准备好观察仪器；第二步进行正式调查，可以是表格记录或仪器记录；第三步对观察取得的资料进行整理分析，并提出观察结果。观察法的具体程序，如图 5-1 所示。

在具体操作过程中要注意不能凭调查人员的主观想象、直觉来进行观察记录；在使用仪器前要进行检查，而且为了不干扰调查对象，保持观察场景的自然状态，最好不要公开使用一些观察仪器，如摄像机等；在某些情况下也可以事先告知调查对象，以便其与调查人员相互配合。

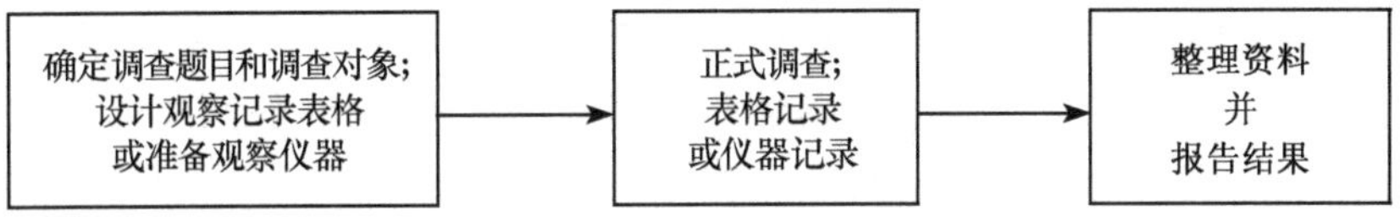

图 5-1　观察法的调查程序

5.2.3　观察法的分类

按照不同的划分标准，可以把观察法划分为不同的类型。如按照调查对象是否参与调查活动，分为参与性观察法和非参与性观察法；按照观察的时间与调查对象行为的时间是否一致，分为同步观察法和事后观察法；按照是否使用仪器，分为人员观察法和仪器观察法。下文重点介绍人员观察法和仪器观察法。

1. 人员观察法

人员观察法，即调查人员直接到现场察看以收集有关资料。例如，调查者到零售商店观察产品的货架，了解不同品牌产品的陈列、数量、价格、广告张贴等，企业可根据这些资料决定广告产品在市场的摆放位置。另外，此法也可用于视听率的调查，具体如下：可以委托家庭中某一成员充当调查员，来记录家庭的视听情况，即观察节目开始时有几个人在收看，中间有几人退出，播映广告时是否也在收看，并一一记录。其调查结果可以与其他视听率调查结果对比参照。

2. 仪器观察法

仪器观察法，即利用录音机、录像机、照相机、监视器、扫描仪等进行调查，主要包括皮肤电气反射实验、透视镜研究法、瞳孔计测验、集体反应测定、节目分析法、通用产品代码（universal product code，UPC）法、瞬间显露测验、视向测验、记忆鼓测验等，下面介绍其中的六种。

（1）皮肤电气反射实验（galvanic skin reflex，GSR），又称测谎仪法、电位法。其原理为：当人们看到某种产品时，心理会产生某些变化，即某种程度的兴奋、感动或紧张、恐惧等。随着人的感情的变化，人体出汗情况也会发生相应的变化，因此可以通过对人体出汗情况的测定来描述人的感情的变化。

这种方法最大的优点就是被测试者无法控制的或无意识的反应，会被毫无保留地记录下来。但考虑到各人出汗情况不同，需要事先分别测定其体质，以避免偏差。同时需要辅以其他测定方法，以确定其所受冲击是好的冲击还是坏的冲击。这种方法不仅可以用于文案测试，而且可用于某些效果测定。

（2）透视镜（one-way-mirror）研究法，就是在一间特别设计的房间墙壁上镶上一面极大的镜子，从表面上看是房间多了一面镜子，但从隔壁房间观察，这是一面透明的玻璃，观察者可以借助这面玻璃了解隔壁房间的一切情况。利用这种特别设计的房间测试时，可以让被测试者在无意识、自然的状态下被观察、测试。

在测试室的一角有一间准备室，室内可以放杂志、产品的包装，或一杯饮料等，请被测试者进入准备室等待测试。被测试者在等待测试时，可能会翻阅杂志或看产品的包装。此时，其如何阅读、阅读哪一页、视线情形或表情、动作如何等，都要由透视镜后的主持测试人员加以记录，然后，针对被测试者所读的内容或看过的产品包装、品尝的感觉等当面询问。这种方法与使用仪器测试相比，是非强制性的测试，且限制条件少，是一种很接近正常状态的测试，因而能获得令人信赖的资料。

(3) 瞳孔计测验。人的瞳孔受到光的刺激时会缩小，受到黑暗的刺激时则张大，运用这种原理将某些被测试的物品摆在被测试者面前。被测试者若对测试物品有兴趣，瞳孔就会张大，反之则不变或变小。可以借助器械将瞳孔伸缩情况测出并加以统计，以测定瞳孔张大与趣味反应之间的关系。这种方法一般用于效果的测定。

(4) 集体反应测定。每个被测试者都有一个连接着某台计算机的键盘，测试题答毕立即用计算机统计集体回答的结果。该法可用于对产品一般意见的测定。

(5) 节目分析法，是指节目播映时，测验视听者对节目或广告喜欢的反应。方法如下：让被调查者视听所播映的节目，当被调查者感到节目或广告能够引起注意或有趣时按绿钮，一直有趣就一直按；感到节目或广告不引人注意或无趣时按红钮；没有特别感觉时不按钮。就这样一直记录下去。

统计结果时，可以用参加测试的全体人员的合计值来表示，也可以采用每个被测者的记录来表示结果。这种测定，可以测出节目中视听者最感兴趣的场面，但无法了解其感兴趣的原因。因此为了获得其感兴趣的理由，必须在测试结束后对节目内容加以讨论，以听取被测试者对节目喜好反应的原因。这种方法一般用于效果的测定。

(6) UPC 法。它是通过运用 UPC 法进行观察的方法。UPC 是由一组规则排列、明暗相间的条、空及其对应字符组成的标记，是商品的信息代码，被誉为商品的“身份证”。通过扫描设备（如收款机）扫描商品条码，就能在预先建立的数据库中查询该产品的各类信息，如价格、数量、生产厂家等。通过 UPC 标签不仅可以检索柜台上的销售情况，保证准确性和速度，并能随时控制存储，还能告诉商店和制造商该产品是否受欢迎，计算销售的数量，控制库存，为营销决策提供有效的调查资料。如果将扫描设备与计算机相连，营销和广告经理们就可以足不出户，随时对数据、资料进行筛选和处理，从而发现一个产品在不同的地点运用不同的广告和促销策略的销量有何差别，并写出报告。

沃尔玛公司总部有一台高速运转的计算机，同 20 多个发货中心及 1000 多家商店连接，通过商店付款柜台扫描器售出的每一件商品，都自动计入计算机，当某一货物库存减少到某一数量时，计算机就会发出信号，提醒商店及时向总部要求进货，总部则在安排货源后，送往离商店最近的分销中心，再由分销中心的计算机安排发货时间和路线。这种计算机分销系统中就有 UPC 法的应用。

5.2.4 观察法的特点

1. 观察法的优点

(1) 真实性高。观察法通常是观察处于自然状态下的调查对象，并且是在调查对象不知不觉的情况下进行的，调查对象并未意识到自己正接受调查，故他们的言行不受外界因素的影响，较为客观，因此所获得的第一手资料是最接近他们平时状态的，真实性、准确性都很高。同样，调查人员采用仪器进行观察，也排除了调查人员主观因素的影响，其所获得的资料更为真实可靠。

（2）成本很低，见效快。观察法可以由观察人员在现场使用自己的视、听、触、味、嗅等感觉器官进行观察。这种方法不仅能了解到正在发生的事实，而且可以体会到现场的气氛或情境，获得额外的信息。而运用照相机、摄影机、录音机、扫描仪等各种电子仪器进行现场观察和记录，可以长时间进行且反复观看，不需多次组织，调查成本也必然降低。

（3）受调查人员的主观影响小。在面访调查中，调查人员对问题的看法常常会在提问中不由自主地流露出来，如提一些诱导性问题；而在观察法中，因调查双方并不正面接触，可以减少因调查人员的成见或失误，以及调查对象的心理因素的变化而产生的误差。另外某些调查内容，如商店的服务模式、消费者在商场购买行为、街头或商场的顾客流量等无法同调查对象交流、了解的项目，观察法也能得到有效的信息。

2. 观察法的缺点

（1）观察法仅局限于表象观察，难以了解被调查者的心理信息，如动机、价值观念等更深入、翔实的资料。

顾客在进入商店时常有三种表现行为：一是脚步紧凑，目光集中，直奔某个柜台；二是步履缓慢、犹豫不决，看着商品若有所思；三是步态悠闲，神色自若，随意浏览。这三种表现说明顾客大致分为三类：买者、可能的买者、观光者，但不能据此得出准确的购买概率，因为从顾客的行为举止中，很多内部的心理活动难以了解。

（2）观察法受时间和空间限制，所获得的信息资料往往有一定的局限性。观察法所获得的信息资料是在观察现场，并且只在观察的那段时间里获得的，而在观察时间之外的表现可能才是真实的，这两者之间的差异导致了调查资料的片面性。同时观察法难以单独应用于某些领域，如消费者的家庭消费行为，就必须结合其他调查方法才能获得。

（3）对调查人员素质要求高。调查人员的素质水平不同，获得的调查资料可能会出现较大的差别。调查人员的观察能力、记忆能力、理解能力等各不相同。调查人员如果凭自己的主观想象、标准来看待客观现象，只看到表面的某些特征，或某一侧面，而未能由表及里、去粗取精、去伪存真，都会导致结果的大相径庭，影响企业作出正确判断。

5.2.5 观察法的注意事项

从上述观察法的优缺点分析中可以看到，要用好这种方法的关键是能尽量避免观察法的不足之处所造成的误差。

（1）要全面深入地观察客观事物的发展变化过程，对各种资料进行全面、动态分析比较，从而了解事物变化的全貌。对观察资料的比较分析，主要有三种方法。

一是动态（纵向）对比分析，即在不同时期加以观察，取得相关资料，通过分析研究，了解调查对象的发展方向、程度，如通过对若干年的消费者家庭消费支出资料进行对比分析，可以了解家庭消费变化。

二是空间（横向）对比分析，即在同一时间内，对若干调查对象的情况加以观察记录，通过横向比较研究，观察调查对象之间的差距。

三是时间和空间相结合加以分析，对事物的纵横两个方面同时观察研究。

(2) 要尽可能借助记录工具，如各种记录信息的仪器设备，以取得真实的原始信息；若是依赖耳闻目睹，调查人员必须及时记录，以免事后回忆时发生误差。

(3) 不论是直接观察，还是借助记录器械，要注意尽量不使调查对象察觉出来，以使调查对象处于自然真实状态。

5.2.6 观察法的应用

观察法可为特定的调查目的专门使用，也可作为面访调查法的一种补充。其应用主要有以下几方面。

(1) 新产品试销观察。新产品试销时，可通过直接观察或借助仪器来了解顾客的语言、表情、动作有何变化，从而得出顾客对新产品的各种感受。在观察时，要把几方面的情况通过不同观察手段详细地加以记录，经过研究分析，可对新产品的概念、价格、运用何种促销方式进行宣传推广活动等做初步的评价。

(2) 交通流量观察。为了更合理地定位某一街道、路段的商业价值或提出可行的交通规划方案，常需要调查某一街道的车流量、行人流量及其方向。调查时可由调查人员或用仪器记录该街道在某一时间段内所通过的车辆、行人数量及方向，并测定该街道车辆和行人的高峰和平峰的规律，供营销决策参考。

(3) 营业员和顾客行为的双重观察。为了调查营业员的服务情况，以及顾客对该店的惠顾时间、方式及对某些商品的偏好情况，可由调查人员或仪器对营业员和顾客的行为进行观察，从而为该店提高服务质量和选择购进哪些商品提供依据。

(4) 某产品零售价格水平、竞争产品特点和陈列方式、产品销售包装和市场中出现的广告及推销形式等，也可以通过观察来了解。

5.3 实验法

5.3.1 实验法的概念与特点

1. 实验法的概念

实验法是一种特殊的观察方法，一般是指通过对某些条件加以控制，对调查对象进行实验，以获取所需资料的一种调查方法。调查人员根据调查目的，事先选定某一个或几个营销因素，人为地改变或控制这些因素，来观察它们对营销活动中其他因素的影响过程和影响结果，收集第一手信息。

2. 实验法的应用原理

实验法源于自然科学的实验求证，其目的是查明实验对象间的因果关系。它被用于市场调查，其原理是对市场进行实验求证，研究产品品质、包装、设计、价格、广告、陈列方法等因素的改变对产品销售量及其他因变量的影响。

例如，在其他因素不变的情况下，要测定某一商品的价格变化对销售量的影响，可先进行小范围实验，通过价格调整观察消费者的反应和销售量的变化，然后根据实验结果判定价格调整的可行性。

实验法调查可以在实验室进行。例如，在一个模拟商场中，试验一种新的商品陈列和购买方式，可以邀请一些目标顾客在这个模拟的商场参观购物，来调查其销售效果。

实验法也可以在现场进行。它是在自然的市场环境中实施的，调查中通过有目的地控制某些营销因素，使局部环境有所调整，来了解这些因素对销售的影响程度。例如，在几个基本情况相同的连锁商场内以不同的价格出售同一种商品，以了解该商品价格对其销售量的影响。由于这种实验是在自然环境下实施的，其调查结果也比较接近实际。

3. 实验法与观察法的关系

两种方法都是在调查过程中，通过观察了解某些因素变化而导致调查对象（如销量）的变化。所不同的是，观察法不受任何条件限制，是在自然状态下进行的，可以从多方面来综合观察，所观察的结果是各种变量（因素）变化的综合结果，如了解消费者使用某种产品的情况，包括用途、使用条件、顾客在使用时遇到的困难、顾客的要求等；而实验法是通过人为的有意识的控制，从影响调查对象的若干因素中，选出一个或几个因素作为实验因素，在其余诸因素均不变的条件下，了解实验因素变化对调查对象的影响，并能获得这种影响的定性和定量的实验结果的方法，如了解消费者使用某种产品的情况，即了解在使用条件变化时对消费者的影响，而不包括用途等的变化。

5.3.2 实验法的调查程序

实验法的调查程序是先进行一项营销方法或营销手段的小规模实验，然后再用市场调查方法分析其大规模推广的可行性，最后再作决定。具体的实验程序是：

第一步，根据调查目的选择实验对象和实验环境。实验对象的选择可以是由实验人员据实验的目的、要求，有意识地选择有代表性的实验对象，也可以是随机抽取。实验环境可以是实验室内，也可以在现场。

第二步，进行正式实验，对某些因素进行激发或控制。例如，改变产品的包装，来观察产品销售量的变化。通过新旧包装引起的销售量变化来了解新包装的市场效果，为包装决策提供依据。其中的产品包装是需要进行变化的，而其他的因素如价格、周边环境的干扰等是需要进行控制的，防止其在实验中发生变化。

第三步，对实验资料进行分析研究，并对实验结果作出判断。对实验结果的检测要按照科学性、统一性、可重复性原则进行。

5.3.3 实验法的分类

1. 按具体方法的设计划分

（1）选两组条件相当的调查对象，一组作为实验组，另一组作为控制组。实验组按给定的条件进行实验，控制组则按通常的情况开展活动，用来同实验组进行对比，以观察实验结果。在其他主客观环境相同的条件下，两组结果的差异就是实验取得的效果。这种方式是将同一时间内不同实验单位，在给定的变化条件下得到的相应资料，作横向比较而得出调查结果。

（2）实验对象只有一组，只要改变选定的某个营销因素，通过对其他营销因素实验前和实验后的变化作纵向比较，来了解变化因素对其他营销因素的影响。

此外还可以将两种方式结合起来，同时进行纵向和横向的比较，来检测其实验结果。

2. 按实验的内容划分

（1）分割实验，用于了解不同的市场营销因素，如产品质量、式样、包装、商标、价格、分销渠道、促销方式等对产品销售的影响，也就是从影响产品销售的诸多因素中分割出一个或几个因素来实验。

（2）销售区域实验，是将同一产品放到不同地域销售，了解市场营销因素，如价格、包装不变的情况下，不同地域的销售效果的方式。

5.3.4 实验法的特点

1. 实验法的优点

（1）实验结果较客观、准确。实验法所得到的信息，能比较客观地反映实际情况。通过合理的实验设计，有效地控制实验环境，可以提高调查结果的精确度；通过相同条件下的反复实验，也能验证结果的可靠性。

（2）实验法方式比较灵活，可以有控制、有选择地分析某些市场变量之间是否存在着因果关系，以及这种因果关系之间的相互影响程度，如实验包装与销量、价格与销量等。

（3）实验具有主动性。实验过程中可以主动引起某些因素的变化，并通过控制其变化来获得相关的资料，而不是被动、消极地等待某些因素的变化。

2. 实验法的缺点

（1）市场的变化是由多种宏观和微观因素共同作用的结果，许多因素，如政治、文化、自然等因素是人工无法控制的，而竞争对手、消费者等微观因素也是较难驾驭的，所以实验法调查的结果不可能完全准确无误。

（2）在实验室或局部范围内进行的实验，由于各种条件的影响，未必适合大范围市场条件下的运行，因此实验的结论难以完全被推行或采用。

（3）实验的时间较长，成本偏高。时间过长有可能会丧失市场机会，成本也会增加，操作起来比其他方法也要复杂、困难一些。

5.3.5 实验法的注意事项

（1）要事先编写好实验计划（含实验的题目、目的、要求，实验所需的仪器、工具等）。

（2）做好组织工作（多以课题小组为单位），保证在规定的经费、时间内完成实验任务。

（3）做好实验前各种物质准备，包括检查实验时所需的仪器、设备、材料等。

（4）实验开始前，要指导实验人员明确实验的目的和要求；实验进行时，要做好现场的监督工作。

（5）为降低随机误差的影响，应保证实验对象的代表性，在可能的情况下应扩大实验范围或进行重复实验。

5.3.6 实验法的应用

（1）产品实验，主要是对产品的质量、性能、式样、包装等方面的情况做市场调查，通过不同的表现形式，来了解什么样的产品受市场的欢迎，为企业的各项决策提供参考。

（2）销售实验。产品在大规模投放市场之前，在有限的区域内选择有代表性的市场做实验，收集市场信息情报和测试消费者对产品的反应，可以是商店、集贸市场、物资交流会议、各种供求会等场合。

5.4 网络调查法

互联网的迅速发展已经改变了人们的生活方式和工作方式，并给很多行业带来了深刻的影响，也带来了新的发展机遇。作为一个交互性很高的工具，互联网同样为市场调查方法带来了重大的变革。

5.4.1 网络调查法的概念及作用

1. 网络调查法的概念

网络调查法是利用互联网将问卷在网上发布，征询访问者，并将各种反馈资料运用预先设定的程序进行数据处理的一种调查方法。这种方法的整个调查过程都通过计算机来完成。

网络调查法作为一种较新的方法，是由计算机辅助调查演进和升级而来的。这种方法因其特有的优点，深受调查者欢迎。

2. 网络调查的作用

（1）了解产品购买者的情况，有助于企业更好地理解并服务于消费者。很多公司的网站上都已经设定了一些常见的调查问题，当有访问者进入电子商店，通过网上购物的方式来访问公司站点时，往往需要填写一份包括个人性别、职业、兴趣、特长、收入等相关情况的资料，才能够获得所需的产品。通过这种方式，公司可以跟踪消费者，很方便地收集到消费者和潜在消费者的信息。

借助于这些信息，企业就可以获取消费者的基本资料，了解消费者对产品的意见以及建议，勾画出目标客户群体的整体结构，然后有针对性地开展营销活动。

（2）获得企业竞争者的情报，有针对性地调整经营策略。市场竞争是残酷的，只有抢先一步才能使企业立于不败之地。及时了解竞争对手的一举一动是不容忽视的，而互联网为企业及时调查提供了方便。

企业可以通过互联网进入竞争对手的站点，查询其面向公众的所有信息，如竞争对手的年度报告、产品信息、企业简讯、各种生产经营情况、企业决策者的个人简历以及公开招聘的职位等。通过分析这些信息，企业可以准确把握自身的优势和劣势，及时调整营销策略。

(3) 可以借助于互联网进行新产品测试。在当今这个富于创新的时代，用户需求的变化及消费观念的更新，促使企业要不断地创新，来适应这种多变的环境。为了进一步满足用户的需求，企业需要不断地推出新产品、新概念或者新的服务方式。为了准确地了解用户的需求，在新产品推向市场前，企业可以利用互联网，对新产品进行宣传与调查，了解消费者的各种意见和建议，改进、完善产品，使新产品获得广阔的市场前景。目前，已经有许多企业开始尝试这种方法。例如，利用网络高速、交互性的特点，将汽车的最新款式通过网络展示，并调查用户对性能、颜色等方面的需求，从而决定生产、销售以及开发的策略。

(4) 监控在线服务，为决策提供依据。企业站点的访问者能利用互联网上的一些软件程序得到在线服务，而企业则通过监控在线服务来观察访问者挑选和购买何种产品，以及他们在每个产品主页上耗费的时间。通过研究这些数据，就能分析出哪种产品是最受顾客欢迎的、产品在一天内的哪个时间段销售情况最好，以及何种产品在哪个地区销售数量最多。公司将统计分析出的销售评测结果整理形成的报告，可作为公司决策人员开展营销活动的参考。

5.4.2 网络调查的程序

网络调查的程序与其他调查方法的程序相比有所不同。其他调查方法只是问卷设计、样本确定、资料分析等用计算机进行，而正式调查是以面访、电话、邮寄等方式进行的。网络调查的程序则不同，它的整个调查过程都在连接互联网的计算机上进行。

具体程序是：先在计算机上确定调查题目并进行问卷设计，然后将问卷通过电子邮件的形式传递给被调查者，被调查者将问卷在计算机上填好后以同样的形式传递回来，最后调查者在计算机上进行整理分析并报告结果。整个过程如图 5-2 所示。

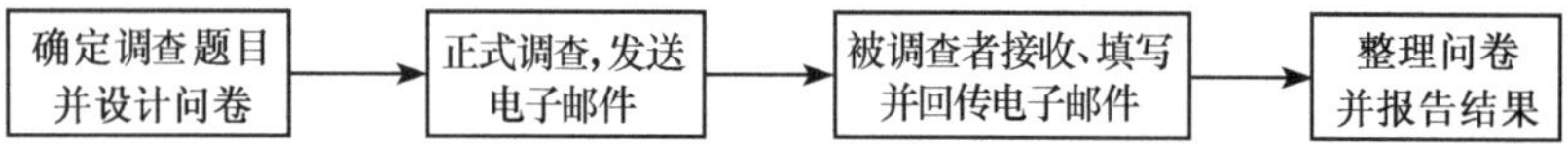

图 5-2 网络调查程序

5.4.3 网络调查的主要分类

1. 按照采用的调查方法划分

按照采用的调查方法不同可以划分为网上问卷调查法、网上实验法和网上观察法，常用的是网上问卷调查法，下面将详细介绍如何组织使用网上问卷进行调查。按照调查者组织调查样本的行为不同，网上问卷调查法可以分为主动调查法和被动调查法。主动调查法，即调查者主动地选择被调查者，实施有效的监控，完成统计调查的方法。被动调查法，即调查者将调查问卷设计好，发布在网上，等待被调查者的访问，由被调查者自行完成问卷的调查方法。被动调查法的出现是市场调查的一种新情况。

网上问卷调查法是将问卷在网上发布，被调查者通过互联网完成问卷调查。网上问卷调查一般有两种途径：

一种是将问卷放置在网站上，等待访问者访问时填写问卷，如中国互联网络信息中心（CNNIC）每半年进行一次的“中国互联网络发展状况调查”就是采用这种方式。这种方式的好处是填写者一般是对发布的问卷内容感兴趣的，但缺点是无法核对问卷填写者的真实情况以及无法纠正某些错误。为达到一定问卷数量，站点还必须进行适当宣传，以吸引大量访问者。

另一种是通过 E-mail、QQ 群、微信群等方式将问卷发送给被调查者，被调查者完成后将问卷通过 E-mail 返回。这种方式的好处是可以有选择性地控制被调查者，缺点是容易遭到被访问者的拒绝，有侵犯个人隐私之嫌。因此，用该方式时首先应争取被访问者的同意，或者估计被访问者不会反感，并向被访问者提供一定补偿，如有奖问答或赠送小件礼物，以降低被访问者的拒访率。

2. 按照网络调查采用的技术划分

（1）站点法。站点法是将调查问卷的 HTML 文件附加在一个或几个网络站点的 Web 页上，由浏览这些站点的网上用户在此 Web 页上回答调查问题的方法。站点法属于被动调查法，这是目前出现的网上调查的基本方法，也是网上调查的主要方法。

（2）电子邮件法。电子邮件法属于主动调查法，可以选择企业感兴趣的被调查者，同时也能在一定程度上控制样本的规模，提高调查的速度。其与传统邮件法相似，不同的是邮件传送的时效性大大地提高了。

（3）随机 IP 法。随机 IP 法是以产生一批随机 IP 地址作为抽样样本的调查方法。随机 IP 法属于主动调查法，其理论基础是随机抽样。利用该方法可以进行纯随机抽样，也可以依据一定的标志排队进行分层抽样和分群抽样。这种方法可以消除主观选择被调查者所导致的偏差。

（4）视听会议法。视听会议法是将分散在不同地域的被调查者，通过互联网视听会议功能虚拟地组织起来，主持人通过网络发布讨论的问题，被调查者在线讨论，最终取得调查资料的方法。这种调查方法属于主动调查法，其原理与传统调查法中的小组座谈法相似，不同之处是参与调查的被调查者不需被召集在指定地点，可以分散在任何可以连接互联网的地方，如家中、办公室等，因此，网上视听会议的组织比传统的小组座谈法简单得多。视听会议法适用于对关键问题的定性调查。

5.4.4 网络调查的特点

（1）网络调查大大缩短了调查时间，提高了调查的效率。网络调查法相对于传统的调查方法，省去了问卷印刷、访问人员入户、准备样品、布置场地、数据录入等许多过程，从时间上讲是各种方法中最快的。而且在被访者填写问卷的同时，计算机程序会及时汇总，在很短的时间内就能将被访者的问卷整理完毕，反馈给调查人员。

（2）可避免某些人为因素造成的误差。传统调查方法多由访问人员开展调查，而访问人员的主观见解或理解错误等，会使资料发生错误。而网络调查在访问过程及数据录入过程中均无需人员干预，避免了数据收集和处理过程中人为因素引起的误差。

（3）调查成本低。对调查人员而言，网络调查节省了问卷印刷、人工、场地、数据录入等费用，大大降低了运作成本。

(4) 易于收集数据。传统调查多在白天进行，且时间上不能太长，而网络调查中只要被访者访问公司站点，就可以随时随地完成问卷，休息时间也可以照常进行。

(5) 问卷的资料较全面。传统的面访可以出示一些卡片和照片，电话访问基本不可能出示任何辅助的提示性材料。而网络调查可以通过多媒体手段向被访者提供丰富的声音和图像信息，极大地提高了信息的丰富程度。

5.4.5 网络调查的注意事项

(1) 网络调查的问卷应重点突出，语言精练。访问者一般更乐于参加问题短小精悍的调查和意见测验。在网络上进行调查时，问的问题越多，访问者就越不愿意参与。因此，控制调查问卷中所含问题的数量是设计调查问卷的一个技巧。在不同行业中，调查问题的最佳数目各不相同。如何让调查行之有效，有赖于调查者从实际操作中不断总结经验与教训。

(2) 选择的调查内容要具有娱乐性和趣味性。即便是访问者熟悉的产品或内容，也要注意其娱乐性和趣味性，如将问题以游戏的方式提出，或以漫画的方式提出，并在回答有效的情况下，以某些鼓励的方式来引导访问者。

(3) 应提供适当的奖励来回报访问者。如果调查者能够提供一些奖品或者免费商品，会容易从访问者那里得到想要知道的信息，如姓名、住址和电子邮件地址等，这种策略被证明是有效可行的，或者用大量有价值的信息和免费使用软件来吸引访问者，也会得到有关个人的详细情况，从而使调查者提高调查的工作效率。

本章小结

本章介绍了市场调查中常用的四种方法，其中文案调查法主要收集的是第二手资料；实地调查法包括观察法、实验法，收集的是第一手资料；网络调查法既可以对第一手资料进行收集，又可以对第二手资料进行收集。

文案调查法是开展调查时的首选方法，主要特点是收集第二手资料，省时间、省费用，但要注意第二手资料的缺陷，应从资料的可获得性、时效性、可靠性、可比性等方面来衡量资料的价值，要不断总结经验，提高资料的可用性。

观察法是凭调查人员的直观感觉或是借助于某些仪器、设备来获得市场信息的市场调查方法，资料的主要特点是在自然状态中观察被调查者，所得资料都是真实流露，比较客观、全面，应用范围广泛。但这种调查方法成本较高，且资料反映的内容只能是表面性的，难以了解其发生的内在原因。

实验法与观察法特点相反，是在非自然状态下开展的市场调查活动。实验人员要将一些因素或条件进行人为的改变，仅了解有限的几个因素或条件对被调查者的影响。其突出的特点是可控制性和主动性，但比较占用时间且费用较高。

网络市场调查与其他市场调查的核心区别就在于充分利用互联网的特性展开市场调查，技术含量高，获得资料时间短、效率高。但因受技术影响、上网人数少等限制，调查对象有限，样本的代表性比较低。

案例

网络媒体社会责任调查问卷

社会责任是网络媒体不可推卸、不可逃避的责任，为了了解社会各界对网络媒体社会责任的看法和需求，使网络媒体更好地履行应承担的社会责任，完成其历史使命，请您协助完成以下问卷。感谢您的参与！

1. 您的年龄

（1）18岁以下　（2）18～24岁　（3）25～40岁

（4）41～60岁　（5）61岁以上

2. 您的性别

（1）男　（2）女

3. 您的学历

（1）高中及以下　（2）本科、专科　（3）硕士及以上

4. 您所在的地区

（1）中国　（2）海外

5. 您认为目前中国网络媒体是否承担了应承担的社会责任？

（1）已经承担　（2）基本承担　（3）基本没承担　（4）完全没有承担

6. 您认为中国网络媒体应通过何种方式向受众传达其社会责任意识？（可以多选）

（1）新闻信息　（2）公益性活动　（3）学术活动　（4）形象广告

（5）娱乐活动　（6）商业行为　（7）长期建立专门窗口　（8）其他

7. 您认为哪些方面中国网络媒体急需改善？（可以多选）

（1）语言不标准，简称过多　（2）网络语言低俗甚至污秽

（3）色情、暴力信息过多　（4）传播颓废消极思想

（5）有些信息真假难辨　（6）大量使用Flash技术

（7）千网一面，抄袭现象严重　（8）个人信息安全难以得到保障

（9）编辑水平低，导致内容浮浅　（10）广告过多干扰正常浏览　（11）其他

8. 目前中国网络媒体在承担社会责任方面存在的主要问题是什么？（可以多选）

（1）缺乏相关的规范、规定

（2）网络信息过于繁杂

（3）经济效益和社会效益没有很好地兼顾

（4）网络媒体所担负的社会责任不明晰

（5）社会舆论对网络媒体的监督力度低

（6）缺乏先进的管理理念

（7）从业人员素质低，缺乏专业的策划、采编队伍

（8）其他

9. 您认为中国网络媒体的经营行为，哪些方面难以接受？（可以多选）

（1）存在大量强迫阅读的网络广告

(2) 利用垃圾邮件营销

(3) 存在大量虚假信息

(4) 交易信息不可靠，网络信用体系未完善

(5) 一些付费项目存在色情、暴力倾向和内容

(6) 其他

10. 您认为中国网络媒体除了要遵守相关的法律法规外，还应该做好哪些方面的工作？(可以多选)

(1) 旗帜鲜明地维护国家的利益和形象

(2) 努力提高中国互联网的发展水平

(3) 促进中国网络媒体的可持续发展

(4) 建立、健全、遵守、维护中国网络媒体道德规范

(5) 加强中国网络文明建设

(6) 保护国家信息安全

(7) 加强对青少年的教育引导，弘扬中华文化

(8) 研发和使用自主知识产权的网络技术及相关应用技术

(9) 提高服务质量，拓展服务空间

(10) 进一步发展网络媒体特色

(11) 其他

11. 您认为中国网络媒体在支持公益事业方面，还应该做哪些方面的努力？(可以多选)

(1) 开展网上公益事业的宣传

(2) 加强相关问题的学术研究

(3) 促进社会弱势群体享受相应的公益援助

(4) 成立网上扶贫基金会，支持国家扶贫工程建设

(5) 提高网民对网络虚拟性的认识，对网络信息的判断进行教育和引导

(6) 开展网络爱心救助活动，关爱残障人士

(7) 其他

12. 您认为中国网络媒体今后要在哪些方面做出努力才能更好地承担相应的社会责任？(可以多选)

(1) 建立系统化的相关规范、准则

(2) 广泛宣传网络媒体的社会责任

(3) 号召全社会对网络媒体进行监督

(4) 经常进行全国性针对网络媒体社会责任的讨论

(5) 加强从业人员培训

(6) 建立对违规网络媒体及其行为的曝光和处罚机制

(7) 加强对网民的教育和引导，制订相关规定

(8) 加强对相关问题的学术研究

(9) 强化对青少年的教育引导，使青少年对网络信息进行有效的筛选

（10）建立和完善相关技术

（11）其他

案例思考：

1. 你参与过网络调查吗？有什么感受或看法？

2. 如果你来开展网络调查，谈谈你的设想吧。

能力提升

- **主要知识点：**文案调查、观察调查、实验调查和网络调查等方法的含义、技巧和运用。
- **本章重点：**调查方法的掌握。
- **本章难点：**调查方法与技巧的运用。
- **重要概念：**文案调查法、观察法、实验法和网络调查法。
- **动手操练：**真调查、收问卷，按照本章所编调查方案和问卷进行实地调查，每人成功取得有效调查问卷不少于3份。

第6章　市场调查数据处理

数据分析也需要有创意?

本章要点

1. 掌握市场调查资料审核的内容与整理的步骤。
2. 了解市场调查数据处理的含义与步骤。
3. 掌握市场调查数据分析的基本方法。

6.1　市场调查资料的审核与整理

市场调查实施阶段所获得的原始资料，还只是粗糙的、表面的和零碎的东西，需要经过审核和整理加工，才能进而进行分析研究并得出科学的结论。因此，市场调查资料的审核和整理工作是市场调查过程中的一个必不可少的环节。

6.1.1　市场调查资料审核

1. 市场调查资料审核的含义和意义

市场调查资料审核是对市场调查获取的各种资料（原始资料和整理资料）进行审查和核实。市场调查资料审核对获取有效的有价值的信息具有重要意义。

（1）大型市场调查的调查项目多、数字多、信息量大，为了保证信息前后一致，不出现逻辑的、登记的、计算的错误，十分有必要进行资料的审核，贯彻信息的一致性、客观性和有效性原则。

（2）在资料整理之前进行市场调查资料审核，可以提高工作效率，避免重复劳动。如果信息资料不经过审核而直接进行资料整理，一旦发现错误信息，前面所做的信息整理工作将前功尽弃，既费时费力增加成本，又不利于正确信息的及时补充。

（3）有利于提高信息资料的质量。在汇总整理之前就已经进行了审核，检查无误，对错误的信息已经作了恰当的修正，那么在此基础上进行的汇总信息，只要汇总质量可以保证，则最终的信息资料质量是可以保证的。

2. 市场调查资料审核的内容

（1）完整性审核。审核市场调查资料的完整性就是检查应报送的单位有无遗漏，报送的资料是否齐全，如果有遗漏，应及时查明原因加以补报。只有掌握被调查现象全面的而不是残缺不全或被歪曲的资料，才能对现象进行科学的预测。

（2）准确性审核。对市场调查资料的审核要首先审核它的准确性。审核的方法分为逻辑审核和计算检查。逻辑审核就是检查市场调查资料内容是否合理，各个项目之间有无相互矛盾的地方。计算检查就是检查调查表中各项数字在计算方法和计算结果上是否有误，数字的计量单位有无与规定不符的地方等。

(3) 及时性审核。审核市场调查资料的及时性就是检查各种市场调查资料，是否按规定及时提供。如果迟报，应对迟报的原因进行分析，并提出改进意见，以求做到各单位按时或提前上报，提高市场调查资料的质量。

(4) 协调性审核。对市场调查资料进行协调性审核就是要检查各种调查资料或各部分调查资料之间，是否连贯、是否一致、是否对立、是否有明显的差异，如果有不连贯、不一致、对立或有明显差异，则要弄清楚是实际情况还是什么原因引起的，以保证调查质量。

3. 市场调查资料审核的方法

(1) 逻辑审核，就是检查市场调查资料内容是否合理，各个项目之间有无相互矛盾的地方。像“年龄 20 岁而工龄已经 5 年”就属于明显的逻辑错误，要弄清情况，核准后予以纠正。

(2) 计算审核，就是检查调查表中各项数字在计算方法和计算结果上是否有误，数字的计量单位有无与规定不符的地方等。如其中数一般要小于或等于合计数，横行相加与纵列之和应相等或相吻合，否则就属于计算错误，应重新计算。

(3) 抽样审核，就是从全部调查资料中抽取一部分资料进行质量检验，用以推断全部调查资料的准确程度，并修正调查结果的方法。

4. 市场调查资料审核时应注意的问题

(1) 开始时间。资料审核应贯穿整个调查过程，做到边调查边审核，以防全部调查完才发现问题全部返工。

(2) 审查准确性。准确性是信息资料的生命线，是调查质量的体现，也是资料审核的重点。在实际审核时，无论是数字、计量单位，还是内容，都要严把质量关。

(3) 实际调查中再审核。审核中发现的问题，应及时反馈给调查人员，及时作相应的调整，以便在实际调查中再次审核，避免同类错误的发生。

(4) 处理好既要凭借经验，又要注重调查资料本身所反映市场现象的特征，不要有主观片面性。

6.1.2 市场调查资料整理

1. 市场调查资料整理的含义和意义

市场调查资料整理是运用科学方法，对调查所得的各种原始资料进行审查、检验和初步加工综合，使之系统化和条理化，从而以集中、简明的方式，反映调查对象总体情况的工作过程。

从市场调查中获得的原始资料都是一个一个的样本个体的特征，如对某个问题的看法、感觉等。各个样本所反映的是事物的表面现象，如果不通过归类、整理就说明不了事物的内在联系和规律性的东西。此外所收集的资料可能有一些虚假、差错、短缺、冗余等现象，所以要对这些原始的资料进行加工，才能保证资料的真实、准确和完整。

2. 市场调查资料整理的内容和步骤

1）市场调查资料整理的内容

该部分包括对资料处理与资料管理两方面的内容。

2）市场调查资料整理的步骤

（1）设计市场调查资料整理的方案，包括确定具体的分组、汇总指标、综合统计表，选择资料汇总的方式，确定资料审核的内容和方法，确定与历史资料衔接的方法和组织工作、时间进度的具体安排等内容。

（2）市场调查资料的审核，即对获取的各种资料进行核实与校对。二手资料侧重于来源、出处与真实性的审核，原始资料侧重于逻辑性、客观性、数字的准确性等方面的审核。

（3）市场调查资料的分组与汇总，即通过分组与汇总，使分散的、零星的、无规律的资料变成系统的、有规律的资料，以便可以清楚地说明问题。

（4）编表与绘图，即使枯燥的信息数据变得形象、生动，便于对比分析和理解。

（5）资料的系统积累，即把信息进行入库或建立数据库的处理，便于今后历史性的分析问题、掌握规律，对现象把握得更透彻。

6.2 市场调查数据的处理

6.2.1 数据处理的含义和步骤

1. 数据处理的含义

数据处理是指资料的分组、汇总和编表、绘图等工作。未经过处理的资料通常是分散的、零星的、无规律的资料，经过分组、汇总、编表与绘图等加工处理，可以使无味的、无生命力的信息变成系统的、有规律的资料，从而可以清楚地说明问题，使枯燥的信息数据变得形象、生动，更有利于对比分析和理解。

2. 数据处理的步骤

（1）资料的审核和整理，即检查数据是否符合逻辑性、是否出现登记误差、是否有漏登和错登、是否存在计算误差。

（2）缺失数据的处理，即对有毛病的数据采取弥补措施，进行恰当的技术处理。

（3）数据的编码和录入，即将计算机无法识别的信息变成计算机可以识别的信息加以输入和处理。

（4）数据的显示（包括制表和制图），即将已处理的信息以清晰、明了、生动的方式表达出来。

6.2.2 缺失数据的清理

缺失数据是指由于被调查者没有给出明确的答案或调查人员没有记录下被调查者的答案而造成的缺省数据。

1. 缺省数据类型

缺省数据不能与无效数据等同起来，一般有几种情况会产生缺省数据：①被调查者不知道问题的答案；②被调查者拒绝回答有关问题；③被调查者答非所问；④访问人员疏忽漏问问题，因此被调查者没有回答。

对于有缺省数据的资料，如果简单将此样本剔除，那么样本数会越来越少，最后的结果是：

（1）使样本估计的精确度降低，统计检验说服力差。

（2）如果被调查者有明显特征差异，那么得到的结果产生的偏差很大。总体来说，如果分析的变量很多时，简单将缺省值剔除的结果是其样本的代表性不显著，误差过大，造成的后果是很严重的。

2. 处理缺省数据的方法

常用的处理缺省数据的方法是填充法。其理由有二：一是能保留下所收集的缺省问卷的其他信息资料；二是避免了非随机性引起的偏差。填充法有以下几种形式：

（1）均值法，指用样本中某回答项目的相关数据计算平均值得到的数据填充缺省值。

（2）均值加上随机项。此随机项是从残差的分布中获得的。

（3）从回归模型中得到预测值作为缺省数据。

（4）从回归模型中得到预测值加上随机项作为缺省数据。

6.2.3 数据的编码和录入

1. 数据编码

编码是指把原始的资料转化成为符号或数字的资料简化过程，通过编码将资料输入计算机，简单、有效。同时，编码是统计计算和结果的解释基础。原始信息一般可分为两类，即数字信息和文字信息。数字信息可以直接录入计算，文字信息则根据分组情况进行编码，即将文字转化成数字信息。例如，一般将男用 01 代替，女用 02 代替。

可依据编码过程发生在调查实施之前或之后分为事前编码和事后编码。事前编码是指在编写问卷题目时就给予每一个变量和可能答案一个符号或数字代码；事后编码，则是指调查人员在调查已经实施，问卷已经作答之后，给予每一个变量和可能答案一个符号或数字代码。通常封闭性问题的调查研究采用事前编码，而开放性问题由于事先不知道有多少可能的答案，因此常常采用事后编码。

1）定义变量

规定变量名称。一份调查问卷通常包含若干问题或变量。为了统计处理方便，在数据输入计算机之前，必须先给每一个问题或变量规定一个变量名称。在定义变量名称时，可以直接用英文单词、英文的第一个字母或前几个字母来命名，如性别用“Sex”，年龄用“Age”，文化程度用“Edu”等来定义，同时还要考虑所用的统计软件的一些规定，如 SPSS 软件定义的有效变量名，有以下规则。

（1）名字必须以字母开头。其他字符可以是任何字母，数字，或@、#、--、$ 等符号。

（2）变量名不能以点号结束。

（3）尽量避免以下划结束的变量名（以避免与其他过程自动产生的变量相混淆）。

(4) 不能用空格和特殊字符（如!,?,‘和 * ）。

(5) 名字长度不得超过 8 个字符。

(6) 每一个变量名必须是唯一的，不允许重复。

(7) 变量名不区分大、小写，如在 SPSS 中 NEWVAR、Newvar 或 newvar 是一样的。

(8) 不能使用以下保留关键字：ALL、NE、EQ、TO、LE、LT、BY、OR、GT、AND、NOT、GE、WITH。

2) 规定量表值

量表值依据数据的类型可以用字符串或数字来表示。例如，根据 SPSS 提供的集中变量类型——numeric，comma，dot，scientific，notion，data，currency，string 等来表示。量表值用数字表示问题的各种答案比较方便。

例如："您的性别……"

答案：男（ ）　　女（ ）

对此，一般把"男性"定义为"1"；把"女性"定义为"2"。

又如："您在选购空调时考虑的主要因素是什么?"

答案：价格便宜（ ）外形美观（ ）维修方便（ ）名牌（ ）经久耐用（ ）
噪声小（ ）制冷强（ ）其他（ ）　　（请按重要程度全部进行排序）

像这样的量度，可以直接按答案的顺序分别规定为 1、2、3 等，即将"价格便宜"规定为"1"，将"外形美观"规定为"2"，将"维修方便"规定为"3"，将"名牌"规定为"4"，将"经久耐用"规定为"5"……将"其他"规定为"8"。

3) 编写编码对照表

当所有变量和量表值都规定清楚之后，编码人员要编写一本编码对照表，说明各英文字母、数字的意思，因为在市场调查研究中，通常都有大量变量名称及数字。如果不制作一本手册，调查人员则很可能会将它们所代表的含义忘记，查阅起来就不方便。编码对照表一般具有三个功能：①录入人员可根据编码对照表说明来录入数据；②调查人员或计算机程序员可根据编码对照表拟统计分析程序；③调查人员阅读统计分析结果时，不清楚各种代码的意义，可以从编码对照表中查阅。

问卷编码对照表可参照表 6-1 来制订。从表 6-1 可以看出，编码对照表一般包括七项内容：变量序号、变量含义、相应问卷题号、变量名称、是否跳答、数据宽度、数据说明。另外在各种统计软件中一般可以用变量标志，即用标签简单的表明变量特征，这也可以作为编码查阅的参考。

表 6-1　问卷编码对照表

变量序号	变量含义	相应问卷题号	变量名称	是否跳答	数据宽度	数据说明
1						
2						

4) 编码过程的注意事项

(1) 合理性。编码要充分反映变量之间的内在逻辑联系。例如，统计分析时需要分析不同调查地区的差别，那么在编码时，要将不同地区用不同的变量定义。地区的变量名称可以用“seg”表示，地区的量表值用数字1、2、3等表示。在编码时尽量地使地理位置接近的地区的码值接近。例如，东北三省的码值应该接近，以反映三省地理位置接近这一事实。犹如年龄分组编码可以如表6-2所示。编码应坚持如下原则：能用自然数尽量不用小数；能用正数尽量不用负数；能用绝对值小的数尽量用绝对值小的数；可用一位代码表示清楚的绝不用两位。

表6-2 年龄分组编码参考表

组别	18～27岁	28～37岁	38～47岁	48～57岁	58岁以上
编码	1	2	3	4	5

不同码值不能表示相同内容，不同类型的调查项目其码值也应不同，否则就会引起混淆，发错信号。

(2) 经济性。许多市场调查项目可借用现成编码，如在全国性调查中，各省、市、自治区的常见编码就有邮政编码、长途电话区码、国际地区编码、汽车车号等，可借用这些现成编码，以节省精力与时间。

(3) 开放性问题的编码。对于开放性问题的编码，编码人员首先要将被调查者的答案浏览一遍，列出所有的可能答案，然后定义这些答案的变量名称和量表值，再对每一个回答进行分类。例如，“您为什么在今后两年内不想购置燃气式热水器”？这个问题属于开放性问题。假设有8个被调查者，回答的内容可能也都不同。

A. 它们体积都较大，在我的厨房里无法安装。

B. 我可以在工作单位洗澡，没有必要买。

C. 它们在外观上不太好看。

D. 它们的颜色不太好看，并且比较贵。

E. 我听说使用起来不安全，常常发生事故。

F. 购买后安装和维修都很困难，还是不买了。

G. 国产热水器使用不方便。

H. 我对这个不太了解。

可以想象，若对100个人询问，可能会得到100种答案！如果不进行归类处理，那么就不容易进行分析。所以可以将一些意思相近的答案归到某一类中去，从而分析不买的主要原因。例如，将上例的答案分为5个类别，如表6-3所示。

表6-3 答案类别表

码别	答案类别	实际答案
1	产品设计上的原因	
2	产品价格上的原因	
3	产品使用上的原因	
4	产品需求上的原因	
5	不知道（无回答）	

还要注意的是如果样本量很大时，可以从全部资料中随机抽取20%来确定答案类别，但答案类别不宜过多，因为答案类别过多会将研究对象在该项目上的本质特征被掩盖，并且一些类别上的回答比率小于5%，对分析没有太大的意义。

2. 数据录入

数据录入（data entry）是指将编码后的资料输入到计算机内存储起来，以便由计算机进行分类和汇总。

目前，我国大多数日常调查的调查数据是键盘录入，即由计算机程序员通过计算机终端直接把原始数据录入统计软件的数据库。以SPSS为例，数据录入包括以下几个步骤。

1）录入变量

SPSS软件的数据格式如表6-1所示，横行表示样本录入顺序，序号1、2、3等由计算机自动生成。纵列表示变量，变量的名称由使用者自己规定，一旦录入数据，计算机就自动生成Var0001、Var0002、Var0003等。在录入变量时，可根据SPSS软件的提示，分别定义数据的类型、数据的宽度及小数点之后数字的位数等。

2）数据录入

在录入变量后将问卷资料一份一份地录入到相应的表栏中，一般使问卷的编号与计算机自动生成的序号相同以便于今后审核、查找。在数据录入时，有时输入的数据跟设定的数据宽度或类型不符，计算机会出现提示符号“*”，这样一来，录入人员就要及时加以纠正。

3）对数据质量审核

在数据分析前，还要先检查数据录入的准确性，以免今后返工浪费人力、物力和财力。数据录入可能出现的错误包括以下两方面。

（1）录入的选项在回答项目中根本就找不到。比如，人口性别，编码只有01和02，即男性编码是01，女性编码是02，其他都是无效的。

（2）回答内容不真实。检查错误的方法，一种是进行数据的二次录入，然后将两次录入的结果加以比较，对不同数据的原始问卷资料进行核对。但这种方法比较费时、费力；另一种方法是逻辑查错，即先对一些变量进行频次、频率的分析，根据分析结果来判断是否存在错误。这种方法只能查出不符合逻辑的错误，无法判断符合逻辑的错误，而且该方法只能对一些变量进行检查，难以对所有变量都作检查。

6.3 市场调查数据的分析

6.3.1 数据的分组分析

1. 分组的作用

1）区分社会经济现象的类型

社会经济现象之间存在本质差异，这些差异构成了不同的类型，我们可通过将这些不同类型的社会经济现象的数量进行分析，来发现社会经济发展的规律。例如，很多软件公司为了销售他们档次比较高的产品，在调查客户的特征时，常问到客户所在的企业的性质是民营、国营，还是三资？

2）研究社会现象之间的依存关系

一切社会现象都不是孤立的，而是相互联系、相互制约的，通过分组就能将现象之间的这种依存关系反映出来。比如，分析使用过家用电脑软件的学生和没有使用过的学生对使用家用电脑软件能否提高学习成绩的看法。

3）反映事物内部结构及比例关系

将数据分组一方面可以明显看出各组中频（次）数的分布情况，从而对调查对象的结构情况有一个大体的了解；另一方面，科学的分组方法，还可以使许多普通分组显示不出来的结论得以显现。

2. 分组的步骤

1）按标志特征分组

按标志特征分组可以分为品质标志和数量标志。品质标志分组，是指按反映事物属性的标志分组，如按性别、按职业等分组都属于品质分组。数量标志分组，是指按照某一标志的不同数量，将总体单位划分为若干组，如收入、人口、年龄、企业规模等。

按品质标志来分组比较容易划分，按数量标志来分组就要仔细考虑所分的组能否揭示出某种经济规律，并且要确定分组界限。例如，为了反映出家庭收入情况，进行家庭收入的分组（表 6-4）。

表 6-4 收入分组表

每户收入/美元	户数	每户收入/美元	户数
<500	110	1000～1499	600
500～999	450	≥1500	358

我们不能从以上分组说明收入越高那么这个家庭就越富裕，因为收入高的家庭可能家庭人口也多，所以在分组时，应该考虑平均每户每人的收入水平。平均每户每人的收入越高才能说明其家庭越富裕。

2）确定分组界限

分组界限，是指组与组之间划分的界限。它包括以下几个因素：组数、组距、组限、组中值的确定。组数是分组的数量。组距是各个组中最大值和最小值之间的差额，组距相等的叫等距分组，组距不等的，叫不等距分组。组限是指组距的两个端点值，每组的最小值为组的下限，每组的最大值为组的上限。只有上限没有下限或者只有下限没有上限的组叫开口组，具有上限和下限的组叫闭口组。组中值是上限和下限之间的中点数值，其计算方法为

闭口组的组中值：

$$组中值=\frac{上限+下限}{2}$$

开口组的组中值：

$$只有上限，没有下限的组中值=上限-\frac{相邻组的组距}{2}$$

$$只有下限，没有上限的组中值=下限+\frac{相邻组的组距}{2}$$

3）按数量标志分组应注意的事项

（1）按某一标志进行分组，不要遗漏任何原始资料所提供的数据。

（2）组距尽可能取整数，不要取小数。

（3）各组的组距尽可能相等，即尽可能多用等距分组，少用不等距分组。

（4）问卷中回答项目本身就已经分组的，做表格时就可按其分组进行排列。

（5）对某一具体数字，而非区间范围的，应设计出分组，使其在分组的间隔中。

（6）使用的组距要使最常出现的答案在中间。

（7）分组间隔应是互相排斥的。

4）按品质标志进行分组应注意的事项

（1）分组应有利于相互比较。

（2）在分组时，答案应是简洁和互斥的，每个答案只能放在一个间隔里。

分组应包括所有的答案，如果有的答案没有适合的分组，应放在分组的“其他”项中。

6.3.2 数据的集中趋势分析

一般来说，总体中所有单位的次数分布有集中趋势和离中趋势之分。

数据集中趋势的测定包括平均数、众数和中位数。数据集中趋势，指次数分布趋向集中于一个分布的中心。其表现是次数分布中心附近的变量值的次数较多，而相距次数分布中心较远的变量值，其次数较少。比如，某项对 236 名消费者进行的月均生活消费开支额调查所得到的数据经整理后，如表 6-5 所示。

表 6-5 月均生活费开支额统计表

月均生活费开支（变量值）/美元	消费者数（次数）/人	各组人数比重（频率）/%
100～150	11	4.67
151～200	20	8.48
201～250	37	15.68
251～300	46	19.49
301～350	52	22.20
351～400	42	17.80
401～450	21	8.90
451～500	7	2.97
合计	236	100.00

以上资料显示，月均生活费开支额在 301～350 美元附近各组的消费者人数较多，即这里是次数分布的中心区域，从整个次数分布状况来看，次数集中趋向于变量值为 301～350 美元这个组。

显然，集中趋向数据的特征是，总体中各单位的次数分布既有差异性，又有趋中性。它反映了社会经济现象的特性，即社会经济现象总体数量特征存在着差异性，但客观上存在着一个具有实际经济意义的能够反映总体中各单位数量的一般水平的数值。概括技术就是找出这一数值所采用的方法。

最常用的反映总体中各单位数量的一般水平的数值有众数、中位数和平均数三种。

1. 众数

众数是总体中各单位在某一标志上出现次数最多的变量值。比如，某项对大学生去电影院观看电影次数的调查所得的资料显示，大多数大学生每月观看电影 4 次。这一数字即是众数。所以，确定众数的方法比较容易。

2. 中位数

中位数是总体中各单位按其在某一标志上数值的大小顺序排列时，居于中间位置的变量值。比如，某项对消费者去百货公司购物次数的调查，对 15 个消费者的调查结果按顺序排列是：0，0，0，0，1，1，1，1，1，2，2，2，3，7，9。则中位数是 1。

中位数的计算方法不难，首先，应对未经分组的资料按各个标志值的大小顺序排列，然后再根据如下公式确定中位数的位置：

$$\text{中位数位置}=\frac{n+1}{2}$$

式中，n 为标志值的项数。如果 n 为奇数，取数列中间一项为中位数。如 n 为偶数，则取数列中间两项的算术平均值为中位数。

3. 平均数

平均数（平均指标）是总体中各单位数值之和除以标志值项数得到的数值。比如，上例中 15 个消费者去百货公司购物的次数总和为 30 次，其平均数为 2 次。

平均数的具体计算方法有简单算术平均数、加权算术平均值、调和平均数、几何平均数等多种。

6.3.3 数据的离中程度分析

数据的离中趋势是指次数分布呈集中趋势的状态下同时存在的偏离次数分布中心的趋势。例如，消费者月均消费开支额为 100～500 美元，尽管大多数消费者的开支额为 250～400 美元，但也有少数消费者的开支额偏高或偏低，而使次数分布呈离中趋势。

在市场调查、预测过程中，除了需对集中趋势进行概括，以反映事物的一般水平外，也要对离中趋势进行概括，以反映各单位标志值之间的差异程度，从而更全面深刻地认识事物的特征。

离中趋势通常由全距、平均差、平均差系数、标准差、标准差系数等反映。

1. 全距

全距是所有标志值中最大值与最小值之差，即

$$\text{全距}=\text{最大标志值}-\text{最小标志值}$$

由全距的计算方法可知，全距只受最大值和最小值的影响。如果因特殊原因出现特

别大或特别小的数值时，全距就不能确切反映标志值真实的差异程度，可见它只是一个较粗略的测量离中趋势的指标。在实际应用中，当经济现象的离散程度比较稳定时，可以使用这一指标。

2. 平均差

平均差，即平均离差，它是离差数值的总和除以离差的项数的结果。计算公式为

$$平均差=\frac{\sum(x-\bar{x})}{n}$$

式中，$x-\bar{x}$ 代表离差，即每一个标志值（x）与平均指标（$\bar{x}$）之间的差数；n 为离差的项数。由于平均指标处于各标志值的中点，正离差之和与负离差之和正好相等，它们相加的结果为零，因而无法计算离差的平均数。其解决办法是将所有的离差作绝对值处理，这样，平均差的计算公式为

$$平均差=\frac{\sum|(x-\bar{x})|}{n}$$

平均差数值的意义在于，平均差越大，则表示用众数、中位数、平均数等测算的数值的代表性越小；反之，平均差越小，平均数等的代表性越大。

3. 平均差系数

平均差系数是将平均差除以相应的平均指标得到的数值。计算公式为

$$平均差系数=\frac{A \cdot D}{\bar{x}}\times 100\%$$

式中，$A \cdot D$ 表示平均差；$\bar{x}$ 为平均指标。

平均差是各个标志值与总体平均指标的平均差额，它同时受到标志值的差异程度和总体平均指标两种因素的共同影响。因此，当对比两个总体的差异程度时，如果它们的平均指标水平不同，就不能简单地将两个平均差进行对比。此外，因为平均差具有与平均指标相同的计量单位，所以，不同现象即计量单位不同的总体的平均差也不能直接比较。平均差系数是一个相对数，它解决了上述平均差的局限性，从而能用以比较平均指标水平不同或经济现象不同的总体的标志差异程度。

例如，A、B 两组各含两个企业最近 5 年每年 6 月份的销售收入资料（单位：万美元）

A 组：161、163、165、167、169；

B 组：73、74、75、76、77。

平均差和平均差系数计算结果，如表 6-6 所示。

表 6-6 平均差和平均差系数表

企业	平均销售收入 $\bar{x}$/万美元	平均差 $A \cdot D$/万美元	平均差系数 $\frac{A \cdot D}{\bar{x}}$/%
A 组	165	2.4	1.45
B 组	75	1.2	1.6

从表 6-6 可知，如两组的平均差相比，A 组的平均差比 B 组大，但平均差系数相比时，结果正好相反。正确的结论应该是 A 组的平均差系数较小，说明 A 组中各企业之间销售收入的差异程度较小，因而 A 组平均指标的代表性较大。

4. 标准差

标准差是各个离差平方的算术平均数的平方根，亦称均方根或均方差，计算公式为

$$\delta=\sqrt{\frac{\sum(x-\overline{x})^2}{n}}$$

式中，δ 为标准差；$x-\overline{x}$ 为离差；n 为离差项数。

计算标准差的基本原理及其含义与平均差相同。它用离差进行平方以消除正负号。下面，我们以一个例子来说明平均差和标准差的计算方法及其所代表的含义。

假设，A、B 两组各包括 8 个消费者的年消费支出资料（单位：美元）

A 组：2 600、2 900、3 300、3 700、4 100、4 400、4 900、5 300；

B 组：3 500、3 600、3 700、3 800、4 000、4 100、4 200、4 300。

平均差和标准差的计算，如表 6-7 所示。

表 6-7 平均差和标准差计算表

组别	A 组				B 组			
变量	年消费支出 x /美元	离差 $x-\overline{x}$	离差绝对值 $\lvert x-\overline{x}\rvert$	离差平方 $(x-\overline{x})^2$	年消费支出 x /美元	离差 $x-\overline{x}$	离差绝对值 $\lvert x-\overline{x}\rvert$	离差平方 $(x-\overline{x})^2$
数值	2 600	−1 300	1 300	1 690 000	3 500	−400	400	160 000
	2 900	−1 000	1 000	1 000 000	3 600	−300	300	90 000
	3 300	−600	600	360 000	3 700	−200	200	40 000
	3 700	−200	200	40 000	3 800	−100	100	10 000
	4 100	200	200	40 000	4 000	100	100	10 000
	4 400	500	500	250 000	4 100	200	200	40 000
	4 900	1 000	1 000	1 000 000	4 200	300	300	90 000
	5 300	1 400	1 400	1 960 000	4 300	400	400	160 000
合计	31 200	0	6 200	6 340 000	31 200	0	2 000	600 000

因为 A、B 两组平均指标均为 3900 美元，且计量单位相同，所以可将两组比较。

A 组的平均差为 $A\cdot D=\frac{6200}{8}=775$（美元）

B 组的平均差为 $A\cdot D=\frac{2000}{8}=250$（美元）

计算结果表明，A 组的平均差比 B 组大，因此，A 组的平均指标 3900 美元的代表性比 B 组小，这可以从表 6-6 中直观地看到。

再计算各组的标准差。

A 组： $\delta=\sqrt{\frac{\sum(x-\overline{x})^2}{n}}=\sqrt{\frac{6\ 340\ 000}{8}}=\sqrt{792\ 500}=890$（美元）

B组：$$\delta=\sqrt{\frac{600\ 000}{8}}=\sqrt{75\ 000}=274\ (\text{美元})$$

显然，计算结果也是A组的标准差比B组大，说明A组的平均指标的代表性比B组小。

5. 标准差系数

标准差系数是标准差与相应的平均指标对比而得出的相对数值。计算公式为

$$V_{\delta}=\frac{\delta}{\bar{x}}\times 100\%$$

式中，V_{δ} 为标准差系数；δ 为标准差；$\bar{x}$ 为平均指标。

与平均差一样，标准差也是反映标志值差异程度的绝对指标，它受标志值的差异程度和平均指标两个因素影响。标志值平均水平不同，或不同现象即计量单位不同的总体的标准差，是不能直接比较的。标准差系数与平均差系数相似，能直接用于比较。下面仍以计算平均差系数的例子来计算标准差系数，如表6-8所示。

表6-8 标准差系数计算表

企业	平均销售收入 $\bar{x}$/万美元	标准差 δ/万美元	标准差系数 $V_{\delta}=\frac{\delta}{\bar{x}}$/%
A组	165	2.83	1.72
B组	75	1.41	1.88

由表6-8可见，A组的标准差大于B组，但两个组的平均指标不同，不能将二者直接比较，不能得出A组的平均销售收入的代表性比B组小的结论，故而只能以标准差系数来作比较。由表6-8可知A组的标准差系数小于B组，从而说明A组平均销售收入的代表性比B组大。

6.3.4 数据的相对程度分析

数据的相对程度分析就是利用相对指标说明现象的水平、速度和变化情况。相对指标就是把两个有联系的指标，用分式的形式加以比较。用来比较的指标作为分式的子项，被比较的指标作为分式的母项，计算出的比值，一般都用百分数（%）或系数、倍数表示，个别种类的相对指标的比值用名数表示。

根据数据的特点，按照不同目的对比统计指标，会产生不同种类的相对指标。

1. 计划完成相对指标

在我国，整个国民经济和各地区、各部门以至各企业，都要制订各种计划，以保证经济和文化建设有计划地进行。为了检查计划的执行情况，反映计划执行的结果，需要以计划为标准，确定计划的完成程度。

计划完成相对指标，就是以计划作为基准，将实际完成数与计划规定数相比较，来确定计划的完成程度，通常用百分数表示，计算公式为

$$\text{计划完成相对指标}=\frac{\text{实际完成数}}{\text{计划规定数}}\times 100\%$$

计划完成相对指标，必须保持分式上下项的一致性。

2. 结构相对指标

一个总体通常由若干部分组成。为了观察与分析总体内部的构成及其变化，要在总体分组的基础上，计算结构相对指标。

结构相对指标是总体内某一组与总体之比，即部分与全体之比，通常用百分数表示，也可以用系数表示，计算公式为

$$结构相对指标=\frac{总体内某组总量}{总体全部总量}\times 100\%$$

结构相对指标可以是某组总体单位数与全部总体单位数之比，也可以是某组标志总量与总体标志总量之比，都表明总体内某类现象所占的比重。但不管是哪一种表现形式，结构相对指标的子项数值，必须同时包括在母项数值之中，如果违背这一原则，就不能说明总体结构及其变化量。也正因为如此，各组结构相对指标之和一定要等于100%（用百分数表示）或1（用系数表示）。

3. 比较相对指标

比较相对指标是不同空间或不同类型的两个同类指标之比，可以是两个总量指标相比，也可以是两个相对指标或两个平均指标相比，一般都以百分数或系数表示。

一种比较相对指标所对比的是同一性质不同空间的两个指标，可以是两个企业、两个地区，也可以是两个国家。通过这种对比，可以说明某种现象在不同空间发展的不平衡性，反映先进和落后的差距或两国经济发展上的差距。另一种比较相对指标所对比的是同一性质不同类型的两个指标，可以说明用来对比的两个部分之间的比例或对比关系，以分析事物的性质和特征。比如，用同一时期的工业总产值和农业总产值对比，说明工农业的比例关系；用总人口中的男性人数与女性人数相比，说明一定条件下某一人口总体下性别比例的特征。

4. 强度相对指标

强度相对指标是有密切联系的两种性质不同的总量值之比。例如，按人口分摊的钢产量（吨/人）＝全国钢产量/全国人口数，就是一个强度相对指标，它表明一国钢的产量，相对于人口总数来说，发展到什么程度。

强度相对指标具有两个作用：第一，它比总量指标能更确切地反映经济和文化的发展水平，因而广泛地用于空间对比，特别是在两国之间作对比分析；第二，强度相对指标表明相互联系的两种总量之间的数量关系，所以经常用于指标的推算和匡算。

5. 动态相对指标

速度指标是一种动态相对指标，平均发展速度与平均增减速度是对这种动态相对指标的动态平均数，在统计的动态研究中具有十分重要的作用。

几何平均法是计算平均发展速度最常用、最基本的方法。这是因为，现象在一段较长时期发展的总速度（定基发展速度），通常是其中各个时期发展速度（环比发展速度）的连乘积，而不是它们的和，因此，计算平均发展速度，不能用算术平均数，而要用几何平均数。

用几何平均法计算平均发展速度的第一个公式为

$$\bar{x}=\sqrt[n]{x_1 \cdot x_2 \cdot x_3 \cdots}=\sqrt[n]{\prod x}$$

式中，$\bar{x}$ 代表平均发展速度；x 代表各期环比发展速度；n 为环比发展速度指标的项数；Π 为连乘符号。如果以 a 代表现象在各时期的发展水平，按环比发展速度的计算方法，则有

$$x_1=\frac{a_1}{a_0},\quad x_2=\frac{a_2}{a_1},\quad x_3=\frac{a_3}{a_2},\quad \cdots,\quad x_n=\frac{a_n}{a_{n-1}}$$

代入上式，可以得到几何平均法计算平均发展速度的第二个公式为

$$\bar{x}=\sqrt[n]{\frac{a_1}{a_0}\times\frac{a_2}{a_1}\times\frac{a_3}{a_2}\times\cdots\times\frac{a_n}{a_{n-1}}}=\sqrt[n]{\frac{a_n}{a_0}}$$

第一个公式是对环比发展速度的几何平均，第二个公式是对定基发展速度的几何平均，实质完全相同，只是在资料条件不同的情况下选用不同的公式计算，第二个公式在计算上更简洁一些。

6.4 数据变量间的关系分析

数据变量间的关系分析有很多种，这里介绍聚类分析、判别分析和因子分析等。

6.4.1 聚类分析概述

聚类分析（cluster analysis）是一种新兴的多元统计的方法，最早被运用在分类学中，形成了数值分类学科。以后，随着统计软件的发展，聚类分析被引进到统计分析中，形成了聚类分析这样一种多元分析方法。聚类分析主要用于辨认具有相似性的事物，并根据其不同的特性加以“聚类”，使同一类的事物具有高度的相似性。聚类分析应用的范围很广，涉及宏观经济和微观经济的各个层面。在微观层，企业可以通过聚类分析了解市场细分的原则，了解不同细分市场的特征，也可以借此确定主要竞争对手；在宏观层，聚类分析与因子分析等相结合，可以确定景气指数等国民经济预警指标。

聚类分析可以对变量进行聚类，即 R 型聚类；也可以对样本进行聚类，即 Q 型聚类。实际中遇到较多的聚类问题是 Q 型聚类问题。例如，根据人们阅读刊物和参加业余活动等情况，将人们的兴趣划分为几类，根据学生成绩、作业效果等把学生的理解能力分成几类，等等。

目前，许多软件都携带有聚类分析模块，所以操作运行都比较简单。在比较通用的软件中，一般有两种聚类分析的模块，即动态聚类和系统聚类模块。动态聚类方法简单、占用内存少，适合大样本的聚类分析处理。动态聚类的实质其实是分步聚类法，也就是先选定一批凝聚点，然后让变量或样本向最近的凝聚点靠拢，这样凝聚成类，形成初步的分类，然后再对凝聚点的选点进行调整，一直调整到比较合理为止。一般动态聚类都要经过多次迭代才能形成比较理想的结果。

系统聚类方法相对比较复杂，首先要对数据进行变换，变换方法有平移变换、极差（或极值）变换、标准变换、对数变换等，然后要选取聚类的方法，聚类方法一般有七

种，分别是最短距离法、最长距离法、重心法、类平均法、可变类平均法、可变法、离差平方和法。各种方法之间有所差异，选择的时候主要看不同方法分类情况是否清晰，也就是是否能在树状图（dendrogram）中比较清晰地对变量和样本进行分类，如果可以，那么这种方法就不失为一种好方法。SAS、SPSS 等系统软件的聚类分析提供的聚类方法就是 Q 型聚类问题的系统聚类法。

6.4.2 判别分析概述

1. 判别分析的含义

判别分析（discriminant analysis）是由费希尔（R. A. Fisher）于 1936 年提出的。判别分析是一种统计判别和分组技术。它可以就一定数量样本的一个分组变量和相应的其他多元变量的已知信息，确定分组与其他多元变量信息所属的样本进行判别分组。通俗地说，判别分析可以用来解决如下问题：已知某种事物有几个类型，现在从各个类型中各取一个样本，根据这些样本设计出一套标准，再从这种事物中任取一个样本，可以按这套标准，判别它的类型。

2. 判别分析的应用范围

（1）信息丢失。

（2）直接的信息得不到。

（3）预报。

（4）破坏性实验。

3. 判别分析的假设条件和基本模型

（1）分组类型在两种以上，且组间样本在判别值上差别明显。

（2）组内样本数不得少于两个，并且样本数量比变量起码多两个。

（3）所确定的判别变量不能是其他判别变量的线性组合。

（4）各组样本的协方差矩阵相等。

（5）各判别变量之间呈现多元正态分布。

判别分析的基本模型也称判别函数，用数学形式表示为

$$Y_i = b_0 + b_1 x_{1i} + b_2 x_{2i} + \cdots + b_k x_{ki}$$

式中，Y_i 表示第 i 个研究对象的判别值；b_k 表示第 k 个因素的比重或判别系数；x_{ki} 表示第 i 个研究对象在第 k 个因素上的观测值；b_0 表示常数项。

6.4.3 因子分析概述

1. 因子分析含义

因子分析（factor analysis）是把多个指标简化为少数几个互不相关的综合指标的一种多元统计方法。

指标体系中指标间的信息重叠被认为是对社会经济现象综合认识的精确性相对较低的一个原因。指标间的信息重叠是指用多个指标同时反映和测量同一个理论概念时，由于指标间存在着包含关系或因果关系，从而形成对概念解释效力的交叉和重复。指标间

的信息重叠越严重，对指标评价结果的高估或低估程度也就越大，人们对指标在研究现象时相对独立作用的认识便越模糊。因此判定和消除指标体系中指标间的信息重叠，不仅对新指标体系的建立和完善有着特殊的意义，而且对于增强研究学科的科学性同样有着重要作用。

2. 因子分析的目的

因子分析一般有以下几个目的。

（1）识别内在因子，即用内在因子来表示一系列因子之间的相互关系。例如，可以用对一系列生活方式的句子进行评分的方法来衡量消费者的心理状况，之后对这些评分进行因子分析，找出影响消费者心理状况的主要因素。

（2）用几个互补相关的新变量来取代原有的一系列存在相互关系的变量，供后续的多元变量分析使用（如回归或判断分析）。例如，在识别出心理因子之后，这些因子可以用来解释忠诚消费者之间的差别。

（3）识别重要的变量，即与因子相关度越高的变量就越重要。

3. 因子分析在市场调查中的应用范围

在市场调查中，因子分析有着很广泛的应用。

（1）市场细分分析，即运用因子分析方法找出将消费者分群的内在因子。例如，可以按新产品购买者更注重的是哪一个因素来分群（如经济性、方便程度、性能、舒适性，还是豪华程度等）。

（2）产品研究，即运用因子分析来决定影响消费者选择的品牌特性。例如，牙膏品牌可以从防蛀牙、洁白牙齿、味道、口气清新及价格上予以评价。

（3）广告研究，即用于了解目标市场的媒介消费特征。比如说速冻食品的购买者可能花很多时间看电视，或收听流行音乐。

（4）价格研究，即可运用因子分析来决定对价格反应敏感的消费者的特征。比如说，他们可能是以家庭为中心、朴素的消费者。

4. 因子分析模型

因子分析模型可以表示为：每个观测变量由一组因子的线性组合来表示。设有 k 个观测变量，分别为 X_1，X_2，…，X_k，其中 X_i 为具有零均值、单位方差的标准化变量。则因子模型的一般表达形式为

$$X_i = a_{i1}f_1 + a_{i2}f_2 + \cdots + a_{im}f_m + u_i \quad (i=1, 2, \cdots, k)$$

式中，f_1，f_2，…，f_m 叫作公因子（common factor），它们是各个观测变量所共有的因子，解释了变量之间的相关性；u_i 叫作特殊因子（unique factor），它是每个观测变量所特有的因子，相当于多元回归中的残差项，表示该变量不能被公因子所解释的部分；a_{ij} 叫作因子载荷（factor loading），它是第 i 个变量在第 j 个公因子上的载荷，相当于多元回归分析中的标准回归系数（$i=1, 2, \cdots, k$；$j=1, 2, \cdots, m$）。

这个模型假设 k 个特殊因子之间是彼此独立的，特殊因子和公因子之间也是彼此独立的。模型中公因子的个数最多可以等于观测变量数。

5. 因子分析的步骤

因子分析通常包括以下四个主要步骤。

（1）计算所有变量的相关矩阵。相关矩阵是因子分析直接要用的数据，根据计算出的相关矩阵还应该进一步判断应用因子分析方法是否合适。

（2）提取因子，其中包括确定因子的个数和求因子解的方法。

（3）进行因子旋转，即通过坐标变换使因子解的实际意义更容易解释。

（4）计算因子值。因子值是各个因子在每个样本上的得分值，有了因子值可以在其他的分析中使用这些因子。

本章小结

市场调查资料审核是对调查获取的各种资料（原始资料和整理资料）进行审查和核实。市场调查资料审核对获取有效的、有价值的信息有重要意义。调查资料审核的内容包括完整性审核、准确性审核、及时性审核、协调性审核。审核的方法主要有逻辑审核、计算审核、抽样审核。市场调查资料整理是运用科学方法，对调查所得的各种原始资料进行审查、检验和初步加工综合，使之系统化和条理化，从而以集中、简明的方式，反映调查对象总体情况的工作过程。

市场调查资料整理的步骤包括设计市场调查资料整理的方案、市场调查资料的审核、市场调查资料的分组与汇总、编表与绘图、资料的系统积累。数据处理的步骤包括资料的审核和整理、缺失数据的处理、数据的编码和录入、数据的显示（包括制表和制图）。

数据可以按品质标志和数量标志特征分组。数据集中趋势，是指次数分布趋向集中于一个分布的中心。集中趋势的测定包括平均数、众数和中位数。数据的离中趋势，是指偏离次数分布中心的趋势。离中趋势通常由全距、平均差、平均差系数、标准差、标准差系数等反映。

数据的相对程度分析就是利用相对指标说明现象的水平、速度和变化情况。一般都用百分数（%）或系数、倍数表示。包括计划完成相对指标、结构相对指标、比较相对指标、强度相对指标、动态相对指标。

案例

电脑用户情况调查及编码对照表

1. 您的年龄是（请在相应空格中打√）

□18 岁以下；　□18～30 岁；　□31～50 岁；　□50 岁以上。

2. 您选购电脑时经销商的介绍对您的影响程度是（请在相应位置上打√）

10%	20%	30%	40%	50%	60%	70%	80%	90%	100%

3. 您选购电脑时，可能会考虑各种因素，请您按优先顺序进行排序。（请在空格内填写数字）

□价格； □品牌； □功能； □售后服务； □其他（请说明）。

4. 在其他条件不变时，如果电脑系列产品平均降低售价10%，您的态度是（请在相应空格中打√）

□马上购买； □会来购买； □与其他公司经营策略比较后再看；

□不会有很大的吸引力； □不会来购买； □肯定不购买。

针对这四个问题，我们可对其一一编码，如表6-9所示。

表6-9 编码对照表

问题	编号	答案类别
问题1	1	18岁以下
	2	18～30岁
	3	31～50岁
	4	50岁以上
问题2	1	0～10
	2	11～20
	3	21～30
	4	31～40
	5	41～50
	6	51～60
	7	61～70
	8	71～80
	9	81～90
	10	91～100
问题3	1	价格
	2	品牌
	3	功能
	4	售后服务
	5	其他
问题4	1	马上购买
	2	会来购买
	3	与其他公司经营策略比较后再看
	4	不会有很大的吸引力
	5	不会来购买
	6	肯定不购买

注：问题3是一个排列题，所以应分解成5个子问题。

有了编码对照表就可对每份问卷的答案进行“数值化”处理，得到一份“调查答案综合表”。它把所有回答者对每一项问题的回答用编码汇集在一起，以便统计处理和分析。表6-10是调查100位电脑用户后所得答案的综合表，其中3A到3E是问题3分解成的5个子问题。

表 6-10　100 位电脑用户答案的综合表

被调查者序号	问题顺序							
	1	2	3A	3B	3C	3D	3E	4
001	2	5	3	1	2	4	5	2
002	3	7	2	3	3	4	5	3
003	3	7	2	3	1	4	5	1
⋮	⋮	⋮	⋮	⋮	⋮	⋮	⋮	⋮
100	4	8	2	2	1	5	3	1

案例思考：

1. 上述案例是如何编码的？为什么？

2. 一个调查需要这么多表格吗？简述表格在数据整理中的重要性。

能力提升

- **主要知识点**：市场调查资料的审核、整理、数据的处理和分析等内容及方法。
- **本章重点**：市场调查数据的处理和分析方法。
- **本章难点**：从数据到结论的分析归纳。
- **动手操练**：整问卷、得结论，对本章调查所得调查问卷进行处理和分析，得出初步调查结果。

第7章　市场预测必备知识

调查不是万能的！

本章要点

1. 掌握市场预测的基本原理和程序。
2. 了解市场预测的作用和内容。
3. 了解影响预测效果的原因及模型修正方法。

7.1　市场预测的含义和分类

7.1.1　市场预测的含义和特征

预测是指对未来不确定事件的推断和测定，是研究未来不确定事件的理性表述，是对事物未来发展变化的趋势以及对人类实践活动的后果事先所作的估计和测定。预测作为一项探索未来的活动，早在古代就已经出现，古代的预测只是一种借助于先兆、经验和推断的艺术，还没有发展成一门学科。经过若干年的实践总结，预测的研究范围已非常广泛，几乎涉及人类社会的各个领域。如社会发展、科学技术、政治、军事、气象、文化教育、生态环境、经济等领域。虽然各个领域进行预测的方法和手段有所不同，但它们共同的特征都是对各自领域研究对象的未来不确定的变化趋势进行估测和推断。

市场预测是预测科学的一个重要组成部分，它借助历史统计资料和市场调查获得的资料，运用预测理论和方法、技术，对决策者关心的市场变量在未来一定时期的变化趋势与可能水平作出估计和测算，为决策者提供决策依据。它是人们进行科学决策必不可少的环节，能为决策者提供信息服务，是正确决策的基础。简而言之，市场预测就是“由往知来”，是在市场调查基础上，运用预测理论与方法，对市场未来的发展和变化趋势作出的定性描述或定量推断。

市场预测是一门掌握未来市场动态变化的科学。它通过广泛收集一定时期内有关社会经济现象的大量信息，系统地分析研究影响市场的各种因素，掌握市场变化的规律，从而进一步判断和估计市场未来的发展趋势，为经营决策提供科学依据。

从以上定义可以看出，市场预测具有描述性、服务性和局限性三大特征。

1. 描述性

市场预测是认识市场的客观事物，掌握市场存在的客观规律，并对市场的客观事物未来发展变化进行预测的一门科学。它在调查研究、科学使用和广泛收集信息资料的基础上，通过一定的程序和数学统计方法，掌握事物的发展变化规律，取得关于事物未来发展变化趋势的各种信息，即描述出事物各种可能出现的情况、结果和水平，描述出事物各种因素之间相互作用的关系与程度，反映事物发展变化的客观规律。在预测过程中，无论是定量预测的数学模型，还是定性预测的逻辑思维模型，都是预测者对市场客观事物的规律性认识的一种描述。

2. 服务性

服务性是指市场预测是为企业决策服务的。市场预测对企业生产经营环节及其外部环境的未来发展提供变动趋势、变动方向、变动程度等方面的定性描述和定量估计；而企业决策则以预测结果作为基础，通过分析比较，趋利避害，选取最优方案。

3. 局限性

市场预测是人们对事物的未来发展作出的判断，而人们对未来的认识总有一定的局限性。这是因为事物发展变化受许多因素的影响，客观规律也只有在事物发展过程中才逐步地明显化和逐步地被人们所认识。人们对未来的预测，往往受到经验、知识、时间、条件、认识、工具等多方面的限制，预测误差在所难免，使得预测的应用范围和预测深度受到不同程度的影响。市场预测误差通常是指社会经济指标的预测值与实际值之间的偏差程度。偏差越小，说明预测准确度越高；反之，预测准确度越低。由此可见，预测值与将要出现的实际值之间总会不一致，这几乎是必然的，如果二者完全一致，一般是不可能的，或者是极其偶然的。因此，存在预测误差并不意味着预测工作的失败，并不能说明预测结论的不准确、不可信。

7.1.2 市场预测与市场调查的关系

市场预测与市场调查，既相互区别又密切相关。市场调查的目的是了解市场活动的历史与现状，市场预测则是为了预见市场未来的发展趋势。同时，市场调查又是市场预测的基础，市场调查的结果不仅为市场预测提供大量的原始数据和资料，还可以为修订预测提供依据。市场预测是在市场调查基础上进行的科学分析，将调查中得到的资料、数据用于对未来趋势的预测之中，可以使调查结果发挥实际效用，提高市场预测的准确程度。

7.1.3 市场预测的分类

1. 按市场预测的范围可分为宏观市场预测和微观市场预测

1）宏观市场预测

宏观市场预测是指根据预测目的，从全社会出发，对大系统总体的、综合的市场发展趋势的预测，一般是指对整个国民经济活动的总图景及相应经济变量的全社会综合数值的预测。宏观市场预测提供的预测值有国内生产总值及其增长率、人均国民收入及其增长率、物价总水平和商品零售总额、工资水平和劳动就业率、投资规模及其增长率、生产和消费结构、产业结构、国际收支的变化等。

2）微观市场预测

微观市场预测是从企业出发，对影响单个经济单位的经济行为及相应经济变量的预测，如产品经济寿命周期预测、产品销售预测、企业利润预测等。再如对一个企业产品的市场需求量、销售量、市场占有率、价格变化趋势、成本与其他效益指标的预测。微观市场预测是宏观市场预测的基础和前提，宏观市场预测是微观市场预测的综合和扩大。在预测活动中可以从微观预测推到宏观预测，也可以从宏观预测推到微观预测，这便是演绎推理的预测过程。

2. 按市场预测的时间可分为短期预测、近期预测、中期预测和长期预测

（1）短期预测，是以日、周、旬、月为时间单位，对一周至半年的市场发展前景进行的预测，主要是为企业日常经营决策服务，讲究预测时效性。

（2）近期预测，是以月或季为时间单位，对半年以上至两年的市场发展前景的预测。它为制订年度计划、季度计划，组织货源，安排本年度生产经营活动提供依据。

（3）中期预测，是以年为单位，对两年以上至 5 年的市场发展前景进行的预测。它为中期经营发展战略决策及经济发展 5 年计划提供参考依据。

（4）长期预测，是以年为时间单位，对 5 年以上的市场经济发展前景的预测。它为企业制订发展的长期规划提供依据。

预测的准确性随着预测期的长短而不同，预测期越长，误差就越大，准确性就越差。由于短期、近期预测的能见度较高，预测内容可以广泛一些，预测结果的精度也较高。中期预测与短期、近期预测相比，不可控因素要多些，预测的内容就应简要一些，对精度的要求相对要低一些。长期预测因时间范围过长，能见度较差，只能粗略地描述未来市场变化的概况。所以，在实际工作中，企业比较侧重于短期和近期预测，而经济管理部门比较侧重于中期和长期预测。

3. 按市场预测的空间层次可分为国内市场预测和国际市场预测

（1）国内市场预测，是对国内市场需求的发展变化及其趋势的预测。在国内市场范围内，还可以进一步分为地区性市场预测、当地市场预测和市场占有率预测。地区性市场预测是指对某地区或某经济区的市场需求及发展前景的预测。当地市场预测是指对企业所在地（市、县）的市场需求及其发展趋势的预测。市场占有率预测是指在专业分工的基础上，对某个市场范围内本行业在市场总销售量（额）中所占比例及其变化趋势，或本企业生产经营的某种商品在同行业、同一市场、同一种商品总销售量（额）中所占比重及其发展趋势的预测。

（2）国际市场预测，是预测某个国家或者某国的某个经济区域的市场需求及发展前景，以便将本企业的产品打入该国或该经济区域，满足其市场需要，扩大企业市场占有率，提高企业经济效益。

4. 按市场预测的方法可分为定性预测和定量预测

（1）定性预测，是预测人员根据一定的经济理论，凭借知识、经验和判断能力，对市场未来的状态与趋势作出的综合判断。这种方法一般用于缺乏完整的统计资料、市场环境变幻莫测、影响市场的因素复杂难以进行定量分析的情况，如均衡与失调，某商品在市场上所处的阶段是萌芽期、成长期、成熟期或衰退期等。

（2）定量预测，一般是从历史数据资料入手，使用一定的统计方法和数学方法建立数学模型来进行推算和估测预测值，对预测对象目标运动的规律进行描述，据以预测未来量的变化程度。

定性预测与定量预测的划分是相对而言的，只是侧重点不同而已。在实践中，要将它们密切结合在一起使用，通常是定量预测以定性预测为前提，定性预测以定量预测为补充，使市场预测的结果有数据、有情况、较全面地反映预测期市场的状况，发挥市场预测应有的作用。

5. 按市场预测值的分布状况可分为点预测和区间预测

(1) 点预测，是指对预测对象的预测结果只有一个数值的预测，它通常用于推测经济现象达到某种数量或状态的时间，如攻克某种疾病、某城市人民达到小康生活水平、产生某种新材料等所需的时间等。

(2) 区间预测，是指对预测对象的预测结果不仅有一个点预测值，还在此基础上给定了一个区间范围的预测，是对随机现象发生概率的一种区间的估计，是对预测对象出现某种结果的可能性作出的一种推测，它通常用于中长期预测问题。

7.2 市场预测的基本原理和程序

7.2.1 市场预测的产生和发展

预见未来是人类自古就有的愿望。中国古代预测文化源远流长，博大精深。中华民族文化中的易经文化就是其中的典型代表。公元前6世纪至公元前5世纪，范蠡就有“论其有余不足，则知贵贱，贵上极则反贱，贱下极则反贵”的说法，其意思是：根据市场上商品供求情况变化，可以预测商品价格变化；根据年岁的丰歉和自然条件的变化，可以预测粮食供求变化的趋势；丰年价落及时购存、歉岁价涨及时发售，从中可赚取差价。范蠡凭借这些理论取得了巨大成功，成为当时的富翁。西方预测占卜学也是西方古代文化的重要组成部分。一般来说，不论何种中西方的占卜预测之学，其大多数都起源于星象学。虽然古代的这些预测主要是凭借个人的经验去猜测，其中含有许多主观和唯心的成分，但在客观上促进了预测科学的诞生。

工业革命以后，随着市场竞争日趋激烈，企业为获得有利的市场地位，必须越来越依靠准确的市场预测，因为它们必须收集市场信息，掌握市场变化的规律。与此同时，人们对经济现象数量关系的研究已逐步深入，各国统计资料的积累也逐渐丰富，能用于市场预测的统计方法先后被创立出来并逐步得以完善。奥地利经济学家兼统计学家斯帕拉特·尼曼首次提出以统计资料为基础，运用指数分析方法进行市场预测的理论，这是市场预测科学诞生的标志。法国学者安·库莱诺在20世纪30年代第一次将市场需求与商品价格间的关系进行了函数分析，把市场预测科学发展到了一个新的阶段。第二次世界大战以后，抽样调查、回归分析、投入产出分析、运筹学、动态规划、计算机及其网络系统等逐步运用到市场预测之中，使市场预测科学得到进一步的发展，在经营决策中起着越来越重要的作用。

现在，在绝大多数市场经济国家中，市场调查和预测早已成为企业竞争中不可缺少的有力工具。美国是世界上开展市场预测活动最早，规模最大的国家，始于20世纪初，一些发达国家紧随其后，先后取得了显著成绩。据统计，20世纪80年代初，美国的大公司中约有73%设有正规的市场调查部门，以负责公司的市场调查、预测和咨询工作。市场调查过程所需的活动经费，占公司销售额的0.01%～3.5%。这些经费中的1/2～3/4是用于自己市场调查部门的开支，其余部分则是支付给专业营销调查和咨询公司的服务费用。如美国的麦格劳-希尔公司（美国前总统约翰逊的经济顾问奥托·埃里克坦曾担任董事长）为政府、企业、金融等各方面的900多个用户提供了预测等服务。兰德公司（美国前国务卿基辛格曾担任顾问）有1000多人，其中近70%是博士、硕士，它对政治、经济、军事、市场、社会、科学技术等方面进行预测，不少预测方法（如德尔菲法）就是该公司提出的。苏联在20世纪60年代末期开始科学预测工作，现已形成科学预测体系。在亚洲，日本是市场预测活动比较发达的国家。日本三井物产综合商社下属的情报中心，在国内外除设有200多个分支机构外，还利用长达40万千米的专用电报线路和用户电报，把遍布全球的5个环球通信网连接成了一个总的网络系统，从而能随时提供全球各地的市场信息。

我国实行经济体制改革以来，市场预测也有了很大的发展。1978年，国家计划委员会（现国家发展和改革委员会）、商业部等政府部门相继成立了市场预测机构。之后，国家机械工业委员会成立了七个预测组，对七大类机械产品的需求量进行预测，为机械工业的结构调整提供了依据。企业也是在独立面对市场的改革过程中，逐渐懂得了关心用户的消费要求和分析消费者的特点，学会了预测产品及产品结构的发展趋势，使自己的经营活动取得了较好的业绩。

7.2.2 市场预测的基本原理

市场之所以可以被预测，是基于马克思主义哲学的一个基本观点：世界是由物质组成的，物质是在不断运动的，通过不断的观察和实践，物质世界是可以被认识的。虽然市场的各种因素复杂多变，有时偶然因素也会促使市场发生变化，但人们通过长期的认识，积累起丰富的经验和知识，可以逐步了解市场变化规律，然后，凭借各种先进的科学手段，根据市场发展历史和现状，推演市场发展的趋势，作出相应的估计和推测。具体而言，市场预测需要以下几条原理作指导。

1）连续性原理

连续性原理是指市场的现象和事物发展具有一定的延续性，未来的市场需求状况是在由过去发展至今天的现状下发展起来的，是今天的延续和发展，因此可以根据市场的过去和现在，预测市场的未来。市场预测中之所以贯穿了连续性原则，是因为一切社会经济现象都有它的过去、现在和未来。没有一种事物的发展会与其过去的行为没有联系，过去的行为不仅影响到现在，还会影响到未来。换言之，一切社会经济现象的存在和发展具有连续性。

市场预测中运用连续性原理，应注意以下两点。

（1）预测对象的历史发展数据所显示的变动趋势应具有规律性。

（2）对预测对象演变规律起作用的客观条件必须保持不变，否则该规律的作用将随条件的变化而中断，连续性失效。

2）类推原理

类推原理是指市场活动中，有许多现象、事物在发展规律上有类似之处，因此可以将已知事物发展过程类推到预测对象上，对预测对象的未来作出预测。例如，在世界许多国家人均国内生产总值达1 000美元后，汽车、住宅成为人们消费热点。根据这一经济发展规律，我们可以预测，某国在人均国内生产总值达1 000美元后，汽车和住宅将成为某国今后一段时期消费的热点。

类推原理的根据是客观事物之间存在着某些类似性，这种类似性具体表现在事物之间结构、模式、性质、发展趋势等方面的接近。利用预测对象与其他事物的发展变化在时间上有先后不同，但在表现形式上有类似之处的特点，人们有可能根据已知事物的某种类似的结构和发展模式，通过类推的方法对未知事物发展的前景作出预测。

3）相关原理

相关原理是指市场中许多现象事物是彼此关联的，利用这种关联，可以进行市场预测。例如，婴儿食品的需求和婴儿的人数有很强的关联性，若掌握了未来婴儿出生数，就可预测婴儿食品需求量。这就是市场预测的相关性原理。相关性原理体现了唯物辩证法因果联系的观点。唯物辩证法认为，客观世界的事物总是相互联系的，不存在孤立的事物。一个事物的变化总会引起另一个事物的变化，它们构成了因果关系，利用事物的因果关系，就可以进行市场预测。在市场预测方法中，回归分析法就是这一原理的应用。

4）概率原理

任何事物的发展都有一个被认识的过程。人们在充分认识事物之前，只知道其中有些因素是确定的，有些因素是不确定的，即存在着偶然性因素。市场的发展过程中也存在必然性和偶然性，而且在偶然性中隐藏着必然性，通过对市场发展偶然性的分析，揭示其内部隐藏着的必然性，可以凭此推测市场发展的未来。从偶然性中发现必然性是通过概率论和数理统计方法，求出随机事件出现各种状态的概率，然后根据概率去推测预测对象的未来状态。马尔可夫预测法、交叉影响法等都需要运用概率原理。

7.2.3　市场预测的基本要素

开展科学的市场预测，必须具备一些基本的条件或基本要素，如图7-1所示。从宏观方面看，基本要素指经济理论、计算方法和计算工具。因为经济预测模型都是在经济理论的指导下建立起来的，所以经济理论是最基础的要素。比如，凯恩斯的国民收入和就业决定理论及经济增长论，是西方宏观经济预测的主要理论依据；新古典学派的厂商理论和需求理论，是微观经济预测理论的主要依据。有人认为，检验一种经济理论是否正确，主要是看这种理论是否可以正确地作出预测。

经济预测模型的建立和求解离不开数学。数学为经济预测提供了从量的方面认识事物的有效方法。比如，投入产出分析要运用线性代数知识，经济预测模型的参数估计与检验又需要数理统计方法。数学的发展丰富了经济预测的方法，计算工具的进步为经济预测提供了更加广阔的空间。现代预测用到的方程式有的达几十个，有的成百上千个，需要处理的信息资料数不胜数，没有以计算机为代表的现代化计算手段，是很难取得结果的。

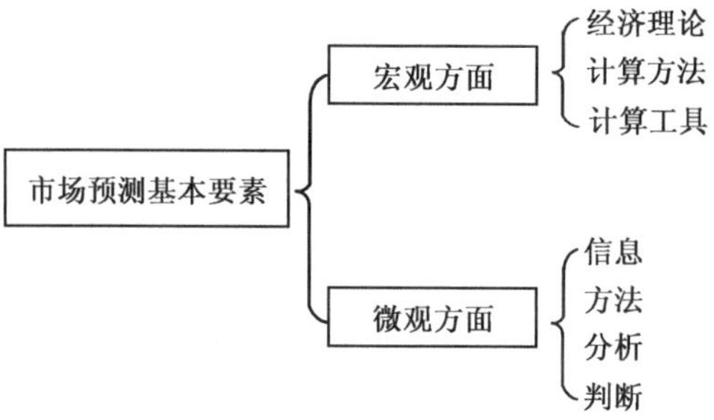

图 7-1　市场预测基本要素

从微观方面看，信息、方法、分析和判断是市场预测的四个基本要素。信息是客观事物特性及其变化的反映，存在于各种信息载体。经过统计整理的信息资料是进行市场预测的科学依据。方法是指预测过程中进行质和量的分析时所采用的各种手段。对事物的性质作出描述的方法叫定性预测；按一定的数学模型推导出数值的方法，叫定量预测。分析是根据有关理论所进行的思维研究活动。数学模型推导的预测结果出来之后，仍需要对其精确性和可靠性进行分析评价。判断，即作出取与舍的决定。预测资料的选用、预测方法的选取、预测结果的采用或修正，都要依赖于判断。判断是最重要的预测要素，具有极高的艺术性。

7.2.4　市场预测的基本程序

市场预测是在市场调查研究基础上，明确预测目标，收集资料，分析判断并运用预测方法，作出预测结论的复杂过程。这一过程具体包括以下程序。

1. 确定预测目标

确定预测目标，是进行市场预测首先要解决的问题，要完成一项市场预测，首先要明确预测的目的是什么、预测的对象是什么，只有预测目标明确了，才能根据预测目标，有意识地去收集各种资料，采用预测方法去进行预测。

确定预测目标，就是要明确预测的目的、要求。具体包括要确定预测对象、预测项目、预测的空间范围和时间要求。预测目标应尽量具体、详尽，不能含糊、抽象。它既关系到整个预测活动的成败，又关系到预测中其他步骤的进展，如收集什么样的资料，采用什么样的预测方法，以及如何制订该项预测的具体工作计划和计算进度等。

确定了预测目标，就使整个市场预测工作有了明确的方向和内容。例如，某地区为制订小轿车生产行业长远规划，开展了该地区 2010 年家庭小轿车需求预测。该项预测目标明确，预测对象是小轿车，预测项目涉及居民家庭小轿车的需求量预测、影响居民小轿车需求的各种因素（如收入水平）的预测。该项预测属于长期的市场预测。对企业而言，预测目标的确定，应根据企业生产经营管理的需要，服从企业经营决策的要求。要开展目标分析，也就是运用系统观点，逐步把握目标和外部环境之间的依存关系。

2. 收集分析有关资料

科学的市场预测，必须建立在掌握充分的市场资料基础上。预测目标确定后，就要围绕预测目标，去广泛收集各种历史和现实资料。市场资料众多，在预测中应收集什么样的资料，完全由预测目标来决定。市场预测所需资料有两类：一类是关于预测对象本身的历史和现实资料；另一类是影响预测对象发展过程的各种因素的历史和现实的资料，如影响居民家庭购买小轿车的因素资料有收入状况及变化资料、小轿车价格变动资料、城市道路发展变化资料等。

围绕市场预测目标，收集市场资料，要力求收集的完整性、可靠性、准确性和适用性。收集历史资料和收集现实资料，在内容和方法上有所不同。历史资料包括企业已经建档和各级政府统计机构发布或经报刊、会议文件等其他途径发布的各种经济与社会发展资料，包括宏观的、中观的与微观的各种历史统计资料，如人口状况、就业与人均收入的变化情况、社会购买力、货币流通量、商品生产与销售情况、企业经营的各种业务数据和财务等资料。从历史资料的分析中，可以认识与揭示预测对象发展变化规律，进而推测未来。历史资料的收集，主要通过文献调查法获得。

现实资料是指当前正在发生的有关经济和社会活动的各种资料。它主要通过实地调查，如对消费者的口头访问或问卷调查、观察调查来获得。对现实资料的分析研究，可以了解预测对象的现实状况。

3. 分析判断

分析判断是指对收集的历史和现实资料进行综合分析，对市场未来的发展变化趋势作出判断，为选择预测方法，建立预测模型提供依据。分析判断的内容是多方面的。

(1) 要分析各种市场影响因素对市场未来需求的影响，一要分析国家方针、政策和经济形势对市场未来需求的影响，如基建投资规模和房地产业的发展与建材需求密切相关。二要分析进出口贸易对市场未来需求的影响，如进出口商品的规模与结构对国内商品的需求量和需求结构有直接的影响。三要分析居民的收入水平和消费结构变化对市场未来需求的影响，如居民的消费结构变化直接决定市场需求的结构。四要分析产品之间的替代关系和依存关系对市场未来需求的影响，如空调机和电风扇两类产品是相互替代的，一类产品生产、销售的变化都会影响到另一类产品的生产、销售。

(2) 要分析预测期内产、供、销关系及其变化。这方面的分析主要包括：分析商品供需关系及其变化，即社会商品供应是否能满足市场需求，供需关系将发生何种变化；分析各种企业生产、销售的商品结构是否与消费者、用户需求结构相适应；分析商品流通渠道能否适合商品销售和满足消费者购物需要；分析各类产品生产、供应是否与销售脱节等。

(3) 要分析消费心理、消费倾向等对市场未来需求的影响，主要分析消费者的消费心理、消费倾向、消费行为、价值观念等变化对市场未来需求的影响，如随着我国进入小康社会，人们对健康日益重视，可以预测各种健身用品需求量将越来越大。

4. 选择预测方法，建立预测模型

市场预测要依赖预测方法。根据预测目标，在对有关资料进行分析判断后，就要选择预测方法。预测方法选择是否适当，将直接影响预测结果的是否可靠。预测方法很多，有定性预测法和定量预测法两大类，每一类中又有许多具体方法，而每一种方法对不同的预测对象、目标的有效性是不同的。

如何选择预测方法？一般应从以下方面考虑：第一，要根据预测目标和要求，选择预测方法。预测方法要服从于预测目标和预测要求。例如，预测项目是短期和近期的，一般选用集合意见法、市场调查预测法、移动平均法、指数平滑法等。预测项目是中长期的，一般采用趋势延伸法、回归分析法、德尔菲法等。若预测目标用于企业战略性决策，一般采用适合中、长期预测的方法；若预测目标用于企业战略性决策，可采用适合近、短期预测的方法。第二，要根据预测对象本身的特点来选择预测方法，不同的预测对象，具有不同的属性和其内在的变化特点。如服装、儿童玩具、家用电器类商品，一旦被社会所接受，其发展速度相当迅速，但更新淘汰也很快。因此，不宜采用趋势延伸法，而市场调查预测法较适宜。像空调、冷饮等季节性商品，采用季节指数法进行预测最合适。像香皂、毛巾等日用品预测，可采用移动平均法、指数平滑法等进行预测。第三，还应考虑预测的条件、基础。

预测方法的选择必须建立在切实可行的基础上。各种新的预测方法层出不穷，在实际中还是要受数据资料、经费、人力、设备等条件制约。因此，选择预测方法，要考虑是否具备相应的各种条件。

预测模型与预测方法是紧密联系在一起的。确定了预测方法，也就确定了预测模型。建立预测模型，就是指依据预测目标，应用预测方法建立起来的数学模型。建立预测模型应注意以下问题：①在满足预测目标和要求前提下，尽可能使预测模型简单化；②在应用预测模型时，要对模型进行必要的检验，以判断模型是否适用；③当预测模型不够科学时，应及时进行修正。

5. 作出预测结论

作出预测结论（编写预测报告）是市场预测工作的最后一个阶段，包括两个环节。

（1）利用预测模型计算出预测值，就是根据具体的数学模型，输入有关数据资料，经过运算，求出预测值。

（2）评价预测值的合理性，最后确定预测结论。利用预测模型计算出来的预测值，只是初步预测的结果。由于种种原因，预测值和实际情况总是存在一定偏差，这就是预测误差。因此，在确定最后预测结论时，一般需要对预测的误差作出估计，预测误差实质上是对预测模型精确度的直接评价，决定着对模型是否认可，是否需要作出修正。如果预测误差较小，符合预测要求，最后就可以确定预测结论，即确定最终的预测值。

需要指出的是，为了保证预测值的准确性，在市场预测中，常常要同时采用不同的预测方法与预测模型，并对它们的预测结果进行比较分析，进而对预测值的可信度作出评价，以确定最符合实际的预测值。

7.3 市场预测的作用与内容

7.3.1 市场预测的作用

同市场调查一样，市场预测与企业生产、经营活动密切相关。市场预测在企业生产、经营活动中有多方面的重要作用。

1）市场预测有利于企业作出正确的经营决策

经营决策是否正确是一个企业兴衰成败的关键，而正确的决策则要以科学的市场预测为前提。市场预测能为企业经营决策提供必要的市场经济信息，为决策方案制订提供科学依据。市场预测是企业正确决策的充分必要条件。这是因为，市场预测是以市场历史、现实发展过程的事实材料为基础，借助预测理论与方法探索未来，对市场活动未来发展趋势作出预计，减少对市场活动认识的不确定性，针对决策者关心的主要市场问题（即市场变量），如市场需求、商品销售、价格、市场占有率、产品生命周期等的发展变动趋势与可能达到的水平作出定性和定量的估计，为制订解决问题的方案及方案论证、比较选择提供科学依据。市场预测对未来市场的不确定变量、发展前景作出表述和预计，市场预测得到的未来市场信息越准确、可靠，企业经营决策正确性的把握就越大。

2）市场预测有利于企业主动适应市场变化，提高企业竞争力

市场是千变万化的，今天的市场不等于就是明天的市场。企业要提高竞争力，就不仅要关心、研究现有的市场，还要关心、研究未来的市场。而市场预测就是对未来市场需求的估计和判断。因此，企业要在竞争中得到发展，必须通过市场预测活动，随时了解市场上各种商品的供求变动状况及趋势，随时掌握消费者的潜在需求，正确选择或调整生产经营方向，选择是否开发新产品并及时打入市场，不断扩大产品销售，提高市场占有率。只有这样，企业才能更好适应市场变化，提高企业竞争力。

3）市场预测有利于企业提高经营计划的科学性和经济效益

企业全部生产经营的核心是提高经济效益。企业生产经营活动能否不断取得理想的经济效益与企业经营计划是否科学有直接关系。搞好经营的基础之一就是积极做好市场预测工作。企业应生产经营哪些产品，数量多少；开发什么新产品，投入资源多少；产品定价多少，如何销售？配备什么样的生产设备，采购什么样的原材料，就可能使生产经营的产品不符合市场变化的需求而导致产品积压，企业经营亏损；或者出现产品供不应求，造成脱销，既影响社会需要，也不利于企业提高经济效益的情况。这些问题的解决都要依赖市场预测。

在市场调查的基础上，通过市场预测，可以了解产品需求的变化及其发展趋势，并根据产品需求的预测制订企业生产经营计划，促使产销的紧密结合，产品适销对路，企业才能获得良好的经济效益。

7.3.2　市场预测的基本要求

市场预测的准确度越高，预测效果就越好。然而，由于各种主客观原因，预测不可能没有误差。为了提高预测的准确程度，预测工作应该满足客观性、全面性、及时性、科学性、持续性和经济性等基本要求。

1）客观性

市场预测是一种客观的市场研究活动，但这种研究是通过人的主观活动完成的。因此，预测工作不能主观随意地“想当然”，更不能弄虚作假。

2）全面性

影响市场活动的因素，除经济活动本身外，还有政治的、社会的、科学技术的因素。这些因素的作用使市场呈现纷繁复杂的局面。预测人员应具有广博的经验和知识，能从各个角度归纳和概括市场的变化，避免出现以偏概全的现象。当然，全面性也是相

对的，无边无际的市场预测既不可能也无必要。

3）及时性

信息无处不在，无时不有，任何信息对经营者来说，既是机会又是风险。为了帮助企业经营者不失时机地作出决策，市场预测要快速提供必要的信息。过时的信息是毫无价值的。信息越及时，不能预料的因素就越少，预测的误差就越小。

4）科学性

预测所采用的资料，须经过去粗取精、去伪存真的筛选过程，才能反映预测对象的客观规律。运用资料时，应遵循近期资料影响大、远期资料影响小的原则。预测模型也应精心挑选，必要时还须先进行试验，找出最能反映事物本质的模型，以减少预测误差。

5）持续性

市场的变化是连续不断的，不可能停留在某一个时间点上。相应地，市场预测需不间断地持续进行。在实际工作中，一旦市场预测有了初步结果，就应当将预测结果与实际情况进行比较，及时纠正预测误差，使市场预测保持较高的动态准确性。

6）经济性

市场预测是要耗费资源的。有些预测项目，由于预测所需时间长，预测的因素又较多，往往需要投入大量的人力、物力和财力，这就要求预测工作必须量力而行，讲求经济效益。如果耗费过大，效益不高，将使市场预测事倍功半。如果企业自己预测所需成本太高，可委托专门机构或咨询公司来进行预测。

7.3.3 市场预测的内容

市场预测内容丰富而又广泛，概括起来有以下几个方面。

1. 市场需求预测

市场需求预测是对消费者、用户在一定时间、一定市场范围内对商品需求的预测。它主要包括商品需求量预测、商品需求变化预测和社会购买力及投向变化预测。市场需求预测是市场预测中最重要的预测内容，也是企业最关注的问题。

商品需求量预测包括消费品需求量和生产资料需求量这两方面的预测。

消费品需求的预测主要预测消费者及社会集团对消费品的需求量，也包括对主要消费品需求量的预测。首先，要预测消费者平均消费水平和消费总量，要预测城乡居民不同的消费特点和消费量。其次，要做好社会集团对消费品需求量的预测。社会集团如政府机关、企事业单位，也是消费的主体。最后，要做好对各种主要消费品需求量的预测。这种预测要落实到对各种主要消费品的品牌、规格、品种上。

生产资料需求量的预测主要预测物质生产部门对生产资料未来的需求量，分析影响需求变化的原因及其变动趋势。从工业生产资料市场需求预测看，它包括工业发展规模、结构变化、基建投资、劳动生产率、技术进步、固定资产使用年限、管理水平等方面的预测；从农业生产资料市场需求预测看，它包括对可耕地面积、农业内部结构变化、农民收入水平、农业贷款、农用生产资料价格、农业新产品和新技术的发展等方面的预测。

商品需求变化的预测。消费者需求是不断发展变化的，由于社会进步，人们收入水平的提高以及消费心理的变化等，消费者对商品需求不会停留在原来水平上，必须对市场需求的新变化进行预测，主要预测消费者对商品的新品种、新性能、新款式、新包装等方面的需求。

同时，还要根据人口数量及其地理分布、社会文化特征结构、消费心理等有关因素的资料，预测不同消费群体对各种商品的数量、质量、花色、规格需求的变化。

社会购买力投向变化的预测。社会购买力是居民可以直接用于消费的实际支付能力。因此，社会购买力及其投向变化的预测，主要是预测居民未来收入增长的可能性及增长的幅度，预测居民收入增长后新的消费投向以及由此带来消费结构的新变化。

一般来说，居民收入水平越高，用于文化娱乐、劳务费用等非物质性商品方面的支出会越大，在物质性商品支出中，吃、穿、住、用、行方面的支出比重也会相应改变。居民对各种商品的消费额占消费总额的比重，称为消费结构。对消费结构的预测也就是对居民购买力投向的预测。

2. 市场供求关系和价格变化的预测

市场供求关系和价格变化的预测包括三个方面。

(1) 市场商品供给量及其变化预测。市场商品供给量是指在一定时期内可以投入市场以供出售的商品资源总量。市场商品供给量及变化预测，就是对进入市场的商品资源总量及其构成和各种具体商品的市场供给量及其变化趋势的预测。市场商品供给有两个来源，一是我国国内企业生产的商品，二是从国外进口的商品。因此对商品供给量的预测就是首先要对国内企业商品生产能力和商品生产数量进行预测，其次，还要对进口商品的数量、商品结构及其变化趋势进行预测。由于我国已加入 WTO，我国市场已向世界开放，越来越多的国外产品将进入中国，因此，进口商品日益成为我国商品供给的重要来源。

(2) 市场商品供求关系及其变化预测。在市场激烈竞争条件下，商品供求关系总是处于不断变动中。供求关系变动有三种情况：①供不应求；②供大于求；③供求平衡或基本平衡。市场商品供求关系及其变化预测，就是要预测商品供求关系未来趋势是供求平衡、供大于求，还是供不应求及其程度。它包括预测社会商品总体的供求关系趋势，也包括预测某一具体商品的供求关系的趋势。商品供求关系及变化预测对于企业来说十分重要，只有事先预测企业商品供求关系变化，企业才能未雨绸缪，根据市场变化来组织生产经营活动，适应市场的需要。

(3) 商品价格变化的预测。市场供求关系变化必然引起商品价格变化，而商品价格变化直接关系到企业的利润大小。商品价格变化的预测主要是预测消费品和生产资料的价格变化的趋势。我们尤其要重视对关系国计民生的重要生活资料和生产资料价格变化趋势的预测。

3. 科学技术发展影响的预测

科学技术是第一生产力。当代科学技术迅猛发展，不仅对社会经济生活有重大影响，而且对企业的生产经营活动也有重大的影响，如新技术发展对商品更新换代产生直接影响。新技术发展越快或新技术从发明到应用周期越短，则商品的更新换代就越快。

科学技术发展影响的预测，就是要预测科学技术未来的发展对行业技术发展的影响，对企业产品开发、企业生产工艺、材料、设备等的重大影响，以及对企业其他经营活动的影响。众所周知，科学技术本身拥有强大力量，能够迅速淘汰旧产品和旧的工艺，甚至一个工业部门。科学技术的发展，新技术、新工艺、新材料的推广应用，对企业商品性能、质量、销售、成本、定价等都有重大影响。企业要想取得经营上的成功，就必须预测科学技术发展可能引起的后果和问题，可能带来的机遇和挑战，必须十分注意本行业商品的技术状况及科技发展趋势。

企业只有高度重视科技发展影响的预测，才能使企业的生产技术、经营活动紧跟世界科技潮流，在竞争中处于优势地位，如企业加强本行业商品技术状况及发展前景的预测，就可以加速对新商品、新工艺、新材料和新能源的开发和利用，推陈出新、升级换代，将企业运行建立在科技进步的基础上。

4. 企业经营能力和经营效益的预测

企业是市场商品的生产供应者，也是生产资料商品的需求者。企业生产经营的变化对市场需求变化有很大的影响。因此，市场预测还要包括企业经营能力和经营效益的预测。

企业经营能力的预测，主要是对企业研究发展能力、销售能力等的预测。企业研究发展能力预测，主要包括市场调查的能力、技术创新能力、管理协调能力、经营决策能力等方面的预测。企业销售能力的预测，主要有拓宽销售渠道能力、促销技术能力、销售服务能力等方面的预测。

企业经营效益的预测，主要是预测企业的经济效益和社会效益。企业经营的目的就在于以较少的投入获取较大的收益。企业经济效益预测，是对未来一定时期内企业生产经营活动所取得的经济效果与劳动耗费进行预测，如企业投资效益预测。社会效益是指企业经营行为是否有益于消费者身心健康，是否有益于环境保护等。企业社会效益预测是对未来一定时期内企业从事市场营销活动的结果给社会宏观效益所带来的影响的预测。一个好的企业，不仅要有良好的经济效益，也要有良好的社会效益。

5. 市场占有率预测

市场占有率预测，是预测某企业生产或营销的某种商品的产量或销量，在该种商品的全社会总生产量或总销售量中所占的比重。在现代社会生产中，绝大多数商品都是由多家企业生产和多家企业营销的。企业注重对市场占有率的预测，能够促使其在组织生产或营销中，提高经营管理水平，提高生产产品的质量和营销产品的质量，促使企业采用先进的生产技术和灵活多样的营销手段。

市场预测除了上述内容外，同行竞争趋势的预测、消费者心理行为预测、产品市场生命周期预测、商业营销发展趋势预测等，都是市场预测的重要内容。

7.4 预测方法的比较

无论预测什么内容，都要推导出一个结果，取得预测结果的技术手段便是预测方法。市场预测方法可以归纳为定性预测和定量预测两大类。将这两大类方法结合并越来越多地运用计算机技术，是预测方法发展的总趋势。

7.4.1 定性预测方法

定性预测方法也称判断分析法或经验判断法，是指依靠预测者的个人经验和知识，凭个人的主观判断来预测今后发展的趋势和状态的方法，一般是在缺少可以利用的历史统计资料的情况下进行的，侧重于对市场的性质进行分析，受具体判断人的主观影响很大，通常由预测者集体来进行。集体预测是定性预测的重要内容，能集中多数人的智慧，克服个人的主观片面性。

在实际工作中，由于影响市场发展的因素错综复杂，资料难以数量化，甚至根本不可能用数量指标表示。比如，一定时间内市场形势的发展变化情况，国家某项政策对消费倾向、市场前景的影响，我国加入 WTO 后对我国企业的利弊影响等。这种情况下的预测，一般只能采用定性预测方法。另外，企业经营活动中的分析经营环境、制订战略规划、技术开发或新产品研制等，往往也只能采用定性预测方法。定性预测要求预测者具有从事预测活动的经验，同时要善于收集信息、积累数据资料，尊重客观实际，避免主观臆断，这样才能取得良好的预测效果。

定性预测方法简便，易于掌握，而且时间快，费用省，因此得到广泛应用，特别是进行多因素综合分析时，采用定性预测方法，效果更加显著。但是，定性预测方法缺乏数量分析，主观因素的作用较大，预测的准确度难免受到影响。因此，在采用定性预测方法时，应尽可能结合定量分析方法，使预测过程更科学，预测结果更准确。

7.4.2 定量预测方法

定量预测方法，也称统计预测法。是指在数据资料充分的基础上，运用数学方法，有时还要结合计算机技术，对事物未来的发展趋势进行数量方面的估计与推测的方法。定量预测方法有两个明显的特点：一是依靠实际观察数据，重视数据的作用和定量分析；二是建立数学模型作为定量预测的工具。随着统计方法、数学模型和计算机技术日益为更多的人所掌握，定量预测的运用范围会越来越广。

市场预测中的定量预测方法，是在分析影响市场供求变动因素的基础上，找出相关变量之间的因果关系，建立起数学模型，通过运算来得到预测结果。例如，若某种商品价格稳定，该商品销售额便由销售量决定。这时，销售量是自变量，设为 x，销售额是因变量，设为 y，它们之间用函数式表示为：$y=f(x)$。这一函数式就描述了这种商品在价格确定条件下的销售额与销售量之间的相互关系及其变化规律。如果变量之间的关系能确定地描述，则称变量之间存在因果关系；如果变量之间的关系不能确定地描述，就称变量间为相关关系。不论变量之间存在的是因果关系还是相关关系，都可采用定量预测方法进行预测。

定量预测方法的运用，要求有充分的历史资料；影响预测对象发展变化的因素相对稳定；能在预测对象的某一指标与其他相关指标的联系中找出规律性，并能以此作为依据建立数学模型，实际工作中，由于社会经济现象错综复杂，不可能把所有变动因素都纳入数学模型。有些数据难以取得或取得数据成本过高，使定量预测方法的运用也存在一定的局限性。

7.4.3 市场预测方法的选择

实践中，对同一预测对象，往往可以选用不同的预测方法或建立几种预测模型来预测。每一种预测方法都有自己的特点和适用范围。让预测方法与预测对象相匹配，是提高预测精度的重要途径。选择预测方法一般应考虑以下因素。

（1）预测的期限及范围。每种预测方法均有其最适宜的预测期限和预测范围，其最适宜期限和范围与要求的预测期限和范围相匹配时，才能得到比较理想的预测精度。短期预测适合采用经验判断法、平均数法和指数平滑法等；长期预测则适合采用专家意见法、百分比率递增法、回归分析法等。宏观预测一般采用德尔菲法、投入产出法和系统分析法等；微观预测一般采用经验判断法和指数平滑法。

（2）预测的资料及模型。资料充分、数据准确可靠，可采用定量预测方法；相反，资料缺乏、数据变化较大且不稳定，则应采用定性预测方法。不同的数据资料模式，适合采用不同的定量预测方法。平均法和一次指数平滑法只能处理数据中的水平模式；较高阶的平滑法可以处理趋势性模式；回归分析法可以处理大多数数据模式。而定性预测方法之所以有比较广泛的适用性，就是因为它不需识别数据的基本模式，不存在与数据模式相匹配的问题。

（3）预测费用及精度。预测费用与预测方法的复杂程度和预测结果的精确程度成正比。预测方法越复杂或预测精度要求越高，预测费用就越大。一般而言，定量预测比定性预测的费用要高。在某些情况下，预测的准确性在±10%范围内就可满足预测的要求，而在另一些情况下，5%的变动就会给企业带来灾难，因此，必须从预测精度和所需费用两个方面权衡利弊得失，然后决定预测方法的选择。

总之，在选用预测方法时，一方面要考虑预测对象的内容和目标、市场发展动态以及所掌握资料等实际情况；另一方面还要遵照事物发展的连贯性、可比性、相关性原则。因此，对影响因素在时间、因果、结构等方面的演变趋势进行综合分析，才能决定预测方法的选择。

7.5 影响预测效果的原因及模型修正

7.5.1 市场预测的误差及其原因

市场预测对于生产经营的决策者来说，无疑是一件不可缺少的、具有战略性指导意义的研究工作，对克服市场营销决策中的主观随意性和盲目性，减少因市场营销决策失误而造成的经济损失，从品种、质量、数量上生产适销对路的商品，最大限度地满足不同层次、不同要求的市场需要，具有十分重要的战略意义。

市场处在错综复杂的变化之中，由于供给能力与需求结构、人口及人口素质、价值观念、收入与价格水平、经济政策等因素变化的影响，市场预测值往往与市场实际情况在品种和数量上出现一定的偏离，这就是市场预测的误差性。市场预测是对未来市场发展变化趋势的一种推测，它本身就具有极大的不确定性，未来预测目标作为一种不确定事物，它可能发生，也可能不发生；它可能在预测期中发生，也可能提前或滞后发生；即使在预测期中发生了，也可能在范围、程度、数量上与预测值有出入。因此，对市场预测来说，预测结果的准确性是相对的，存在误差是绝对的，其准确性是在合理的误差区间里的准确性；超过合理误差区间的“误差”则是一种不切实际的错误判断，应予以推翻。

市场预测既要充分反映市场实际情况，保证其准确性，又要承认和允许一定程度的误差存在，绝不能因预测误差的存在而否认预测的重要性和实用性，对待市场预测误差的正确态度是分析产生误差的原因，并采取最适当的方法加以修正，努力缩小预测值与市场实际情况在空间、时间和数量上的差距。

影响市场预测效果的原因很多，既有主观原因，又有客观原因，其中主要有以下几点。

(1) 参加预测人员的数量、代表性、业务素质、实际经验、工作态度、互相配合的情况等都会直接影响预测效果的准确性。

(2) 预测对象的复杂程度、结构变化与市场因素波动（如突发事件、消费者心理变化）等原因，也影响预测效果的准确性。

(3) 国家和地方的方针、政策和法规的变化，经济体制改革、国际市场行情、进出口贸易以及社会文化意识潮流等，都会造成预测的误差。

(4) 预测模型的确定、变量的选取、样本容量的大小、统计资料的真实性和准确性、预测方法的选择、计算过程中的误差等，也是造成市场预测误差的重要原因。

7.5.2 修正误差的要求和标准

市场需求同其他事物一样是一种具有连续性的客观存在，未来的市场是在过去和现在的市场基础上演变和发展起来的，它存在一种内在的、固有的、客观的规律性。市场预测就是依据对市场发展规律的认识程度，判断和推测未来市场变动特点和趋势。一般来说，市场发展规律发生作用的条件不变，合乎规律的市场现象就会重复发生。然而，市场的内部条件和外部条件不是固定不变的，未来市场的发展也绝不是今日市场的简单重复，这就要求市场预测人员根据市场条件的变化，及时修正预测误差，为市场营销决策提供真实准确的依据。

做好预测误差的修正工作，除了配备一定数量的懂业务、工作态度好、具有预测经验、构成合理的预测队伍外，还应做好以下工作：首先核实已有的市场信息，并及时掌握近期有关的市场信息资料，建立市场信息档案，从各种所需资料对比中，分析其特性和成因；其次，根据资料的具体情况选择预测方法，在符合预测要求的前提下，力求省时、省力、方便、简单；最后，在真实准确的市场信息与合理预测方法基础上，进行实事求是的预见和推断，保证预测值的真实可靠程度。

查明较大误差的成因后，应对症下药，加以更正。纠正预测误差的重要内容之一是修正预测模型。本着简单实用的原则，我们仅对简单平均法逐期调整模型作一简介。

(1) 求出相邻两期预测误差的平均值，作为预测模型的修正值，其计算公式为

$$D_1 = \frac{(Y_1' - Y_1) + (Y_2' - Y_2)}{2}$$

式中，D_1 为修正值；Y_1'、Y_1 分别为第一期预测值和实际值；Y_2'、Y_2 分别为第二期预测值和实际值。

（2）将 D_1（可正可负）加进模型的常数项，再用修正后的模型进行第三次预测，求出第二次修正值，其计算公式为

$$D_2 = \frac{(Y_2' - Y_2) + (Y_3' - Y_3)}{2}$$

本章小结

预测，是针对未来不确定事件的推断和测定，是研究未来不确定事件的理性表述，是对未来事物发展变化的趋向以及人类实践活动的后果事先所做的估计和测定。市场预测是在正确的理论指导下，通过广泛调查取得第一手资料或第二手资料，再运用定性分析和定量分析的方法，对市场今后的发展变化作出质的描述和量的估计的过程。

市场预测的基本原理包括：连续性原理、类推原理、相关原理和概率原理。开展科学的市场预测，必须具备一些基本的条件或基本要素。从宏观方面看，这些要素指经济理论、计算方法和计算工具。从微观方面看，信息、方法、分析和判断是市场预测的四个基本要素。市场预测的基本程序包括：①确定预测目标；②收集分析有关资料；③分析判断；④选择预测方法，建立预测模型；⑤做出预测结论（编写预测报告）。

市场调查的作用包含以下几点：有利于企业作出正确的经营决策；有利于企业主动适应市场变化，提高企业竞争力；有利于企业提高经营计划的科学性和经济效益。

市场预测的基本要求指客观性、全面性、及时性、科学性、持续性和经济性。市场预测的内容有市场需求预测、市场供求关系和价格变化的预测、科学技术发展影响的预测、企业经营能力和经营效益的预测、市场占有率预测。

预测方法一般包括定性预测方法和定量预测方法两大类，前者指依靠预测者的个人的经验和知识，凭个人的主观判断来预测今后发展的趋势和状态的方法；后者是指在数据资料充分的基础上，运用数学方法，有时还要结合计算机技术，对事物未来的发展趋势进行数量方面的估计与推测的方法。选择预测方法一般应考虑以下因素：预测的期限及范围、预测的资料及模型和预测费用及精度。

由于市场处在错综复杂的变化之中，市场预测值往往与市场实际满足结果在品种和数量上出现一定的偏离，这就是市场预测的误差性。影响市场预测效果的原因很多，既有主观原因，又有客观原因，这就要求市场预测人员，根据市场条件的变化，及时修正预测误差，为市场营销决策提供真实准确的依据。

案例

体验营销打赢中秋月饼战

自古以来，月饼都是国人欢度中秋的佳品。随着近年人们生活水平不断提高，我国月饼消费不断看涨，根据焙烤食品糖制品工业协会调查，去年中秋月饼消费市场为 80 亿～100 亿元。与此同时，各类食品企业也抓住这个热点，大力开展市场竞争。于是，

一时间“9999”元的天价月饼、“中华第一大月饼”等各类营销手段层出不穷，甚至连迪士尼都不放过这个机会，推出了与卡通风格相结合的迪士尼月饼。但是，由于节日消费的限制，月饼只能作为一个季节性产品出现。所以，月饼生产设备的闲置期也较长，一般的流水线真正生产时间每年不过两个月左右，而生产的准备却要半年左右。这种独特与繁杂的特点使月饼的投资与营销风险都很大，而各地区独特的文化差异与消费特点，又使该类营销难上加难。

作为上海最大的老字号餐饮企业，H 酒楼在营销月饼的过程中，坚持由外而内的观念，以消费者的需求为出发点。为了能够获得第一手信息，H 酒楼在一些时尚购物网站及公司主页上展示其月饼的图片、价格、口味等详细说明，使消费者对即将上市的产品有个初步了解。同时，为了得到反馈信息，H 酒楼在当地月饼节上采用了月饼免费试吃的体验营销策略，并通过网络开展调查，从而方便消费者对产品提出改进意见。另外，H 酒楼还不断总结以往的经验与教训，根据往年各个经销商提出的意见进行月饼口味开发。最终，通过庞大的信息库资料，H 酒楼在决战前的几个月就抓住了消费者的味蕾，并在战役打响时正确地调整了产品结构，有效地实现了定制化生产，保障了整个营销体系的平衡。

通过这个案例我们不难看出，月饼营销与其他行业营销一样都没有什么太大奥秘。有效的市场调查、准确的市场预测是整个营销战役成功的关键，通过试吃、反馈，收集体验信息、总结失败经验等一些“笨方法”，可以使餐饮企业在营销过程开展之前实现定制化生产，合理控制库存量，最终为中秋决战做好保障。

案例思考：

1. 通过上述案例分析，你认为什么是市场预测？有什么特征？
2. 上述案例中的免费试吃的根本目的是什么？是否有更好的建议？

能力提升

- **主要知识点**：市场预测的含义、分类，基本原理、程序、要求和内容。
- **本章重点**：市场预测的程序。
- **重要概念**：市场预测。

第8章　市场定性预测法

调查需要用望远镜?

本章要点

1. 理解定性预测法的概念及原理。

2. 掌握产品市场生命周期预测法、领先指标法、类比法、市场试销法、转导法、买主意向调查法、市场联测法、主观概率预测法、集合意见法、专家会议法和德尔菲法等定性预测方法的要点和应用。

定性预测法是指不依托数学模型，凭借预测者的经验、学识和综合分析能力对市场未来发展变化趋势作出判断和估计的预测方法。这种方法在社会经济生活中应用广泛，适合于预测对象的影响因素难以分清主次或主要因素难以用数学表达式模拟的预测问题。遇到这类预测问题，预测者可以运用已掌握的历史资料和最新材料，凭借自己的业务知识、工作经验和综合分析的能力，对事物未来的发展方向、趋势和重大转折点作出估计与推测。定性预测的主要方法有很多，这里主要介绍常用的、效果较好的产品市场生命周期预测法、领先指标法、类比法、市场试销法、转导法、买主意向调查法、市场联测法、主观概率预测法、集合意见法、专家会议法和德尔菲法等。

8.1　资料分析预测法

现实生活中，各行各业都有现成的统计资料，各个企业组织又有自己的销售资料，预测人员利用这些现成资料，可以快速进行定性预测，省时又省事，效果又很好。

产品市场生命周期预测法、领先指标法和类比法就是利用现成的销售资料、营销知识和市场经验进行最简单的判断、分析，从而推测市场现象未来较短时期的变化发展趋势的预测方法。这几种方法都是最简单的定性预测法。

8.1.1　产品市场生命周期预测法

市场营销学中讲过产品的市场生命周期是指产品从投入市场开始到被市场淘汰为止的时间过程。产品市场生命周期预测法就是将过去的销售资料描绘成图形，预测人员凭借丰富的市场经验和营销知识，对图形进行观察分析，对这种市场现象未来的发展趋势进行预测的方法，常用于对产品市场生命周期的预测分析。产品市场生命周期的四个阶段如图 8-1 所示。

在产品的市场生命周期销售曲线图中，AB 段为初始缓慢增长阶段，BC 段为迅速增长阶段，CD 段为增长率下降的增长阶段和缓慢下降阶段，DE 段为迅速下降阶段，E

点以后进入淘汰阶段。AB 段为初始发展阶段，称为投入期，企业需要加大投入，改善生产条件，改进产品。BC 段是消费者快速接受的阶段，称为成长期，企业应加大宣传力度，建立销售渠道，抢占市场。CD 段是产品社会化的重要阶段，称为成熟期，企业应加强生产，获取最大利润，同时进行新产品的研究开发。DE 段是产品销售量快速下降的阶段，称为衰退期，企业应减少产品的生产，转而生产更新的产品。E 是临界点，应淘汰该产品。

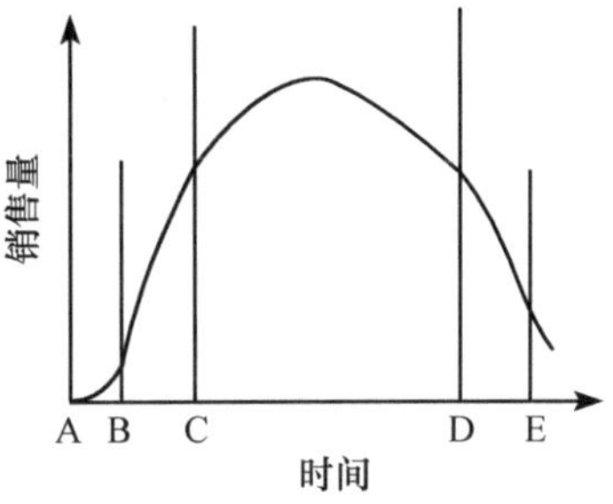

图 8-1　产品的市场生命周期的销售曲线图

8.1.2　领先指标法

社会现象可看作是随时间推移而不断发展的变量。比较各种变量变化的曲线图形，常常会发现某些变量的图形存在着明显的相似性，即曲线之间具有相似的上下波动形态，而且起伏变化间距也几乎是相同的，就是说某一曲线经过一段时间由波峰（或波谷）发展到了波谷（或波峰），而另一条曲线也就以相同的时间从波峰（或波谷）发展到了波谷（或波峰）。根据这一特点，人们可以把先发生变动的事物作为参照物，以此推测后发生变动的事物的发展变化趋势。

1. 领先指标、同步指标和滞后指标

与预测对象的发展变化具有相似性的变量可分为三类：第一类在变化时间上早于预测对象，即波峰或波谷的出现时间均早于预测对象，这类变量称为领先指标（或先行指标）；第二类在变化时间上几乎与预测对象相同，称为同步指标；第三类在变化时间上迟于预测对象，被称为滞后指标（或后行指标）。

例如，基本建设的投资，是机械产品、钢材、木材、水泥等建筑材料需求量的先行指标，根据国家公布的基本建设投资规划，可以预测一段时间后这些生产资料的需求情况。人口增长和人均收入的变化是生活资料需求量的先行指标，根据国家的人口规划和提高人民收入水平的计划，可以预测一定时期之后某些消费品的需求量。基本建设对钢材、水泥和木材三大材料的需求量是同步指标，并且各需求量之间还有较为固定的比例关系。如果其中某种材料的生产或供应能力不足，则另外两种材料的需求也将受到限制，因此，通过研究“短线”（供应能力不足）材料可供数量的变化情况，可以预测供应能力有余材料的需求量。滞后指标有助于验证领先指标所表示的经济趋向是否真实。

2. 领先指标法预测步骤

（1）根据预测的目标和要求找出领先指标。例如，预测化工产品的价格变动，可把石油价格变动作为领先指标。

(2) 画出领先指标、同步指标、滞后指标的时间序列图。

(3) 进行分析，得出预测结果。

3. 领先指标法的应用条件

领先指标法适用于诸如原材料价格的变动先于制成品价格的变动，教育事业的发展先于科学技术的发展等中短期预测。应用领先指标法应注意，指标之间的关系是根据以往的经验和历史数据来确立的，国家的某些政策很可能已改变了指标之间以往的伴随关系，领先指标与预测对象之间的提前时间也不一定是常数。认真分析这些情况，确认指标之间的伴随关系到现在是否仍然存在、间隔时间有什么变化，是应用领先指标法进行预测的必要条件，也是减少预测风险的要求。

8.1.3 类比法

类比法是把预测目标与其同类的或相似的先行事物加以对比分析，来推断预测目标未来发展趋势及可能达到水平的一种预测方法。

类比法一般用于新产品销售预测。因为新产品在投放市场前，没有销售资料，所以，预测其销售量只能通过同类产品销售资料进行类比分析。类比法依据类比的目标不同可分为产品类比法、地区类比法、行业类比法、更新换代类比法。

(1) 产品类比法。产品类比法就是以国内市场上的同类产品或类似产品的生命周期为参照，来类推某产品的生命周期的方法。其依据是同类产品在发展历程上有其相似性。

(2) 地区类比法。地区类比法就是以国内不同地区或国外发达国家同种或类似产品的发展在时间上的差异，来类推某种产品在该地区的发展变化规律的方法。由于经济发展水平不同，同种产品在不同地区进入市场的时间也是不同的，产品在先入地域表现出的发展规律往往对后入地域的发展过程具有指导意义。但要注意的是，产品在后入地域的发展变化虽然与先入地域有相似性，但是人具有学习能力，这种学习能力会在一定程度上改变产品在后入地域的表现，如生命周期或者某些阶段时间会缩短。

(3) 行业类比法。行业类比法是根据同一产品在不同行业使用时间的先后，利用该项产品在先使用行业所呈现出的特性，类推该项产品在后使用行业的规律的方法。许多产品的发展是从某一行业开始的，逐步向其他行业推广。

(4) 产品升级换代类比法。当今社会科学技术发展日新月异，新产品层出不穷，产品更新换代的周期越来越短。新老产品之间具有一定的继承性，产品升级换代类推法就是利用更新换代前产品的变化规律类推更新换代后产品的变化规律的方法。

下面以国外吸尘器市场发展类比我国同类产品市场需求量为例，说明类比法的预测步骤。

1996 年时，日本国民经济人均收入达到 1000 美元，1970 年吸尘器普及率达到 68.3%。我国和日本同属于东方国家，人民生活习惯也相似。在 20 世纪 80 年代初步形成一定的吸尘器市场需求，考虑在 20 世纪末我国人均收入可以达到 1000 美元，为此，以日本 1970 年吸尘器普及率为我国 2000 年吸尘器普及的预测值，以 1982 年我国居民吸尘器普及率0.15%为起点，再参照日本吸尘器市场1970年之前普及率发展的不同阶段——1983～1990年和1991～2000年，类推出两个不同阶段的普及率增长量分别为3%和6%，那么就可以先计算出1983～2000年逐年的普及率，再考虑逐年的全国居民数，就可以预测计算出逐年的吸尘器市场需求量。

8.2 市场调查预测法

市场调查预测法是指预测者首先进行市场调查，获取市场的直接资料，然后对资料进行分析和测算，从而对市场未来的需求状况进行预测的方法。

市场调查预测法的预测结果较为客观，它根据直接调查获得的客观实际资料进行分析推断，人为主观判断较少，可以在一定程度上减少主观性和片面性，故也称其为客观性市场预测方法。另外市场调查预测法适用性较强，尤其是在缺乏历史资料的情况下，通过直接调查，可以获得较为可靠的预测结果，如新产品的需求预测等。市场调查预测法主要介绍市场试销法、转导法、买主意向调查法、市场联测法、主观概率预测法等。

8.2.1 市场试销法

试销商品是指尚未在当前市场上销售过或还未正式进入市场的新产品或改进的老产品。市场试销法是将试销商品投放到小范围市场中，进行销售实验，调查消费者对商品的反映偏好，并以此调查资料为依据进行市场预测的方法。

这种方法应用范围广泛，适用于新产品或进行了重大改进的老产品，如改变了原有产品的性能、款式、花色、包装、价格等，均可采用市场试销法预测其市场销售前景。市场试销方式是多种多样的，如自行设立试销专柜或建立试销门市部，也可委托经销商试销。市场试销要求顾客直接付款购买，所以能够真实地反映顾客对试销商品的购买态度。通过市场试销，能够了解消费者对产品品种、规格、质量、价格、外观等的意见和看法，以及市场消费潜力等市场需求情况，所以其预测结果是比较可靠的。

8.2.2 转导法

转导法是以间接调查所得的某项经济指标预测值为基础，依据该指标与预测目标间相关比率的资料，转导出预测指标的一种方法。

例如：华威集团拟预测明年在当地市场上的汽车销售额。设当年当地商品销售总额为42亿元，增长速度为15%，经调查，汽车销售额占商品销售额的比重为5%，该厂在汽车市场中的市场占有率为20%。

根据这些资料用转导法预测如下：

$$\begin{aligned}\text{华威集团明年当地市场汽车销售额} &= 420\,000\times(1+15\%)\times 0.05\times 0.2\\ &= 4\,830\ (\text{万元})\end{aligned}$$

这种方法适用于本公司产品在某地区已经有一定的市场份额，对未来市场销售前景或市场需求规模的预测，利于企业作出恰当的决策。

8.2.3 买主意向调查法

买主意向调查法是指通过一定的调查方式（如典型调查、抽样调查等）选择部分消费者，调查其对未来某种商品的购买意向，并在此基础上对商品需求量或销售量进行预测的方法。在缺乏历史统计数据的情况下，运用这种方法，可以取得数据资料，作出市场预测。

买主意向调查法预测步骤如下所述。

第一，将消费者的购买意向分为不同等级，用相应的概率来描述其购买可能性大小。例如，耀华公司将消费者的购买意向分为 5 个等级，其对应的购买概率，如表 8-1 所示。

表 8-1 消费者购买意向概率表

购买意向	肯定购买	可能购买	未定	可能不买	肯定不买
概率 P/%	100	80	50	20	0

第二，向被调查者介绍所要调查的商品的具体情况，如耀华公司电脑的性能、特点、价格，同类商品的性能、价格等，以便于被调查者准确地作出选择、判断，并调查被调查者的购买意向。

第三，对购买意向调查资料进行分析、整理并汇总列表。例如，耀华公司对该市 300 户居民进行了电脑购买意向调查，该市居民为 12 万户，资料整理汇总如表 8-2 所示。

表 8-2 各种购买意向相应的概率及人数（户数）

购买意向	肯定购买	可能购买	未定	可能不买	肯定不买
概率 P/%	100	80	50	20	0
人数（户数）	4	10	20	110	156

第四，计算购买比例的期望值，并预测购买量。

购买比例的期望值为

$$\frac{4\times100\%+10\times80\%+20\times50\%+110\times20\%+156\times0}{300}=\frac{4+8+10+22}{300}\approx14.7\%$$

下半年电脑销售量预测值为

$$14.7\%\times12=1.764\text{（万台）}$$

该市下半年电脑销售量预测值为 1.764 万台。

购买意向调查法适用于高档耐用消费品和生产资料等商品销售的预测，一般消费品的购买缺少计划性，很难了解消费者的购买意愿，一般不适用。值得指出的是，当市场上存在多种性能、价格都类似的产品时，企业很难就某种特定的产品进行购买意向的调查。因为不少消费者往往需要到商店购买时，才能决定购买何种品牌的产品。购买意向调查法也可用来预测消费者对商品花色、品种、款式、规格、价格等方面的需求，以便生产企业能够更好地向市场提供适销对路的产品。

8.2.4 市场联测法

市场联测法是指企业以某一典型市场的调查资料为基础，运用分析、判断、联测的方法，对其他市场或整体市场进行预测的方法。

由于主客观条件的限制，企业不可能对整个市场进行全面普查，只能是重点调查或典型调查。因此，在许多情况下运用某一典型市场的调查资料，经过分析、判断，对其他市场或整个市场进行联测，就成为客观需要，运用市场联测法，其关键在于选定的样本市场应具有典型性和代表性，应是总体市场的缩影，即能反映市场总体的全貌。

例如：华威集团为了开拓 4 个城市的汽车需求市场，用市场联测法预测明年上半年 4 个城市的汽车总需求量。

用 X_1、X_2、X_3、X_4 分别代表企业要开拓汽车销售的 4 个城市市场。居民对汽车的需求与居民收入水平有关，而 X_1、X_2、X_3、X_4 4 个城市的居民收入大致相同。因此，可以对某一城市汽车需求作抽样调查，如以 X_1 为样本城市进行调查，并以这一城市抽样调查资料为依据，联测其他 3 个城市的汽车需求量，其具体步骤如下所述。

第一步，收集 4 个城市今年上半年汽车销售数字和居民户数的资料，并计算销售率。通过间接调查，这一方面资料如表 8-3 所示。

表 8-3 4 个城市今年上半年汽车销售统计资料

市场	X_1	X_2	X_3	X_4
实际销售量/辆	6000	7600	8400	5300
居民户数/万户	4	5.2	6	3.5
户均销售率/辆	0.15	0.146	0.14	0.151

销售率的公式如下：

$$C_i=\frac{实际销售量}{居民户数}$$

按上式计算 4 个城市今年上半年汽车销售率分别为 0.15、0.146、0.14、0.151。

第二步，计算 4 个城市明年上半年汽车需求率。

对 X_1 城市居民进行抽样调查，得知每百户居民汽车需求量为 11 辆。若用 D_i 表示需求率，则对于 X_1 来说，城市户均需求率为

$$D_1=\frac{实际需求量}{居民户数}=\frac{11}{100}=0.11(辆)$$

对 X_2、X_3、X_4 城市没有进行抽样调查，通过联测法间接求得它们的汽车需求率分别为 D_2、D_3、D_4。

由于 4 个城市今年上半年销售率差异可以近似反映 4 个城市明年上半年需求的差异，这样两个城市的销售率之比近似等于两个城市需求率之比，即

$$\frac{D_2}{D_1}=\frac{C_2}{C_1}\left(或\frac{D_3}{D_1}=\frac{C_3}{C_1}，\frac{D_4}{D_1}=\frac{C_4}{C_1}\right)$$

由此，不难求出 X_2、X_3、X_4 城市的户均需求率分别为 D_2、D_3、D_4。

$$D_2=\frac{C_2}{C_1}\cdot D_1=\frac{0.146}{0.15}\times 0.11=0.107\ (辆)$$

$$D_3=\frac{C_3}{C_1}\cdot D_1=\frac{0.14}{0.15}\times 0.11=0.103\ (辆)$$

$$D_4=\frac{C_4}{C_1}\cdot D_1=\frac{0.151}{0.15}\times 0.11=0.11\text{（辆）}$$

第三步，根据各城市需求率计算 4 个城市汽车需求量。

需求量计算公式为

$$\text{需求量}=\text{需求率}\times\text{居民户数}$$

各城市的汽车需求量分别为

X_1 城市需求量＝0.11×40 000＝4 400（辆）

X_2 城市需求量＝0.107×52 000＝5 564（辆）

X_3 城市需求量＝0.103×60 000＝6 180（辆）

X_4 城市需求量＝0.11×35 000＝3 850（辆）

最后，确定 4 个城市明年上半年汽车总需求量预测值为

4 400＋5 564＋6 180＋3 850＝19 994（辆）

以上就是仅根据 X_1 城市抽样调查资料而预测出 X_2、X_3、X_4 城市需求率，进而求得 4 个城市总汽车需求预测值的过程。

8.2.5 主观概率预测法

概率有客观概率和主观概率两种表现形式。客观概率是指某一实验重复无限多次时，其中的某一事件发生的次数。它只适用于在相同条件下可以多次重复实验的情况。例如，一枚硬币可以反复无数次的抛掷，结果出现正面和反面的概率都是 50%。由历年气象数据统计得到的某地某月某日无雨的概率为客观概率。但是，在经济预测中，许多经济事件不能重复实验，特别是在事件发生之前就要估计它出现的概率时，这就需要有主观概率。

主观概率预测法是不基于统计资料而基于主观预测的概率，由人们根据自己的经验和知识对某一事件可能发生的程度给出一个主观估计数的方法。例如，预报员根据气象观察数据和理论，预测未来某天无雨的概率；销售员估计某商品有 80%可能是积压滞销；管理人员估计明年利润上升的概率为 90%。这些都是个人主观的估计判断，反映个人对某事件的信念程度，因而是一种主观概率。主观概率预测法的适应性很强，在预测中越来越受到重视。

不同人对同一事件的判断，由于其知识经验和认识能力的不同，会有所差别。对同一事件在同一条件下出现的概率，不同的人可能提出不同的主观概率，并且主观概率是否正确也无法核对。例如，一个销售人员预测明年销售量上升的概率为 80%，另一个人则认为明年的销售量上升的概率只有 60%，这时，无法判断谁提出的概率是正确的。即使明年的销售量上升了，也不能证明上升的概率是 80%还是 60%。因此，寻求合理的或最佳的估计概率，常要调查较多人的主观估计，并了解他们提出的主观概率的依据。

主观概率预测法是一种适用性很强的预测方法，可用于人类活动的各个领域。但是它要求被调查者懂得概率及积累概率的意义，这样才能作出准确的估计和判断。有时需要对被调查者事先进行简单的培训，让被调查者熟悉和掌握这种方法，此外，还有必要了解被调查者预测的依据。

现以某地商品销售额预测为例，说明主观概率预测法的预测步骤。

(1) 准备预测资料并提出预测要求，应尽可能向被调查者提供详尽的资料，这样有利于被调查者作出更准确的判断。

例如：将某地过去若干年的商品销售额资料按月整理成表 8-4，供被调查者参考，要求预测第四年 11 月份商品销售额，预测误差不得超过 6 万元。

表 8-4　某地商品销售历史资料　　单位：万元

月份	第一年	第二年	第三年	第四年
1	62	70	166	212
2	56	68	175	208
3	58	66	192	212
4	60	70	176	204
5	59	75	166	206
6	60	70	188	218
7	68	92	191	225
8	63	80	198	
9	60	80	202	
10	58	88	210	
11	61	98	212	
12	62	126	208	

(2) 制订调查表，收集被调查者的预测数据。调查表是用来调查各个被调查者对未来销售额增长趋势估计的主观概率，以获取可以用来预测第四年 11 月份销售额的资料。为了更加方便地统计预测数据，通常先确定累积概率（主观概率），将累积概率值在 0～1间分出多个层次，如 0.1，0.2，0.3，…，0.99 等，然后由被调查者按相应的概率填写预测数据（销售额）。表 8-5 为主观概率调查表。

表 8-5　主观概率调查表

被调查人姓名：　　单位：万元

累积概率	0.010 (1)	0.125 (2)	0.250 (3)	0.375 (4)	0.500 (5)	0.625 (6)	0.750 (7)	0.875 (8)	0.990 (9)
商品销售额									

注意，表 8-5 中第 1 栏累积概率为 0.010 的商品销售额是可能的最小数值，表示小于该数值的可能性只有 1%。第 9 栏累积概率为 0.990 的商品销售额是可能的最大值，说明商品销售额大于该数值的有 1%。第 5 栏累积概率为 0.500 的商品销售额，表示大于和小于该数值的机会都是 50%。

(3) 汇总整理。将各个被调查者填写的预测值加以汇总，并计算出各栏平均数，如表 8-6 所示。

表 8-6 各个被调查者预测值汇总 单位：万元

被调查人	0.010 (1)	0.125 (2)	0.250 (3)	0.375 (4)	0.500 (5)	0.625 (6)	0.750 (7)	0.875 (8)	0.990 (9)
A	190	193	194	197	200	202	204	205	208
B	177	189	192	194	198	200	204	205	225
C	184	190	192	198	202	204	206	208	230
D	194	195	196	197	198	199	200	201	202
E	197	198	200	203	205	208	210	212	218
F	168	179	180	184	190	192	194	196	198
G	192	198	200	206	207	212	216	219	224
H	180	184	186	189	194	195	198	200	205
I	189	189	189	191	192	193	194	195	198
J	196	202	202	205	205	209	212	213	220
平均数	186.7	191.7	193.1	196.4	199.1	201.4	203.8	205.4	212.8

（4）判断预测。根据汇总表，可以作出如下判断。

该市第四年 11 月份的商品销售额最低可达 186.7 万元，小于这个数的可能性为 1%。

该市第四年 11 月份的商品销售额最高可达 212.8 万元，超过这个数的可能性也只有 1%。

可以用 199.1 万元作为第四年 11 月份该市商品销售额的预测值，这是最大值与最小值之间的中间值，其累积概率为 50%，是商品销售额期望值的估计数。

取预测误差为 6 万元，则预测区间为（199.1－6）～（199.1＋6），即商品销售额的预测值在 193.1 万～205.1 万元。

预测商品销售额在 193.1 万～205.1 万元，在第 3 栏到第 8 栏的范围之内，其发生概率相当于：0.875－0.250＝0.625。也就是说，商品销售额在193.1 万～205.1 万元的可能性为 62.5%。扩大预测误差的范围，可以提高实现的可能性。例如，要求误差在±12万元以内，则预测区间为 187.1 万～211.1 万元，在第 1 栏到第 9 栏的范围之内，其相应概率为 0.99－0.01＝0.98，即商品销售额在187.1 万～211.1 万元的可能性达到 98%。在实际应用中，还需要研究过去已做过的预测和实际发生数的偏差，计算出平均偏差，并以此对预测值进行校正。

8.3 集合意见预测法

集合意见预测法是指根据预测目标，邀请有关人员（企业内部或外部），先根据其专业知识、职业经验进行个人判断，对问题提出预测意见和建议，再综合各有关人员的意见，最后形成相对一致的看法的一种预测方法。

8.3.1 集合意见法的含义

集合意见法是指先请相关人员主要是企业内部经营管理人员、业务人员凭借自己的经验对市场未来需求趋势进行判断并提出个人预测意见，再集合大家意见作出市场预测的方法。企业经营管理人员和业务人员，他们最熟悉市场需求变化情况，对他们的意见进行充分调查并加以集中，可以对市场的未来情况作出预测。

集合意见法最突出的特点在于可以避免个人经验预测产生的主观片面性，集合管理人员、业务人员、内勤人员的意见，有利于调动工作人员的积极性。

8.3.2　集合意见法的步骤

采取集合意见法进行预测，一般步骤如下：

(1) 预测组织者根据企业经营管理的要求，向预测人员提出预测项目和预测期限的要求，并尽可能提供有关背景资料。

(2) 预测人员根据预测要求及掌握的背景资料，凭个人经验和分析判断能力，提出各自的预测结果，在此过程中，预测人员应进行必要的定性分析和定量分析。定性分析是对预测问题出现的可能性以及性质进行分析。定量分析是对预测问题作定量的估计，包括各种可能状态出现的主观概率和数值。

(3) 预测组织者收集预测人员的预测结果并计算期望值。期望值等于预测人员的预测结果中各种可能状态的主观概率和状态值乘积之和。

(4) 将参与预测的有关人员分类，如厂长（经理）类、管理职能科室类、业务人员类等，计算各类人员的综合期望值，一般采用平均数、加权平均数或中位数等方法计算。

(5) 确定最后预测值。预测组织者将各类人员的综合期望值通过加权平均法等方法计算出最后的预测值。

例如：某零售企业为了预测明年的烟酒销售额，要求经理和业务科、计划科、财务科及销售员作出年度销售预测。

运用集合意见法进行预测的具体步骤如下：

第一步，各位经理、科室负责人和销售员分别提出各自的预测结果，分别如表 8-7～表 8-9 所示。

表 8-7　经理预测结果

经理	销售估计值						期望值	权数
	销售好/万元	概率	销售一般/万元	概率	销售差/万元	概率		
甲	500	0.3	420	0.5	380	0.2	436	0.6
乙	540	0.4	490	0.4	360	0.2	484	0.4

表 8-8　科室负责人预测结果

科室负责人	销售估计值						期望值	权数
	销售好/万元	概率	销售一般/万元	概率	销售差/万元	概率		
业务	600	0.5	410	0.2	350	0.3	487	0.3
计划	540	0.4	470	0.3	350	0.3	462	0.3
财务	570	0.3	450	0.3	320	0.4	434	0.4

表 8-9 售货员预测结果

售货员	销售估计值						期望值	权数
	销售好/万元	概率	销售一般/万元	概率	销售差/万元	概率		
甲	490	0.3	390	0.5	310	0.2	404	0.4
乙	520	0.3	440	0.4	360	0.3	440	0.3
丙	530	0.2	430	0.5	370	0.3	432	0.3

第二步，计算各预测人员的期望值。

如经理甲的期望值为

$$500\times0.3+420\times0.5+380\times0.2=436$$

依次计算各预测人员的期望值，并填入表中。

第三步，计算各类人员综合预测值，即分别求出经理类、科室人员类、销售员类的综合预测值。

综合预测值公式为

$$y=\frac{\sum w_i y_i}{\sum w_i}$$

式中，y 为某类人员预测值；y_i 为某类人员的期望值；w_i 为某类人员的期望值权数。

经理类综合值为

$$\frac{436\times0.6+484\times0.4}{0.6+0.4}\approx455\text{（万元）}$$

科室人员类综合预测值为

$$\frac{487\times0.3+462\times0.3+434\times0.4}{0.3+0.3+0.4}\approx458\text{（万元）}$$

销售员类综合预测值

$$\frac{404\times0.4+440\times0.3+432\times0.3}{0.4+0.3+0.3}\approx423\text{（万元）}$$

第四步，确定最后预测值。

这是对三类人员的综合预测值应用加权平均法再加以综合。由于三类人员的综合预测值重要程度是不同的，所以应当为三类人员综合预测值赋予不同的权数（权数可以是小数，也可以是正整数）。现假定：经理类权数为 4；科室人员权数为 3；销售人员权数为 2。

最后预测值为

$$\frac{455\times4+458\times3+423\times2}{4+3+2}=\frac{1820+1374+846}{9}\approx449\text{（万元）}$$

8.4 专家预测法

8.4.1 专家会议法

专家会议法，是指邀请有关方面的专家，通过会议的形式进行集体的分析判断，对市场未来需求趋势或企业某个产品的发展前景作出判断，并将各个专家的个人意见综合起来，得到较为一致结论的预测方法。这种方法能凝聚众多专家的智慧，与会专家能自由发表意见，各种观点能互相启发、互相借鉴，有利于集思广益，有利于各种意见得到修改、补充和完善。同时，专家会议法节省时间，节省费用，应用灵活方便，对一些重大问题的预测较为可信。但是，这种方法采用会议的形式，为了便于组织和讨论，应对专家数量作出限制，而且专家会议法的参与人员也会受到感情、个性、时间及利益的影响，不能充分或真实地表明自己的意见。会议上，与会人员易被个别有权威的专家所左右，形成意见一边倒。由于与会人员的个性和心理状态不同，如有些人不愿发表与多数人不同的意见，出于自尊心不愿当场修改原来发表过的意见，因此，会议的最后综合意见，可能并不能完全反映与会专家的全部正确意见。

1. 专家的选择

专家会议法预测能否顺利并取得成功，很大程度上取决于专家的选择。专家选择应满足以下要求：①专家要有广博知识，有丰富的与预测问题相关的工作经验；②专家要有代表性，应有各个方面的专家参与，如有市场营销专家、管理专家、财务专家、生产技术专家等；③专家要有一定的市场调查和日常预测方面的知识和经验。

2. 会议的准备

为了使专家会议法取得成效，会前也需要进行一定的调查研究，提供一定的资料，如市场动态资料，不同厂家所生产的同类产品的质量、性能、成本、价格对比等资料，以及同类产品的历史销售资料等。

预测的组织准备工作必须注意两个问题。

（1）如何选择专家，包括确定专家的数目和代表性。

（2）如何让专家充分发表意见。在专家会议上，会议主持人应让与会者畅所欲言，各抒己见，自由讨论；会议的组织者不发表可能影响会议的倾向性观点，只是广泛听取意见。在充分讨论的基础上，综合各专家的意见，形成有关市场未来变化发展的趋势或某一产品未来需求前景的预测结果。

8.4.2　德尔菲法

德尔菲法也叫专家小组法。德尔菲法是美国兰德公司在 20 世纪 40 年代末首创的，最先用于科技预测，20 世纪 60 年代以来在市场预测中逐步得到广泛应用。因此，专家小组法也称为德尔菲法。

德尔菲法是为了克服专家会议法缺点而产生的一种新的专家预测方法。如前所述，专家会议虽能有集思广益之效，但是存在以下缺点：参加会议的人数有限，代表性不够，影响讨论；个别权威和能言善辩的专家可能左右会场；由于自尊心，即使个人意见依据不充分，也不愿当面修正，从而影响预测结论的正确性。因此，后来形成以匿名方式，向一组专家轮番分别征询意见，加以综合整理，逐步取得一致预测意见的专家小组法——德尔菲法。

所谓德尔菲法，是指采用“背靠背”的通信函询方式，征询专家小组成员的预测意见，经过几轮征询，使专家小组预测意见趋于集中，最后做出符合市场未来发展趋势的预测结论的方法。如果说专家会议法是专家们面对面开会进行预测，那么，德尔菲法就是用专家“背靠背”方式进行预测，即专家之间互不往来，彼此之间都不知道对方是谁。采用“背靠背”形式克服了在专家会议法中经常发生的有些专家不能充分发表意见、权威专家的个人意见左右其他人意见的弊病，使各位专家能真正、充分地发表自己的预测意见。德尔菲法的一般步骤如下所述。

（1）确定预测题目，选择专家，形成小组。确定预测题目，即明确预测目的和对象，选择专家小组则是决定向谁作有关的调查。这两点是有机地联系在一起的，即被选定的专家，必须是对确定的预测对象具有丰富知识的人，既包括理论方面的专家，也包括具有丰富实际工作经验的专家。这样组成的专家小组，才能对预测对象提出可信的预测值。为了确保专家的代表性，专家的选择通常采取“三三制”，即企业内部各部门负责人占总专家数的三分之一，企业内部直接从事产品销售的人员占总专家数的三分之一，企业外部相关专家的人数占专家数的三分之一，专家人数一般为 10～20 人。

（2）制订征询表，准备有关材料。预测组织者要将预测对象的调查项目，按次序排列绘制成征询表，准备向有关专家发送，同时还应将填写要求、说明一并设计好，使各专家能够按统一要求提出预测值。

（3）采用匿名方式进行多轮函询。

第一轮，预测组织者将预测课题、征询表和背景材料，邮寄给每位专家，要求专家一一作答，提出个人初步预测结果。

第二轮，预测组织者将第一轮汇总整理的意见、预测组的要求和补充的背景材料，反馈给各位专家，进行第二轮意见征询。

专家们在接到第二轮资料后，可以了解其他专家的意见，并由此作出新的预测判断，他既可以修改自己原有的意见，也可以仍然坚持第一轮的意见，并将第二轮预测意见按期寄给预测组织者。

第三轮，预测组织者将第二轮汇总整理的意见、补充材料和预测组的要求，反馈给各位专家进行第三轮意见征询，要求每位专家根据收到的资料，再发表第三轮的预测意见。专家们将第三轮意见（修改的或不修改的）再次按期寄回。这样，经过几次反馈后，各位专家对预测问题的意见会逐步趋于一致。

（4）运用数理统计分析方法对专家最后一轮预测意见加以处理，做出最后的预测结论。

用德尔菲法征询专家意见一般要求在三轮以上，只有经过多次的征询，专家们的看法才能更加成熟、全面，并使预测意见趋于集中。

用数理统计分析方法处理专家们的预测数据，得出最终预测值，一般采用平均数法和中位数法。

例如：假定对某新产品投放市场后的年销售量进行预测。预测前，选择了产品设计生产专家 3 人、商品学专家 3 人、批发业务专家 5 人、零售业务专家 5 人、消费者代表 5 人，并向他们发出了征询意见表，经过三轮的意见反馈，得到专家们的判断意见具体数据，现只列出第三轮的反馈意见数据，如表 8-10 所示。

表 8-10　德尔菲法预测值汇总表　　单位：万台

专家小组成员		最低销售量	最可能销售量	最高销售量
设计生产专家	A	25	70	77
	B	35	65	74
	C	30	60	67
商品学专家	A	31	55	80
	B	34	64	70
	C	32	62	75
批发业务专家	A	33	54	74
	B	40	60	78
	C	28	51	65
	D	30	56	70
	E	25	50	68
零售业务专家	A	26	52	58
	B	34	43	56
	C	32	42	57
	D	25	54	66
	E	27	52	60
消费者代表	A	22	32	40
	B	24	30	50
	C	26	33	45
	D	20	34	42
	E	22	33	52
合　计		601	1 052	1 324

（1）用平均数法确定预测值，其计算公式为

$$Y=\frac{\sum X}{n}$$

式中，X 为各位专家的预测值；n 为专家人数（或数据个数）。

将表 8-10 中的数据代入公式，得到：

最低销售量预测值为

$$Y=\frac{601}{21}\approx 28.62(\text{万台})$$

最可能销售量预测值为

$$Y=\frac{1\,052}{21}\approx 50.10(\text{万台})$$

最高销售量预测值为

$$Y=\frac{1\,324}{21}\approx 63.05(\text{万台})$$

最后，可以根据各种预测值出现的概率，计算综合预测值。假设三种销售量的概率分别为0.2、0.6、0.2，则综合预测值为

$$28.62\times0.2+50.10\times0.6+63.05\times0.2\approx48.40\text{（万台）}$$

即预测新产品的年销售量为48.40万台。

（2）用中位数法确定预测值。

中位数的位置为$\frac{n+1}{2}$。

确定预测值：将专家的预测值从小到大排列，碰到重复的数值舍去，那么中位数所处的位置的数据，就是中位数。

将表8-10中专家预测值，按其数值从小到大排列：

最低销售量分别为20万台、22万台、24万台、25万台、26万台、27万台、28万台、30万台、31万台、32万台、33万台、34万台、35万台、40万台，共计14个数据。

中位数所在的位置为

$$\frac{n+1}{2}=\frac{14+1}{2}=7.5$$

那么，第7个和第8个数据为中位数，取其平均数作为预测值，即$\frac{28+30}{2}=29$。

最可能销售量分别为30万台、32万台、33万台、34万台、42万台、43万台、50万台、51万台、52万台、54万台、55万台、56万台、60万台、62万台、64万台、65万台、70万台，共17个数据。

中位数所在的位置为

$$\frac{n+1}{2}=\frac{17+1}{2}=9$$

那么，第9个数据为中位数，即52。

最高销售量分别为40万台、42万台、45万台、50万台、52万台、56万台、57万台、58万台、60万台、65万台、66万台、67万台、68万台、70万台、74万台、75万台、77万台、78万台、80万台，共计19个数据。

中位数所在的位置为

$$\frac{n+1}{2}=\frac{19+1}{2}=10$$

那么，第10个数据为中位数，即65。

最后，可以根据各种预测值出现的概率，计算综合预测值。假设三种销售量的概率分别为0.2、0.6、0.2，则综合预测值为

$$29\times0.2+52\times0.6+65\times0.2=50\text{（万台）}$$

即预测新产品的年销售量为50万台。

德尔菲法具有以下特点。

（1）匿名性，即“背靠背”地分头向各位专家征询意见，参加预测小组的专家互不见面，姓名保密，只需同预测组织者单独联系。匿名讨论比召开专家会议面对面的讨论

效果好，能够使专家打消顾虑，做到独立思考判断，既依靠了专家，又克服了专家会议的缺点。

(2) 反馈性。向一组专家轮番分头征询意见，每次征询都要把预测组织者的要求和各位专家匿名的意见反馈给全组专家，使各位专家在了解各种不同意见及其理由、掌握全局情况的基础上，拓展思路，提出独立的新见解。

(3) 统计性。对专家经过多次轮番征询意见和反馈后，意见渐趋一致，用统计方法加以集中整理，可以得出定量化的综合预测结果。

德尔菲法和专家会议法同属于专家预测法，它们都适用于缺乏数据资料的市场预测。与专家会议法相比较，德尔菲法的优点是：参与预测的专家能独立思考，各抒己见，能充分表达个人的预测判断，不受权威人物的影响；可以参考别的专家的看法，避免主观片面性，从而提高预测质量。德尔菲法的主要缺点是：轮番函询需花费较长的时间，预测主要凭专家主观判断，缺乏一定的客观标准。

本章小结

定性预测法是指不依托数学模型，而是凭借预测者的经验、学识和综合分析能力来进行预测的方法。这种方法主要针对的是对影响预测对象的因素难以分清主次，或者主要因素难以用数学表达式模拟的预测问题。

产品的市场生命周期是指产品从投入市场开始到被市场淘汰为止的时间过程。产品市场生命周期预测法就是将过去的销售资料描绘成图形，预测人员凭借丰富的市场经验和营销知识，对图形进行观察分析，对这种市场现象未来的发展趋势进行预测的方法，常用于对产品市场生命周期的预测分析。

人们可以把先发生变动的事物作为参照物，以此推测后发生变动的事物的发展变化趋势。这种方法是领先指标法。

市场试销商品是指尚未在当前市场上销售过或还未正式进入市场的新产品或改进的老产品。市场试销法是将试销商品投放到小范围市场中，进行销售实验，调查消费者对商品的反映偏好，并以此调查资料为依据进行市场预测的方法。

转导法是以间接调查所得的某项经济指标预测值为基础，依据该指标与预测目标间相关比率的资料，转导出预测指标的一种方法。

买主意向调查法是指通过一定的调查方式（如典型调查、抽样调查等）选择部分消费者，调查其对未来某种商品的购买意向，并在此基础上对商品需求量或销售量进行预测的方法。在缺乏历史统计数据的情况下，运用这种方法，可以取得数据资料，作出市场预测。

市场联测法是指企业以某一典型市场的调查资料为基础，运用分析、判断、联测的方式，对其他市场或整体市场进行预测的方法。

主观概率预测法不是基于统计资料而是基于主观预测的概率，由人们根据自己的经验和知识对某一事件可能发生程度给出的一个主观估计数的方法。

集合意见预测法是指根据预测目标，邀请有关人员（企业内部或外部），先根据其专业知识、职业经验进行个人判断，对问题提出预测意见和建议，再综合相关人员的意见，最后形成相对一致看法的一种预测方法。

专家会议法，是指邀请有关方面的专家，通过会议的形式进行集体的分析判断，对市场未来需求趋势或企业某个产品的发展前景作出判断，并将各个专家的个人意见综合起来，得到较为一致结论的预测方法。

德尔菲法，是指采用“背靠背”的通信函询方式，征询专家小组成员的预测意见，经过几轮征询，使专家小组预测意见趋于集中，最后做出符合市场未来发展趋势的预测结论的方法。德尔菲法具有匿名性、反馈性、统计性三个特点。

案例

某新型建材的市场预测

某建材有限公司是一个集高科技和绿色环保于一体的新型建材企业，从奥地利引进全套先进的干粉砂浆生产线，去年正式投产，年生产能力 20 万吨，是国内生产规模最大的专业干粉砂浆生产企业之一。但企业经营却遇到了危机，全年销售干粉仅 3000 吨，财务账面亏损近 500 万元。究其原因，主要是产品品种少。为改变现状，市场研发部召集了企业内部技术人员、研发人员、市场营销人员和内部专家，讨论并制订了新产品研发项目方案，准备研发 12 个新的产品项目（其中改进 5 个老产品项目，开发 7 个全新产品项目）。为了保证产品研发项目方案的正确性，保障企业的根本利益，企业决定采用德尔菲法来广泛征求企业外部各类专家的意见，对干粉产品项目今后的发展趋势作出判断。

1. 设计意见征询函

对于国内建材行业来说，一个有发展前景的新产品研发项目应该满足以下特征：①低成本的；②适合国内市场的；③实用性强的；④有利于提高品牌形象的；⑤发展空间广阔的。同时，预测小组将每一项指标的重要程度划分为很重要、重要、比较重要、一般、不重要 5 个档次，分别赋以 1 分、2 分、3 分、4 分、5 分分值，其中，分值越小表示此指标越重要，由专家根据对指标重要程度的认识对每项指标赋分值。以初始指标集和赋值规则作为主体，再加上对咨询目的、意义和要求等的阐述，以及专家基本信息等内容，拟订出了专家意见征询函。

2. 确定征询对象

考虑到实际操作过程中研究资源的情况，预测小组研究选择的专家主要有以下三种类型：一是地方政府建筑职能部门相关领导（简称“政府代表”）；二是有关建材方面的高校及科研部门专家以及高校相关专业部分研究生（简称“研究人员”）；三是工厂技术干部和科研人员（简称“工厂人员”）。作为政府部门的在职人员，政府代表对预测未来产品发展趋势有充分的经验；作为高校及科研部门专家和高校的研究生，研究人员具备了相关产品的理论知识；作为工厂的技术干部和科研人员，工厂人员具备关于研发过程和结果的相当的熟悉程度和经验。参与此次整个德尔菲法研究的专家总数约为 45 人，各类型专家的比例为 1∶1∶1。

3. 给专家发送意见征询函

按照德尔菲法的实施程序，将以研发项目评估为主体内容的意见征询函，通过信函、电子邮件的方式分别向 45 位选定的专家进行调查。

4. 汇总征询意见

从第一轮专家征询的统计结果看出，各位征询专家普遍认为准备改进的老产品和准备研发的新产品都有一定的可发展性和可行性。但专家反馈意见的离散程度普遍较高，这反映出专家们对重点选择和研发哪些产品项目的意见分歧较大，协调性差，需继续进行征询。

5. 反复征询

根据第一轮专家征询的统计结果，从 12 个待研发的产品项目中选出了大部分专家都认可的 10 个产品项目进入意见征询函，参加下一轮专家征询，并把全部专家对产品项目的意见和建议都反馈给每个专家，让每个专家都可以充分的了解其他人的意见并有机会改变自己的决定。经过三次反复征询后，专家的意见已基本确定。将征询意见汇总整理归纳后，得出以下意见：从 12 个产品中最终选择出了 5 个产品项目构成了企业五年计划中需要研发的产品项目，其中包括待提高的老产品 2 种，淘汰 1 种；待研发的新产品 3 种，淘汰 1 种。

公司在获得上述资料以后，并没有马上进行决策。市场研发部组织了专门的调查小组，进行了更深层次的调查。调查结束后公司获得了如下的重要信息：专家们所肯定的 2 种待改进的老产品和 3 种准备开发的新产品，经过小规模生产后的销售试验发现，市场需求量和市场潜力都很可观。这说明运用德尔菲法进行预测的预测结果是比较准确的，起到了定性预测的作用。

案例思考：

1. 请总结并口述德尔菲法的过程。
2. 改良的专家会议法主要改进了哪些地方？

能力提升

• **主要知识点**：产品市场生命周期预测法、领先指标法、类比法、市场试销法、转导法、买主意向调查法、市场联测法、主观概率预测法、集合意见法、专家会议法和德尔菲法的含义、基本思路、适用对象和预测步骤。

• **本章重点**：预测方法的运用。

• **重要概念**：产品市场生命周期预测法、领先指标法、类比法、市场试销法、转导法、买主意向调查法、市场联测法、主观概率预测法、集合意见法、专家会议法和德尔菲法。

• **动手操练**：对已有调查取得资料开展一种或几种定性预测，得出初步结论。

第9章　市场定量预测法

调查也要注重细节？

本章要点

1. 了解时间序列的基本类型。

2. 掌握简单平均法、加权平均法、移动平均法、指数平滑法、季节指数法等方法的思路、步骤及运用。

3. 理解一元回归预测法的预测思路与步骤。

定量市场预测法是指在数据资料充分的基础上，运用数学方法（有时还要结合计算机技术），对市场未来的发展趋势进行数量方面的估计与推测的预测方法。这种方法有两个明显的特点：一是依靠实际观察数据，重视数据的作用和定量分析；二是建立数学模型作为定量预测的工具。定量预测法有很多，本章介绍两大类：一类是时间序列预测法，主要包括简单平均法、加权平均法、移动平均法、指数平滑法和季节指数法，这里先介绍时间序列预测的原理，再分别介绍各种方法；另一类是因果关系分析法，也叫回归分析预测法，包括一元回归预测法、二元回归预测法和多元回归预测法，这里主要介绍回归预测步骤和常用的一元回归预测法。

9.1　时间序列预测的原理

9.1.1　时间序列

时间序列也称动态数列或时间数列，就是把市场经济现象的实际观测值按时间的先后顺序排列而成的数列。时间序列有很多种类，按时间序列排列指标的时间周期不同，时间序列可分为年度时间序列、季度时间序列和月度时间序列等。

9.1.2　时间序列预测法

时间序列预测法是通过研究市场现象历史资料的时间序列，找出其规律，建立数学模型，假定这个规律向未来延伸，从而对市场现象进行外推的市场预测方法。因此，时间序列预测法又称为历史延伸法。

（1）时间序列预测法的前提是市场现象发展具有连续规律性。市场现象的实现是历史发展的结果。而市场现象过去和现在的发展变化规律和发展水平，会影响到市场现象未来的发展变化规律和发展水平，市场现象未来的变化规律和发展水平，是市场现象过去和现在变化规律和发展水平的结果。

还应看到，事物的发展不仅有连续性的特点，而且又是复杂多样的。市场现象未来发展变化规律和发展水平，不一定与其历史和现在的发展变化规律完全一致。随着市场现象的发展，它还会出现一些新的特点，必须要研究分析市场变化的新特点、新表现，并且将这些新特点和新表现充分考虑在预测值内。

（2）时间序列预测法实际上是将市场所有的影响因素都归结到时间这一因素上，认为所有影响因素的综合作用，在未来对预测对象仍然起作用，即只有时间因素在发生变化，其他因素的影响都集中反映在时间因素上。

当外界因素发生重大变化时，时间序列预测往往会出现较大偏差。市场现象在一个较长时间内外界因素发生变化的可能性远大于较短的时期，因而，时间序列预测法对于中短期预测的效果要比长期预测的效果好。

9.1.3　时间序列的基本类型

弄清楚时间序列的基本类型，有助于我们把握时间序列的规律，选择合适的预测方法，若以时间为横坐标（时间单位可以为分钟、小时、天、周、月、季、年或若干年），以某种现象的值为纵坐标，可以形象地将时间序列分为以下五种类型：水平型、趋势型、季节型、周期型和不规则型。

（1）水平型时间序列（图 9-1），是指时间序列的数据在一定时期内呈现出围绕某一稳定值（平均值）上下波动，并不远离稳定值的趋势。

（2）趋势型时间序列（图 9-2），是指时间序列的数据在一定时期内呈现出持续上升或持续下降的趋势。这是由某些影响事物发展的根本因素引起的一种长期倾向，如房价上涨、股价下跌等。趋势型时间序列分为两种类型：一类是直线趋势型时间序列，即时间序列的数据图表现为直线式的下降或直线式的上升，也称为线性时间序列；另一类是曲线趋势型时间序列，即时间序列的数据图表现为曲线式的上升或曲线式的下降。曲线趋势型时间序列也称为非线性时间序列。

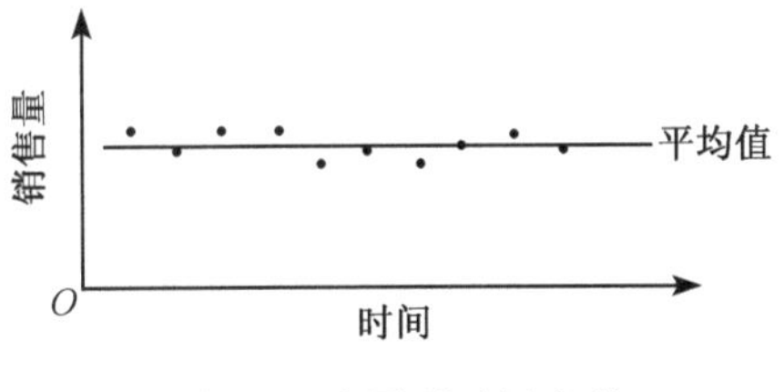

图 9-1　水平型时间序列

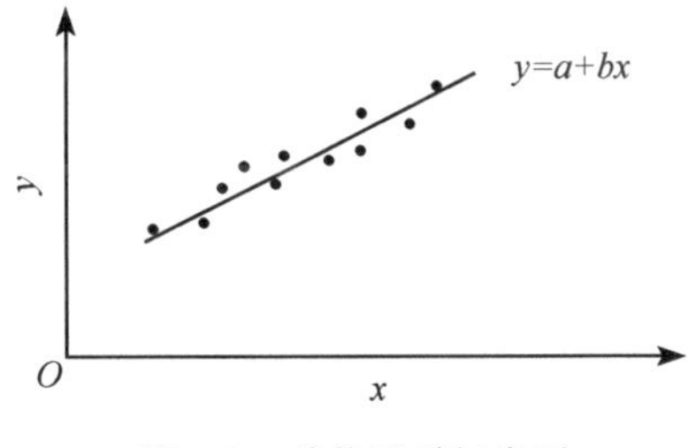

图 9-2　趋势型时间序列

（3）季节型时间序列（图 9-3），是指时间序列的数据以一年为周期，随着季节变换，在每年的不同季节会反复出现波峰和低谷的规律变动。例如，空调、冷饮的销售量，夏季是销售旺季，冬季是销售淡季，每年均如此。

（4）周期型时间序列，是指时间序列数据在较长周期（3 年、5 年或更长时间）内，呈现出有规则地上升或下降相互交替的循环变动状况。例如，经济呈现衰退、危机、复苏和繁荣四个阶段，在一个较长时间内循环往复。政府宏观调控可以调整此类波动的幅度，但无法消除此类波动。周期变动也可泛指间隔数年就出现一次的市场现象变动规律，如旗袍的流行、喇叭裤的流行等。

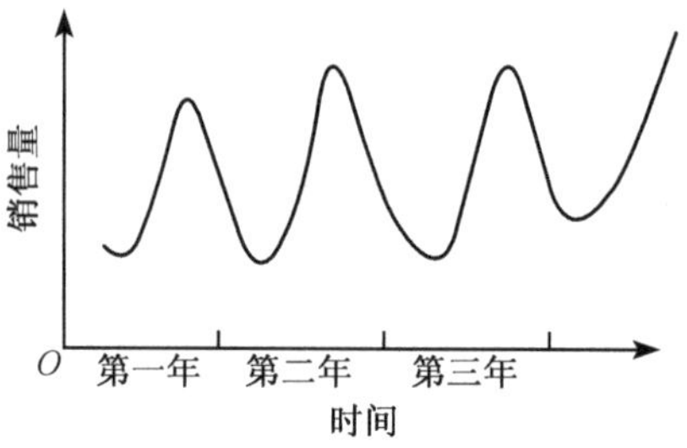

图 9-3 季节型时间序列

时间序列预测法依据的时间序列数据必须是这四种类型，它的预测结果才有科学性和准确性。也就是说，利用时间序列法进行市场预测是有条件的，它采用的时间序列数据必须是有一定规律性变动的数据。

(5) 不规则型时间序列。时间序列数据没有一定的规律，通常是由一些突发事件引起的，如“SARS”“9·11”事件等。

将时间序列分出各种类型，是为了便于观察分析时间序列的规律，并根据其规律选择合适的预测方法来开展预测。

9.2 简单平均法

简单平均法是将观察期内时间序列的各期数据的简单平均数作为下期预测值的预测方法。

时间序列的数据无显著的长期趋势变化和季节变动时，适宜采用此法进行预测。如果数列存在明显的长期趋势变动和季节变动时，则不宜使用。

简单平均法由下列公式求得

$$\bar{x}=\frac{\sum_{i=1}^{n} x_i}{n} \quad (i=1,\ 2,\ 3,\ \cdots,\ n)$$

式中，$\bar{x}$ 为简单平均数；x_i 为时间序列中的各个具体数据，$(i=1,\ 2,\ 3,\ \cdots,\ n)$；$n$ 为时间序列中的数据个数。

例 9-1 某商场 1～6 月份商品销售额，如表 9-1 所示。

表 9-1 某商场 1～6 月份商品销售额 单位：万元

时间	1 月	2 月	3 月	4 月	5 月	6 月
销售额	160	170	159	175	176	175

请用简单平均法预测该商场 7 月份的销售额。

$$x_7=\bar{x}=\frac{\sum_{i=1}^{n} x_i}{n}=\frac{160+170+159+175+176+175}{6}=169(\text{万元})$$

在简单平均法中，有一种先进的平均数法。它是在求得简单平均数基础上，再对先进行简单平均数的有关数据求平均数，并以先进平均数作为预测值，也称为先进平均数。

以上题为例，用先进平均数法预测商场7月份销售额的步骤是：

第一步，求出算术平均数。

$$\bar{x}=169\text{ 万元}$$

第二步，求出先进平均数。比简单平均数169万元高的月销售额分别有170万元、175万元、176万元、175万元四个月的数据，求其平均数就是先进平均数：

$$\frac{170+175+176+175}{4}=174\text{（万元）}$$

该商场7月份销售额为174万元。

显然，这一预测结果比简单平均数预测结果更合理些。

9.3　加权平均法

加权平均法，是给时间序列的各个数据以不同的权数，计算出加权平均数，并以其作为预测值的方法。

在简单平均法中，对时间序列的各个数据同等看待，没有区分各个数据对预测值影响的重要程度。而加权平均法认为，时间序列中的各个数据对预测值的影响程度是不同的。距离预测期越近的数据对预测值影响越大，它的权数就要大些；距离预测期越远的数据对预测值影响越小，它的权数就越小。如何给时间序列中的数据分配权数，由预测者个人决定。

设时间序列中有 n 个观察值 X_1，X_2，…，X_n，分别赋予它们的权数是 w_1，w_2，…，w_n，则这些观察值的加权平均数 $\overline{X}_w$ 就是所求预测值。其计算公式为

$$\overline{X}_w=\frac{\sum_{i=1}^{n}w_iX_i}{\sum_{i=1}^{n}w_i}\quad(i=1,2,3,\cdots,n)$$

例9-2　某公司近6个月销售某商品的数据是120万元、130万元、128万元、135万元、132万元、140万元，用加权平均法预测下一季度该商品的销售额。

假定1～6月份的权数 w_1，w_2，…，w_6 分别为1，2，3，4，5，6，用加权平均法预测7月份的销售额为

$$\overline{X}_w=\frac{\sum_{i=1}^{n}w_iX_i}{\sum_{i=1}^{n}w_i}=\frac{1\times120+2\times130+3\times128+4\times135+5\times132+6\times140}{1+2+3+4+5+6}$$

$$\approx133.5\text{(万元)}$$

在采用加权平均法进行预测时，一般要设几种权数方案，分别计算后，再比较分析，以便最终选择出反映实际较好的预测值。

9.4　移动平均法

移动平均法是在简单平均法基础上发展起来的一种预测法。移动平均法是将观察期的数据，按时间先后顺序排列，然后由远及近，以一定的跨越期进行移动平均，求得平

均值，并以此为基础，确定预测值的方法。每次移动平均总是在上次移动的基础上，去掉一个最远期的数据，增加一个紧跟跨越期后面的新数据，保持跨越期不变，每次只向前移动一步，逐项移动，求移动平均值，故称为移动平均法。

移动平均法包括一次移动平均法、二次移动平均法和加权移动平均法等。

9.4.1 一次移动平均法

一次移动平均法是对时间序列的数据按一定跨越期进行移动，逐个计算移动平均值，取最后一个移动平均值作为预测值的方法。

一次移动平均法是直接以本期（第 t 期）移动平均值作为下期（第 $t+1$ 期）预测值的方法。它有三个特点：①预测值是离预测期最近的一组历史数据（实际值）平均的结果；②参加平均的历史数据的个数（即跨越期数）是固定不变的；③参加平均的一组历史数据的个数是随着预测期的向前推进而不断更新的。

每当吸收一个新的历史数据参加的同时，就剔除原来的一组数据中离预测期最远的那个历史数据。

一次移动平均法平均值的计算，既可以采取简单平均，又可采用加权平均，相应的方法称为简单移动平均法或加权移动平均法。

（1）简单移动平均法的移动模型为

$$F_{t+1}=(x_t+x_{t-1}+\cdots+x_{t-n})/n$$

式中，F_{t+1}为第 $t+1$ 期的预测值；x_t 为第 t 期的实际值；n 为跨越期数，即参加移动平均的历史数据的个数。

（2）加权移动平均法的预测模型为

$$F_{t+1}=(w_t x_t+w_{t-1}x_{t-1}+\cdots+w_{t-n}x_{t-n})/n(w_t+w_{t-1}+\cdots+w_{t-n})$$

式中，F_{t+1}为第 $t+1$ 期的预测值；x_t 为第 t 期的实际值；n 为跨越期数，即参加移动平均的历史数据的个数；w_t 为第 t 期的权数。

例 9-3 某商场 1～6 月份商品销售额，如表 9-2 所示。

表 9-2 某商场 1～6 月份商品销售额 单位：万元

时间	1月	2月	3月	4月	5月	6月
销售额	160	170	159	175	176	175

假定跨越期数 n 分别为 2 月和 3 月，即 $n=2$，$n=3$，分别用简单移动平均法和加权移动平均法，预测 7 月份的商品销售额。

（1）简单移动平均法的预测。

下面以简单移动平均法进行计算，如表 9-3 所示。

表 9-3 简单移动平均值计算表 单位：万元

月份	商品销售额	二期移动平均	三期移动平均
1	160	—	—
2	170	—	—
3	159	(160+170)/2=165	—

续表

月份	商品销售额	二期移动平均	三期移动平均
4	175	(170+159)/2=164.5	(160+170+159)/3=163
5	176	(159+175)/2=167	(170+159+175)/3=168
6	175	(175+176)/2=175.5	(159+175+176)/3=170
7	预测	(176+175)/2=175.5	(175+176+175)/3=175.3

当 $n=2$ 时，预测值为 175.5；当 $n=3$ 时，预测值为 175.3。

(2) 加权移动平均法的预测。

二期加权移动平均的权数由远到近依次设为 1、2；三期加权移动平均的权数由远到近依次设为 1、2、3。

下面用加权移动平均法进行计算，如表 9-4 所示。

表 9-4　加权移动平均值计算　　单位：万元

月份	商品销售额	二期移动平均	三期移动平均
1	160	—	—
2	170	—	—
3	159	(160×1+170×2)/(1+2)=165	—
4	175	(170×1+159×2)/(1+2)=164.5	(160×1+170×2+159×3)/(1+2+3)=163
5	176	(159×1+175×2)/(1+2)=167	(170×1+159×2+175×3)/(1+2+3)=168
6	175	(175×1+176×2)/(1+2)=175.5	(159×1+175×2+176×3)/(1+2+3)=170
7	预测	(176×1+175×2)/(1+2)=175.3	(175×1+176×2+175×3)/(1+2+3)=175.3

当 $n=2$ 时，预测值为 175.3；当 $n=3$ 时，预测值为 175.3。

应用加权移动平均法，最好采用几种不同的权数方案，求出它们对应的加权移动平均数，再比较它们的预测误差，从中选择预测误差最小的加权移动数作为预测值。

一次移动平均法一般适用于水平型时间序列的预测，不适用于趋势型时间序列、季节型时间序列和周期变动型时间序列。一次移动平均法对于长期趋势型时间序列不太适合，是因为它存在滞后性，即一次移动平均值的变动明显迟缓于实际值的变动，因而预测误差也较大。如果有明显的长期变动趋势，应用一次移动平均法滞后性更大，预测的误差也更大，这时要应用二次移动平均法。季节型时间序列和周期变动型时间序列需要用其他方法进行预测。

9.4.2　二次移动平均法

二次移动平均法，是对一次移动平均数再进行第二次移动平均，再以一次移动平均值和二次移动平均值为基础建立预测模型，并计算预测值的方法。

如上所述，运用一次移动平均法求得的移动平均值，存在滞后偏差，特别是在时间序列数据呈现线性趋势时，移动平均值总是落后于观察值数据的变化。二次移动平均法，正是要纠正这一滞后偏差，建立预测目标的线性时间关系数学模型，求得预测值。二次移动平均法解决了预测值滞后于实际观察值的问题，适用于有明显趋势变动的市场现象时间序列的预测，同时它还保留了一次移动平均法的优点。二次移动平均法适用于呈现线性趋势化的时间序列预测。

一次移动平均值 $F_t^{(1)}$、二次移动平均值 $F_t^{(2)}$ 的公式为

$$F_t^{(1)} = (X_t + X_{t+1} + \cdots + X_{t-n+1})/n$$

$$F_t^{(2)} = [F_t^{(1)} + F_{t+1}^{(1)} + \cdots + F_{t-n+1}^{(1)}]/n$$

式中，X_t 为第 t 期的实际值；$F_t^{(1)}$ 为第 t 期的一次移动平均值；$F_t^{(2)}$ 为第 t 期的二次移动平均值；n 为跨越期数，即参加移动平均历史数据的个数。

二次移动平均预测法的预测模式为

$$F_{t+T} = a_t + b_t T$$

其中

$$a_t = 2F_t^{(1)} - F_t^{(2)}$$

$$b_t = \frac{2}{n-1}[F_t^{(1)} - F_t^{(2)}]$$

式中，T 为由 t 期向后推移到预测期的期数。

式中的 $F_t^{(1)}$ 取计算得出的一次移动平均数序列中的最后一个一次移动平均数；$F_t^{(2)}$ 取计算得出的二次移动平均数序列中的最后一个二次移动平均数。

例 9-4 某商场 1～6 月份商品销售额，如表 9-5 所示。

表 9-5 某商场 1～6 月份商品销售额 单位：万元

时间	1 月	2 月	3 月	4 月	5 月	6 月
销售额	160	170	159	175	176	175

跨越期数 n 为 3 月，$n=3$，用二次移动平均法，预测 7、8、9 月份的商品销售额。

（1）列表求出一次移动平均值和二次移动平均值，$n=3$。先求出一次移动平均值，对一次移动平均值再作移动，求出二次平均值，$n=3$。上例中已经求出一次移动平均值（$n=3$），可直接引用，如表 9-6 所示。

表 9-6 $F_t^{(1)}$ 和 $F_t^{(2)}$ 单位：万元

月份	商品销售额	一次移动平均值 $F_t^{(1)}$	二次移动平均值 $F_t^{(2)}$
1	160	—	—
2	170	—	—
3	159	—	—
4	175	163	—
5	176	168	—
6	175	170	—
7	预测	175.3	(163+168+170)/3=167

（2）求 a_t、b_t 的值。

$$a_t = 2F_t^{(1)} - F_t^{(2)} = 2 \times 175.3 - 167 = 183.6$$

$$b_t = \frac{2}{n-1}[F_t^{(1)} - F_t^{(2)}] = \frac{2}{3-1} \times (175.3 - 167) = 8.3$$

（3）建立预测模型，计算预测值。

预测模型为

$$F_{t+T} = a_t + b_t T = 183.6 + 8.3T$$

7 月份销售额预测值为 $T=1$

$$F_7 = 183.6 + 8.3 \times 1 = 191.9（万元）$$

8 月份销售额预测值为 $T=2$

$$F_8 = 183.6 + 8.3 \times 2 = 200.2（万元）$$

9 月份销售额预测值为 $T=3$

$$F_9 = 183.6 + 8.3 \times 3 = 208.5（万元）$$

即 7、8、9 三个月销售额分别为 191.9 万元、200.2 万元、208.5 万元。

二次移动平均法与前面几种平均法相比，既可计算未来某一期的预测值，也可计算未来若干期的预测值，因而有很大的进步。但是，预测模型的参数是根据已有的数据来确定的，当数据趋势有逐渐改变的迹象时，这种方法就不能推算未来多期的预测值，而只能推算最近几期的预测值。

9.5 指数平滑法

指数平滑法是在移动平均法基础上发展起来的一种方法，实质上是一种特殊的加权移动平均法。指数平滑法是以本期的实际发生数和上期的预测值为基数，分别给予不同的权数，计算出指数平滑值，并以此确定预测结果的方法。它一般适用于长期趋势变动型时间序列和水平型时间序列的预测。指数平滑法是依据时间序列的有关数据和计算出来的指数平滑值，确定市场预测结果的方法。指数平滑法包括一次指数平滑法、二次指数平滑法和多次（三次以上）指数平滑法，一次指数平滑法适用于水平型时间序列，二次指数平滑法适用于线性趋势型时间序列，多次指数平滑法适用于非线性趋势型时间序列的预测。本节主要是阐述一次和二次指数平滑法。

9.5.1 一次指数平滑法

一次指数平滑法是指以预测对象的上期实际发生数和上期预测值的资料，用平滑系数来确定二者的权数，计算其加权平均数（即平均值），并根据平滑值确定本期预测值的一种预测方法。一次指数平滑公式为

$$F_t = \alpha D_{t-1} + (1-\alpha) F_{t-1}$$

式中，F_t 为 t 期平滑值（本期的预测值）；D_{t-1} 为 $t-1$ 期的实际发生的值（上期实际值）；F_{t-1} 为 $t-1$ 期的平滑值（上期预测值）；α 为平滑系数。

若对上式加以整理有

$$F_t = F_{t-1} + \alpha(D_{t-1} - F_{t-1})$$

用语言表达为

本期预测值＝上期预测值＋平滑系数×(上期实际值－上期预测值)

当 $\alpha=0$ 时，$F_t=F_{t-1}$，即本期预测值等于上期预测值，也就是在进行预测时，不考虑上期实际值 D_{t-1}所反映新的影响因素的变化，认为市场是稳定的。

当 $\alpha=1$ 时，$F_t=D_{t-1}$，即本期预测值等于上期实际值 D_{t-1}，也就是在进行预测时，不考虑以往影响市场变化的各种因素对预测对象的作用，认为市场多变，只需要考虑当前的新情况。

在一般的情况下，进行市场预测，既要考虑当前的市场新情况，又要考虑以往影响市场变化的各种因素对预测（如以往的销售资料），所以，α 取值在 0～1 之间。

一次指数平滑法预测的基本步骤如下所述。

（1）对于有较明显趋势变动的时间序列，平滑系数 α 应取较大值，即$\alpha>0.6$，主要是为了突出近期数据对预测值的影响。对水平型时间序列，平滑系数 α 应取较小值，即 $\alpha<0.3$。因为水平型数据变动趋势不明显，随机因素多，因此，α 应取较小值。对于介于上述两者之间的时间序列，平滑系数 α 应取中间值，即 $0.3\leqslant\alpha\leqslant0.6$。

（2）确定初始平滑值 F_0。应用一次指数平滑法，必须确定初始平滑值 F_0。

初始平滑值是指最早的一个预测值，它不能从公式中求得，只能加以估算。比如，求第二期的预测值 F_2 的计算公式为

$$F_2 = F_1 + \alpha(D_1 - F_1)$$

要得到 F_2 的值，必须先求出 F_1 的值。F_1 的值应该是

$$F_1 = F_0 + \alpha(D_0 - F_0)$$

可是，在实际资料中，F_0 是不存在的，指数平滑法也不能将其求出来，因此对 F_0 采取估计方法。一般情况下，当时间序列的数据资料较多时，如 $n\geqslant10$，这时初始值对以后预测值的影响甚小，可直接选用第一期实际观察值 D_1 作为初始值；反之，如果时间序列的数据资料较少，如 $n<10$，则因初始值对以后预测值的影响较大，这时一般采用最初三期的实际值的简单平均数作为初始值，实际应用中往往直接设 $F_1=D_1$。

（3）计算各期平滑值并进行预测。

我们举一具体例子说明一次指数平滑法的应用。

例 9-5　某企业近 10 个季度销售洗发露资料如表 9-7 所示，请用一次指数平滑法预测下一季度洗发露销售量。

具体步骤如下：

A. 确定平滑系数 α，本例 $\alpha=0.1$ 和 $\alpha=0.6$。

B. 确定初始平滑值 F_1。由于本例 $n=10$，故 $F_0=D_1=50$。

C. 代入指数平滑公式 $F_t=\alpha D_{t-1}+(1-\alpha)F_{t-1}$，依次计算各期一次指数平滑值。

表 9-7　某企业近 10 个季度销售洗发露资料　　单位：万瓶

季度	销售量 D_t	平滑值 F_t ($\alpha=0.1$)	平滑值 F_t ($\alpha=0.6$)	预测误差 ($\alpha=0.1$) $\lvert D_t-F_t \rvert$	预测误差 ($\alpha=0.6$) $\lvert D_t-F_t \rvert$
1	50	50.0	50.0	—	—
2	52	50.0	50.0	2	2
3	51	50.2	51.2	0.8	0.2
4	50	50.3	51.1	0.3	1.1
5	57	50.3	50.4	6.7	6.6
6	64	51.0	54.4	13	9.6
7	68	52.3	60.2	15.7	7.8
8	67	56.8	64.9	10.2	2.1
9	69	57.8	66.0	11.2	3.0
10	75	58.9	67.9	16.1	7.1
下季度	预测	60.5	72.1		
$\sum$				76	39.5

D. 比较 $\alpha=0.1$ 和 $\alpha=0.6$ 时，预测误差大小。

当 $\alpha=0.1$ 时，平均绝对误差为

$$\frac{\sum \lvert D_t - F_t \rvert}{n} = \frac{76}{9} \approx 8.4$$

当 $\alpha=0.6$ 时，平均绝对误差为

$$\frac{\sum \lvert D_t - F_t \rvert}{n} = \frac{39.5}{9} \approx 4.4$$

比较 $\alpha=0.1$ 和 $\alpha=0.6$ 时平均绝对误差，则 $\alpha=0.6$ 时，平均绝对误差小，所以，选择 $\alpha=0.6$。

E. 计算下一季度预测值。

$$F_{11}=0.6\times D_{10}+(1-0.6)\times F_{10}=0.6\times 75+0.4\times 67.9=72.1(\text{万瓶})$$

应用一次指数平滑法预测，α 取值一般应从 0.1 开始，0.2，0.3，……逐个计算其预测值，分析预测误差，从中确定预测误差最小的 α 值，并以此确定最后预测值。

从上面计算过程中，我们可以发现，一次指数平滑法在计算每一个平滑值时，只需用一个实际观察值和一个上期的平滑值就可以了，计算过程简便，计算工作量不会过大。一次指数平滑法也有明显不足。一次指数平滑法只能预测未来一期市场现象的表现，这在很多情况下造成了局限性，不能满足市场预测者的需要。一次指数平滑法对无明显趋势变动的市场现象进行预测是适合的，但对于有趋势变动的市场现象则不适合。当市场现象存在明显趋势时，不论 α 值取多大，其一次指数平滑值也会滞后于实际观察值。对于一次指数平滑法的不足，二次指数平滑法就可以克服。

9.5.2　二次指数平滑法

二次指数平滑法，是指在一次指数平滑值基础上再进行一次指数平滑，求得二次指数

平滑值序列，通过两次指数平滑值序列的比较分析，建立线性方程来进行市场预测的方法。

二次指数平滑法与一次指数平滑法关系密切。一方面，二次指数平滑值必须在一次平滑值基础上计算。另一方面，二次指数平滑法解决了一次指数平滑法不能解决的两个问题：一是解决了一次指数平滑不能用于有明显趋势变动的市场现象的预测；二是解决了一次指数平滑只能向未来预测一期的局限性。二次指数平滑法在其应用中，首先是计算出有关时间序列的一次、二次指数平滑值，然后在此基础上建立二次指数平滑预测模型，利用预测模型进行预测，并进行误差分析，最后确定预测值。

二次指数平滑值的计算公式为

$$F_t^{(2)}=\alpha F_t+(1-\alpha)F_{t-1}^{(2)}$$

式中，F_t 为第 t 期的一指数平滑值；$F_t^{(2)}$ 为第 t 期的二次指数平滑值；α 为平滑系数。

二次指数平滑值不能直接用于预测，需要通过一次、二次指数平滑值来求取线性模型的模型参数，建立预测模型，然后才能应用于预测。

二次指数平滑法的数学预测模型为

$$F_{t+T}=a_t+b_tT$$

式中，F_{t+T} 为第 $t+T$ 期预测值；T 为由 t 期向后推移期数。

$$a_t=2F_t^{(1)}-F_t^{(2)}$$

$$b_t=\frac{\alpha}{1-\alpha}[F_t^{(1)}-F_t^{(2)}]$$

在二次指数平滑法应用中，其平滑系数 α 的确定原则与一次指数平滑法相一致。在不知 α 取何值最合适的情况下，一般也是采用几个 α 值对同一时间序列数据进行测算。二次指数平滑初始值 $F_1^{(2)}$ 的确定也与一次指数平滑法相似。

例 9-6　某电器公司近年电饭锅销售量如表 9-8、表 9-9 所示，用二次指数平滑法预测未来第一年和未来第二年销售量。预测步骤如下。

(1) 选择 α，确定初始值 $F_1^{(1)}$ 和 $F_1^{(2)}$，分别选择 $\alpha=0.2$ 和 $\alpha=0.8$，确定初始值 $F_1^{(1)}$ 和 $F_1^{(2)}$，由于本例 $n<10$，故取时间序列中前 3 个数据的平均数为初始值，即

$$F_1^{(1)}=F_1^{(2)}=\frac{62+74+80}{3}=72$$

(2) 分别以 $\alpha=0.2$ 和 $\alpha=0.8$ 计算一次、二次指数平滑值。一次指数平滑值按公式 $F_t=\alpha D_{t-1}+(1-\alpha)F_{t-1}$，二次指数平滑值按公式 $F_t^{(2)}=\alpha F_t+(1-\alpha)F_{t-1}^{(2)}$ 计算，如表 9-8、表 9-9 所示。

表 9-8　二次指数平滑法 ($\alpha=0.2$) 计算表　　单位：万个

观察期 t	销售量 D_t	一次平滑值 $F_t^{(1)}$	二次平滑值 $F_t^{(2)}$	模型参数 a	模型参数 b	预测结果 F_{t+T}	预测误差 $\lvert D_t-F_{t+T}\rvert$
1	62	72	72	—	—	—	—
2	74	70	71.6	68.4	−0.4	—	—
3	80	70.8	71.5	70.1	−0.2	68	12
4	92	72.6	71.7	73.5	0.2	69.9	22.1

续表

观察期 t	销售量 D_t	一次平滑值 $F_t^{(1)}$	二次平滑值 $F_t^{(2)}$	模型参数 a	模型参数 b	预测结果 F_{t+T}	预测误差 $\lvert D_t-F_{t+T}\rvert$
5	100	76.5	72.7	80.3	1	73.7	26.3
6	104	81.2	74.4	88	1.7	81.3	22.7
$\sum$	—	—	—	—	—	89.7	83.1

表 9-9　二次指数平滑法（α=0.8）计算表　　单位：万个

观察期 t	销售量 D_t	一次平滑值 $F_t^{(1)}$	二次平滑值 $F_t^{(2)}$	模型参数 a	模型参数 b	预测结果 F_{t+T}	预测误差 $\lvert D_t-F_{t+T}\rvert$
1	62	72	72	—	—	—	—
2	74	64	65.6	62.4	−6.4	—	—
3	80	72	70.7	73.3	5.2	56	24
4	92	78.4	76.8	80	6.4	78.5	13.5
5	100	89.3	86.8	91.8	10	86.4	13.6
6	104	95.7	95.7	100.1	8	101.8	2.2
$\sum$	—	—	—	—	—	108.1	53.3

（3）计算 a、b 值。注意：在现有观察值的范围内，a、b 值是变化的，因此计算时应按照行的顺序，对每一组数据分别计算 a、b 值，计算结果见表 9-8、表 9-9。

（4）计算理论预测值 F_{t+T}，并作预测误差比较。

A. 理论预测值按公式 $F_{t+T}=a_t+b_tT$ 计算，计算时应按照行的顺序，对每一组数据分别计算理论预测值 F_{t+T}，结果见表 9-8、表 9-9。

B. 作预测误差比较，先计算绝对误差值，计算公式及结果如表 9-9 所示，然后用平均绝对误差指标来比较。

当 $\alpha=0.2$ 时

$$\text{平均绝对误差}=\frac{\sum\lvert Dt-F_{t+T}\rvert}{n}=\frac{12+22.1+26.3+22.7}{4}=20.8$$

当 $\alpha=0.8$ 时

$$\text{平均绝对误差}=\frac{\sum\lvert Dt-F_{t+T}\rvert}{n}=\frac{24+13.5+13.6+2.2}{4}=13.3$$

取 $\alpha=0.8$ 时的预测误差小于取 $\alpha=0.2$ 时的预测误差，所以，选择平滑系数 $\alpha=0.8$。

（5）计算预测值。

A. 取表中最后一期的 a，b 值，作为模型的参数值，即

$$a_t=100.1,\quad b_t=8$$

B. 建立二次指数平滑的数学模型。

$$F_{t+T}=a_t+b_tT=100.1+8T$$

C. 进行预测。

未来第一年电饭锅销售量预测值为

$$F_{6+1}=100.1+8\times 1=108.1$$

未来第二年电饭锅销售量预测值为

$$F_{6+2}=100.1+8\times 2=116.1$$

从上面的计算过程可以看出，二次指数平滑法是通过线性方程来进行预测的，方程中的参数，需要根据一次、二次指数平滑值来计算。在现有时间数列的范围内，方程的截距和斜率是变化的，反映现有数据的变化趋势；在以后的预测期内，则是用一个不变的斜率和截距，以一条直线预测时间数列的未来趋势。由此可见，二次指数平滑法既有移动平均法的特点，又有趋势预测法的特点。二次指数平滑法适用于具有明显线性趋势的时间数列，对趋势不明显的时间数列，不能随意采用。

9.6 季节指数法

季节指数法是根据预测目标各年按月（或季）编制的时间序列资料所呈现的季节变动规律性，以统计方法测定出反映季节变动规律的季节指数，并利用季节指数进行预测的方法。市场现象由于受到自然气象、生产条件、生活习惯等因素的影响，经常会出现随季节的变动而呈现周期性变化的情况，称为季节变动。一些商品的销售，如旅游、冷饮、四季服装、月饼等往往受季节影响而出现销售的淡季和旺季，因此具有季节变动的特征，掌握了季节变动规律，就可以利用它来对季节性的商品进行市场需求量的预测。

利用季节指数预测法进行预测时，时间序列的时间单位或是季，或是月，变动循环周期为 4 季或是 12 个月。运用季节指数进行预测，首先，要利用统计方法计算出预测目标的季节指数，以预测季节变动的规律性；然后，利用已知季（月）度实际值的平均值，来预测未来某季（月）的值。

测定季节指数的方法大体有两类：一类是不考虑长期趋势的影响，直接根据原始的时间数列计算季节指数；另一类是考虑长期趋势的影响，先将长期趋势的影响消除，然后计算季节指数。

9.6.1 无趋势变动的季节指数预测法

如果时间序列没有明显的长期变动趋势，就可以假设不存在长期趋势，用求简单平均值方法，直接对时间序列中各年同季（或月）的实际值加以平均，再将各年同季（或月）的平均数与各年的总平均数进行比较，求出季节指数，最后，通过季节指数来计算预测值。

无趋势变动季节指数预测法的一般步骤如下。

（1）收集历年（通常至少 3 年）各季度（或月度）的统计资料（观察值）；

（2）求出各年同季（或月）观察值的平均数（称为同季平均值，用 a 表示）；

（3）求历年所有季度（或月度）的平均值（称为年平均值，用 b 表示）；

（4）计算各季度（或月度）的季节的指数，即 $r=a/b$；

（5）计算预测年度的年平均值，然后乘以相应季节指数，求预测年度各季（或月）

包含季节变动的预测值。

季节指数是一种以相对数表示的季节变动衡量指标。因为只根据一年或两年的历史数据计算而得的季节变动指标往往含有很大的随机波动的因素，所以在实际预测中通常需要掌握和运用3年以上的分季历史数据。季节指数的计算公式为

$$季节指数=同季平均数/年平均数\times 100\%$$

即

$$r=\frac{a}{b}$$

注意：计算季节指数时，由于计算周期不同，季节指数之和是不同的。若以季为周期，一年4个季度指数之和为400%，季节指数平均数为100%。若以月为周期，一年12个月的季度指数之和为1200%，季节指数平均数也为100%。若以天为周期，一周7天的季度指数之和为700%，季节指数平均数亦为100%。如果计算时由于四舍五入引起误差，季节指数之和不等于相应标准，需用比例法将其调整为标准形态。季节变动表现为季节指数围绕着100%上下波动，表示各季节平均值与年平均数的相对关系。如某种商品第一季度的季节指数为125%，这表明该商品第一季度的销售量通常高于年平均数25%，属旺季；若第三季度的季节指数为73%，则表明该商品第三季度的销售量通常低于年平均数27%，属淡季。

例9-7 某空调厂近五年空调器销售量分季资料，如表9-10所示，假设该资料无长期变动趋势，要求：

(1) 设第六年第一季度的销售量为10万台，预测第二季度的销售量；

(2) 设第六年上半年的销售量为27万台，预测第三季度的销售量；

(3) 设第六年全年的计划销售量为60万台，预测各季度的销售量。

表9-10 2000～2004年空调器销售量分季资料 单位：万台

年度	第一年				第二年				第三年			
季度	一	二	三	四	一	二	三	四	一	二	三	四
销售量			13	18	5	8	14	18	6	10	16	22
年度	第四年				第五年				第六年			
季度	一	二	三	四	一	二	三	四	一	二	三	四
销售量	8	12	19	25	15	17	23	30				

预测计算过程如下。

(1) 计算季节指数r，如表9-11所示。

表9-11 季节指数计算结果

年度	第一季度	第二季度	第三季度	第四季度	全年合计
第一年	—	—	13	18	31
第二年	5	8	14	18	45
第三年	6	10	16	22	54

续表

年度	第一季度	第二季度	第三季度	第四季度	全年合计
第四年	8	12	19	25	64
第五年	15	17	—	—	—
同季合计	34	47	62	83	226
同季平均数	34/4=8.5	47/4=11.75	62/4=15.5	83/4=20.75	年平均数=226/6=14.125
季节指数/%	8.5/14.125=60.18	11.75/14.125=83.19	15.5/14.125=109.73	20.75/14.125=146.90	400

(2) 先根据已知的第一季度销售量和第一季度的季节指数，求出第六年的年平均数，再根据第六年的年平均数和第二季度的季节指数，求出第二季度的预测值。

第六年的年平均数=10/60.18%=16.62（万台）

第六年第二季度的销售量=16.62×83.19%=13.82（万台）

(3) 先根据上半年的已知数和第一、二季度的季节指数，求出第六年的年平均数，再根据第六年的年平均数和第三季度的季节指数，求出第三季度的预测值。

第六年的年平均数=27/(60.18%+83.19%）=18.83（万台）

第六年第三季度的销售量=18.83×109.73%=20.66（万台）

(4) 先根据第六年全年的计划销售量，求出第六年的季平均数，再根据第六年的各季的季节指数，求出各季度的预测值。

第六年季平均数=60/4=15

第六年第一季度预测值=15×60.18%=9.027(万台)

第六年第二季度预测值=15×83.19%=12.4785(万台)

第六年第三季度预测值=15×109.73%=16.4595(万台)

第六年第四季度预测值=15×146.90%=22.035(万台)

9.6.2 含趋势变动的季节指数预测法

市场现象的时间序列很少不含趋势变动，观察值的波动往往是由长期趋势变动和季节变动交织引起的，因此必须考虑其长期趋势变动，把长期趋势变动和季节变动综合起来进行预测。

预测方法首先计算实际观察值的趋势值，并利用实际观察值和趋势值进行比较，得到不含趋势变动的季节比率和代表趋势变动的趋势变动情况平均值；其次以季节比率作为新观察值，计算季节指数；最后以代表季节变动的季节指数和代表趋势变动的趋势变动情况平均值来进行预测。以上方法的实质是将趋势变动和季节变动对观察值的影响进行分离，分别求出趋势变动对观察值的影响和季节变动对观察值的影响，再将两者结合起来进行预测。

计算趋势值的最简单的方法是移动平均法。

以例 9-7 来说明含趋势变动时间序列的预测过程，按移动平均法来计算季节指数的过程，如表 9-12 和表 9-13 所示。

（1）计算季节比率如表 9-12 所示。

表 9-12 计算季节比率

年度	季度	销售量（Y）	四个季度的移动总数	四个季度的移动平均	趋势值（T）	趋势变动情况	季节比率（Y/T）
第一年	三	13	—	—	—	—	—
	四	18	—	—	—	—	—
第二年	一	5	44	11.00	11.25	—	44.94
	二	8	45	11.25	11.25	0.125	71.11
	三	14	45	11.25	11.375	0.125	123.08
	四	18	46	11.50	11.75	0.375	153.19
第三年	一	6	48	12.00	12.25	0.5	48.98
	二	10	50	12.50	13.00	0.75	116.36
	三	16	54	13.50	13.75	0.75	76.92
	四	22	56	14.00	14.25	0.50	15.39
第四年	一	8	58	14.50	14.875	0.625	53.78
	二	12	61	15.25	15.625	0.75	76.80
	三	19	64	16.00	16.875	1.25	112.59
	四	25	71	17.75	18.375	1.5	136.05
第五年	一	15	76	19.00	—	—	—
	二	17	—	—	—	—	—
平均		—	—	—	—	0.66	—

需要指出的是，由于移动跨期为偶数，移动平均数对应的时间是移动跨期的中点，因此需要对相邻的两个移动平均数再进行一次移动平均，这样得出的平均数对应的时间才能与同期的观察值相对应。

（2）计算季节指数，如表 9-13 所示。

表 9-13 计算季节指数

年度	第一季度	第二季度	第三季度	第四季度	全年合计
第一年			—	—	—
第二年	44.94	71.11	123.08	153.19	—
第三年	48.98	76.92	116.36	154.39	—
第四年	53.78	76.80	112.59	136.05	—
第五年	—	—			—
同季合计	147.70	224.83	352.03	443.63	—
同季平均数	147.7/3=49.23	224.83/3=74.94	352.03/3=117.34	443.63/3=147.88	389.39
修正系数	400/389.39=1.027 25				
季节指数/%	49.23×1.027 25 =50.57	74.94×1.027 25 =76.98	117.34×1.027 25 =120.54	147.88×1.027 25 =151.91	400

(3) 根据上述资料预测第五年第三、四季度和第六年四个季度的销售量计算如下：

第五年第三季度预测值$=(18.375+3\times0.66)\times120.54\%=24.54$(万台)

第五年第四季度预测值$=(18.375+4\times0.66)\times151.91\%=31.92$(万台)

第六年第一季度预测值$=(18.375+5\times0.66)\times50.57\%=10.96$(万台)

第六年第二季度预测值$=(18.375+6\times0.66)\times76.98\%=17.19$(万台)

第六年第三季度预测值$=(18.375+7\times0.66)\times120.54\%=27.72$(万台)

第六年第四季度预测值$=(18.375+8\times0.66)\times151.91\%=35.93$(万台)

9.7 回归分析预测法

热衷研究模型好吗?

回归分析预测法，是通过对预测对象和影响因素的统计整理和分析，找出它们之间的变化规律，将变化规律用数学模型表示出来，并利用数学模型进行预测的一种分析方法。因此，建立变量之间有效的回归方程，是回归分析预测法的重要工作，预测结果的准确性主要依赖于回归方程的科学性和有效性。回归分析预测法是一种重要的市场预测方法，当我们在对市场现象未来发展状况和水平进行预测时，如果能将影响市场预测对象的主要因素找到，并且能够取得其数量资料，就可以采用回归分析预测法进行预测。它是一种具体的、行之有效的、实用价值很高的常用市场预测方法。

回归分析预测法有多种类型，可根据自变量的个数分为一元回归预测法和多元回归预测法。在一元回归分析预测法中，自变量只有一个；而在多元回归分析预测法中，自变量有两个或两个以上。根据自变量和因变量之间的是否存在线性关系，回归分析预测法可分为线性回归预测和非线性回归预测。线性回归预测法中变量之间的关系表现为直线型，非线性回归预测法中变量之间的关系主要表现为曲线。

回归分析预测法的步骤如下。

(1) 根据预测目标，确定自变量和因变量。明确预测的具体目标，也就确定了因变量。如果预测具体目标是下一年度的销售量，那么销售量 Y 就是因变量，可以通过市场调查和查阅资料，寻找影响预测目标的相关因素，即自变量，分析各影响因素的重要程度并从中选出主要的影响因素。

(2) 收集历史统计资料，分析、计算并建立回归预测模型。收集历史统计资料，进行分析整理和计算，在此基础上建立回归分析方程，即回归分析预测模型。

(3) 进行相关分析。对自变量和因变量的相关关系进行分析，检验其相关性。进行相关分析，一般要求给出相关系数，以相关系数的大小来判断自变量和因变量的相关的程度。回归分析是对具有因果关系的影响因素（自变量）和预测对象（因变量）所进行的数理统计分析处理。只有当自变量与因变量确实存在某种关系时，建立的回归方程才有意义。因此，作为自变量的因素与作为因变量的预测对象是否有关、相关程度如何，以及判断这种相关程度的把握性多大，就成为进行回归分析必须要解决的问题。

(4) 检验回归预测模型，计算预测误差。回归预测模型是否可用于实际预测，取决于对回归预测模型的检验和对预测误差的计算。回归方程只有通过各种检验，且预测误差较小，才能将回归方程作为预测模型进行预测。模型检验常用的检验方法有经济意义的检验、回归标准差检验、拟合优度检验等。

（5）计算并确定预测值。利用回归预测模型计算预测值，并对预测值进行综合分析，确定最后的预测值，通常要进行点预测和置信区间预测。

9.7.1　一元线性回归分析预测法

1. 一元线性回归分析预测法的基本思想

一元线性回归分析预测法，是根据自变量 x 和因变量 y 的相关关系，建立 x 与 y 的线性回归方程进行预测的方法。因为市场现象一般是受多种因素的影响，而并不是仅仅受一个因素的影响，所以应用一元线性回归分析预测法，必须对影响市场现象的多种因素作全面分析。只有当诸多的影响因素中，确实存在一个对因变量影响作用明显高于其他因素的变量，才能将它作为自变量，应用一元线性回归分析市场预测法进行预测。

居民的消费支出的多少与居民的生活费收入密切相关。收入高，其消费支出就大；反之消费支出就小。但是居民的生活费收入并不能完全决定消费支出，居民的消费支出还受到市场环境、居民储蓄额等因素的影响，因此，居民的消费支出与居民的生活费收入之间存在非确定性的相关关系。我们收集了某地多年居民的生活费收入和消费支出数据，如表 9-14 所示。

表 9-14　某地居民生活费收入与消费支出统计数据

序号	生活费收入	消费支出	序号	生活费收入	消费支出
1	250	170	6	480	360
2	280	250	7	580	410
3	370	300	8	650	510
4	410	320	9	740	560
5	430	350	10	830	650

为了直观地表现二者的关系，我们用 x 表示生活费收入，y 表示消费支出，把表 9-14中的数据用坐标系中的相关点表示出来（图 9-4）。

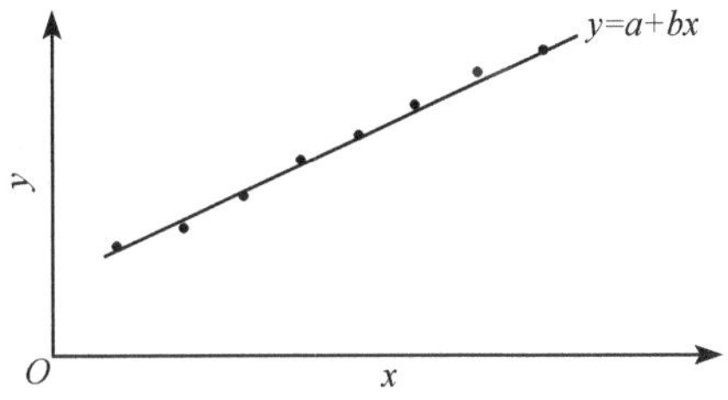

图 9-4　居民生活费收入与消费支出关系图

从图 9-4 中我们可以看出，相关点分布呈现出线性的形态，这说明生活费收入与消费支出之间不仅存在相关关系，而且具有线性相关关系。因此，我们可以用一条直线来表示它们的线性关系，以便于预测。

根据图 9-4 中各点的分布，我们可以画出多条直线来代表变量之间的关系的程度是不同的，有的代表性强，有的则代表性弱。如何确定一条“最具代表性”的直线，常用的方法是最小二乘法。

最小二乘法的基本思想是：最具代表性的直线应该是直线到各点的距离最近。现假设这条直线已经找到，其方程为 $y_i=a+bx_i$，对于变量 x 的每一个值 x_i，点 x_i 到直线的距离可以用离差（$y_i+\hat{y}_i$）表示，由于不同的点构成的离差有正有负，为避免在求和的时候相互抵消，我们利用离差的平方和 $\sum(y_i-\hat{y}_i)^2$ 表示各个点到直线的距离，这样，确定“最有代表性”的直线就转化成求离差平方和 $\sum(y_i-\hat{y}_i)^2$ 的最小值，当由最小值确定出最具代表性的直线后，我们就有理由相信，这条直线代表了 x 和 y 的线性关系，就可以利用这条直线来进行预测了。

2. 一元线性回归分析法的预测模型的建立

1）建立一元线性回归分析法的预测模型

设 y 为因变量、x 为自变量，$(x_i，y_i)(i=1，2，3，\cdots，n)$ 为一组样本观察值，直线方程 $\hat{y}=a+bx$ 称为估计一元线性回归方程或一元线性拟合模型，其图形称为一元线性回归直线，a 和 b 称为回归系数，由方程确定的 $\hat{x}_i$ 称为 $\hat{y}_i$ 的估计值。根据最小二乘法的原理，利用因变量的观察值 y_i 与估计值 $\hat{y}_i$ 离差平方和为最小来确定 a 和 b。根据极值理论进行计算，得到一元线性回归分析法的预测模型及参数的计算公式为

$$\hat{y}_i=a+bx_i$$

其中

$$b=\frac{\sum_{i=1}^{n}x_iy_i-\frac{1}{n}\left(\sum_{i=1}^{n}x_i\right)\left(\sum_{i=1}^{n}y_i\right)}{\sum_{i=1}^{n}x_i^2-\frac{1}{n}\left(\sum_{i=1}^{n}x_i\right)^2}$$

$$a=\bar{y}-b\bar{x}$$

公式可以简化为

$$b=\sum xy-\frac{1}{n}\left(\sum x\right)\left(\sum y\right)$$

$$a=\bar{y}-b\bar{x}$$

在利用公式求出参数 a 和 b 的值后，即可得到回归方程

$$\hat{y}=a+bx$$

为简便计算，我们做以下定义：

$$S_{xx}=\sum(x_i-\bar{x})^2=\sum x_i^2-\frac{\left(\sum x_i\right)^2}{n}$$

$$S_{yy}=\sum(y_i-\bar{y})^2=\sum y_i^2-\frac{\left(\sum y_i\right)^2}{n}$$

$$S_{xy}=\sum(x_i-\bar{x})(y_i-\bar{y})=\sum x_iy_i-\frac{\sum x_i\sum y_i}{n}$$

其中

$$\bar{x}=\frac{\sum x_i}{n}，\quad \bar{y}=\frac{\sum y_i}{n}$$

这样定义以后，参数 a、b 可由下列公式求得

$$b=\frac{s_{xy}}{s_{xx}}$$

$$a = \bar{y} - b\bar{x}$$

将 a、b 代入一元线回归方程 $\hat{x} = a + bx_i$，就可以建立预测模型，那么，只要给定 x_i 值，即可求出预测值 $\hat{x}_i$。

2）计算相关系数 r

在回归分析预测法中，需要对 x、y 之间相关程度作出判断，这就要计算相关系数 r，其公式为

$$r = \frac{\sum (x_i - \bar{x})(y_i - \bar{y})}{\sqrt{\sum (x_i - \bar{x})^2 (y_i - \bar{y})^2}} = \frac{s_{xy}}{\sqrt{s_{xx} s_{yy}}}$$

相关系数 r 的特征有：

（1）相关系数取值范围为：$-1 \leqslant r \leqslant 1$。

（2）r 与 b 符号相同。当 $r > 0$，呈正线性相关，x_i 上升，y_i 呈线性减少。

（3）$|r| = 0$，x 与 y 无线性相关关系；$|r| = 1$，为完全确定的线性相关；$0 < |r| < 1$，x 与 y 存在一定的线性关系；$|r| > 0.7$，为高度线性相关；$0.3 < |r| < 0.7$，为中度线性相关；$|r| \leqslant 0.3$，为低度线性相关。

3）实例

例 9-8　某地区从市场调查中发现居民收入和基本生活费支出有较密切的关系。相关部门收集了近年该地区居民收入和基本生活费支出的资料。若 2003 年当地居民收入为 12 000 元，请用一元线性回归分析法预测 2003 年居民基本生活费支出额。

企业收集的居民收入和本企业产品销售额资料如表 9-15 所示。

表 9-15　企业收集的居民收入和本企业产品销售额资料　　单位：元

年份	1994	1995	1996	1997	1998	1999	2000	2001	2002
居民收入 x_i	3 500	5 200	6 000	7 200	8 500	8 000	9 500	10 000	10 500
生活费支出 y_i	1 800	2 500	3 000	3 800	4 100	4 400	4 900	5 200	6 000

计算步骤如下：

（1）列表并计算相关数值，见表 9-16。

表 9-16　居民收入与生活费支出相关数据　　单位：元

年份	居民收入 x_i	生活费支出 y_i	$x_i y_i$	x_i^2	y_i^2
1994	3 500	1 800	6 300 000	12 250 000	3 240 000
1995	5 200	2 500	13 000 000	27 040 000	6 250 000
1996	6 000	3 000	18 000 000	36 000 000	9 000 000
1997	7 200	3 800	27 360 000	51 840 000	14 440 000
1998	8 500	4 100	34 850 000	72 250 000	16 810 000
1999	8 000	4 400	35 200 000	64 000 000	19 360 000
2000	9 500	4 900	46 550 000	90 250 000	24 010 000
2001	10 000	5 200	62 000 000	100 000 000	27 040 000
2002	10 500	6 000	63 000 000	110 250 000	36 000 000
$\sum$	68 400	35 700	296 260 000	563 880 000	156 150 000

由表 9-16 可知：$\sum x=68\ 400$，$\sum y=35\ 700$，$\sum xy=296\ 260\ 000$，$\sum x^2=563\ 880\ 000$，$\sum y^2=156\ 150\ 000$，以下计算 s_{xx}、s_{yy}、s_{xy}、$\bar{x}$、$\bar{y}$ 的数值。

$$S_{xx}=\sum(X-\bar{X})^2=\sum x^2-\frac{\left(\sum x\right)^2}{n}=563\ 880\ 000-\frac{68\ 400^2}{9}=44\ 040\ 000$$

$$S_{yy}=\sum(y-\bar{y})^2=\sum y^2-\frac{\left(\sum y\right)^2}{n}=156\ 150\ 000-\frac{35\ 700^2}{9}=14\ 540\ 000$$

$$S_{xy}=\sum{}_{xy}-\frac{\sum x\sum y}{n}=296\ 260\ 000-\frac{68\ 400\times 35\ 700}{9}=24\ 940\ 000$$

$$\bar{x}=\frac{\sum x}{n}=\frac{68\ 400}{9}=7\ 600$$

$$\bar{y}=\frac{\sum y}{n}=\frac{35\ 700}{9}=3\ 967$$

（2）计算参数 a 和 b，并建立一元线性回归预测模型。

$$b=\frac{s_{xy}}{s_{xx}}=\frac{24\ 940\ 000}{44\ 040\ 000}=0.57$$

$$a=\bar{y}-b\bar{x}=3\ 967-0.57\times 7\ 600=-365$$

将参数 a 与 b 代入一元线性回归方程得到预测方程为

$$\hat{y}_i=a+bx_i=-365+0.57x_i$$

（3）求相关系数 r，作相关分析。

$$r=\frac{\sum(x_i-\bar{x})\ (y_i-\bar{y})}{\sqrt{\sum\ (x_i-\bar{x})^2\sum(y_i-\bar{y})^2}}=\frac{s_{xy}}{\sqrt{s_{xx}s_{yy}}}$$

$$=\frac{24\ 940\ 000}{\sqrt{44\ 040\ 000\times 14\ 540\ 000}}=\frac{24\ 940\ 000}{25\ 305\ 000}=0.986$$

相关系数为 0.986，说明居民收入和居民生活费支出额之间是高度线性相关的，因此可以用线性回归分析来进行预测。

（4）对模型进行经济意义检验。预测模型表达的是市场现象之间的经济联系，预测模式中的每个参数具有不同的经济含义，经济意义检验就是要检验各个参数的值是否符合分析对象的经济含义。实例中，回归方程表明居民收入和居民生活费支出额之间的经济关系，回归系数 b 等于 0.57 表明居民每增加 1 元收入就有 0.57 元是用于基本生活费支出，这符合收入与支出的经济关系。如果回归系数 b 过大或过小，甚至出现负数，则说明模型可能存在问题，需要重新建立。

（5）对模型进行回归标准差检验。在回归分析中，因变量 y_i 与估计值 $\hat{y}_i$ 的拟合误差为 $(y_i-\hat{y}_i)$，其大小能够衡量模型对实际数据的拟合程度。

回归标准差用 s_y 表示，计算公式为

$$s_y=\sqrt{\frac{\sum(y_i-\hat{y}_i)^2}{n-2}}=\sqrt{\frac{s_{yy}-\frac{s_{xy}^2}{s_{xx}}}{n-2}}$$

s_y 的大小可以衡量模型对实际数据的拟合程度。显然，回归标准误差 s_y 越大，观察值 y_i 在回归直线周围分布离散程度越大，说明线性回归方程应用于预测的精确度越低；反之，s_y 越接近于 0，y_i 在回归直线周围分布离散程度越小，说明线性回归方程应用的精确度越高。但是 s_y 的大小与数据本身取值的大小和计算单位有关，在实际应用中常用相对回归标准差 $s_y/\bar{y}$ 来判断模型拟合的优良性，一般认为 $s_y/\bar{y}$ 小于 15%时，模型拟合的程度良好，若 $s_y/\bar{y}$ 大于 15%，说明线性回归方程应用精确度低。

本例中

$$s_y=\sqrt{\frac{\sum(y_i-\hat{y}_i)^2}{n-2}}=\sqrt{\frac{s_{yy}-\frac{s_{xy}^2}{s_{xx}}}{n-2}}=\sqrt{\frac{14\,540\,000-\frac{24\,940\,000^2}{44\,040\,000}}{9-2}}$$
$$=\sqrt{590\,000}=243$$

$$\frac{s_y}{y}=\frac{243}{3\,967}=0.061<15\%$$

所以，可以断定线性回归方程 $\hat{y}_i=-365+0.57x_i$ 实际应用的精确度高，让人满意。

（6）对回归预测模型作显著性检验。预测模型作为整体，其在一定程度上也反映了 x 与 y 之间的线性关系，因此可以通过模型总体的显著性检验来判断模型是否适用于预测。回归模型的显著性检验是利用方差分析得到的 F 统计量来检验的，因此，称为 F 检验。F 检验的目的，主要是说明回归预测模型中自变量的变化能否完全解释因变量的变化、回归预测模型是否有效。

F 的计算公式为

$$F=\frac{\frac{\sum(\hat{y}-\bar{y})^2}{m}}{\frac{\sum(y_i-\bar{y})^2}{n-m-1}}=\frac{\frac{s_{xy}^2}{s_{xx}}}{\frac{s_{xy}-s_{xy}^2/s_{xx}}{n-2}}$$

式中，m 代表自变量个数；n 代表资料数据的个数。

F 检验的步骤为：①选择检验的显著性水平 a。②根据 a 以及自由度 m 和自由度 $n-m-1$，查 F 分布表的临界值 F_a。③将计算的 F 与 F_a 作比较判断。若$F>F_a$（a，m，$n-m-1$），则认为回归预测模型具有显著水平，回归预测模型所含自变量的变化足够解释因变量的变化。在选择显著水平 a 上，从总体看回归预测模型是有效的；若 $F\leqslant F_a$（a，m，$n-m-1$），则认为回归预测模型达不到显著水平，回归预测模型所含自变量的变化不足以解释因变量的变化。在选择显著水平 a 上，从总体上看回归预测模型无效。显然，只有在选择的一定显著水平 a 上，回归预测模型有效，才能应用于预测；反之，则不能应用于预测。

本例中

$$F=\frac{\frac{\sum(\hat{y}-\bar{y})^2}{m}}{\frac{\sum(y_i-\bar{y})^2}{n-m-1}}=\frac{\frac{s_{xy}^2}{s_{xx}}}{\frac{s_{xy}-s_{xy}^2/s_{xx}}{n-2}}=\frac{\frac{24\,940\,000^2}{44\,040\,000}}{\frac{14\,540\,000-24\,940\,000^2/44\,040\,000}{9-2}}$$

$$=\frac{14\,124\,000}{59\,000}=239.4$$

若选择显著水平 $a=0.5$，考虑 $m=1$ 和 $n-m-1=7$，从 F 分布表查得 F 分布临界值 $F_a=5.59$。因为 $F>F_a$，所以可以认为，从总体上讲，居民收入与居民消费支出两变量间线性关系具有 5%显著水平，回归分析建立回归方程对总体而言，预测的有效性达 95%。

（7）利用回归预测模型，计算预测值。

点预测法：本例中，2003 年居民收入将达 12 000 元，即 $x=12\,000$，代入回归方程，即

$$\hat{y}_i=-365+0.57x_i$$

$$\hat{y}_{2003}=-365+0.57\times 12\,000=6\,475(\text{元})$$

以上预测结果为点预测。

置信区间预测法：由于自变量与因变量是相关关系，对于自变量 x_i 的每个值，因变量的 y_i 值并不一定等于回归模型计算的预测值 y_i，因此需要估计一个范围，并知道实际值在此范围的可靠程度，这个取值范围称为置信区间。若要进行区间预测，就要确定因变量 $\hat{y}_i$ 的置信区间：

$$(\hat{y}_i-ts_y，\hat{y}_i+ts_y)$$

其中，$\hat{y}_i$ 为因变量估计值；s_y 为回归标准差；t 为概率度。其中概率度的取值与可靠程度的关系是：①当可靠程度为 68.27%时，$t=1$；②当可靠程度为 95.45%时，$t=2$；③当可靠程度为 99.73%时，$t=3$。

在本例中

$$s_y=243,\quad \hat{y}_i=6\,475$$

当可靠程度为 68.27%时，其置信区间的上下限为

$$(6\,475-1\times 243，6\,475+1\times 243)$$

即

$$(6\,232，6\,718)$$

当可靠程度为 95.45%时，其置信区间的上下限为

$$(6\,475-2\times 243，6\,475+2\times 243)$$

即

$$(5\,989，6\,961)$$

当可靠程度为 99.73%时，其置信区间的上下限为

$$(6\,475-3\times 243，6\,475+3\times 243)$$

即

$$(5\,746，7\,204)$$

9.7.2　多元线性回归分析预测法

在市场经济活动中，经常会遇到某一市场现象的发展和变化取决于几个影响因素的情况，也就是一个因变量和几个自变量有依存关系的情况，而且有时几个影响因素主次难以区分，或者有的因素虽属次要，但也不能忽略其作用。例如，某一商品的销售量既与人口的增长变化有关，也与商品价格变化有关。这时采用一元回归分析预测法进行预测是难以奏效的，需要采用多元回归分析预测法。

多元回归分析预测法，是指通过对两个或两个以上的自变量与一个因变量的相关分析，建立预测模型进行预测的方法。当自变量与一个因变量之间存在线性关系时，称为多元线性回归分析。

多元线性回归模型中最简单的是只有两个自变量（$n=2$）的二元线性回归模型，下面我们以二元线性回归分析预测法为例，说明多元线性回归分析预测法的应用。

二元线性回归分析预测法，是根据两个自变量与一个因变量相关关系进行预测的方法。二元线性回归方程的公式为

$$\hat{y}_i = a + b_1 x_1 + b_2 x_2$$

式中，$\hat{y}_i$ 为因变量；x_1、x_2 为两个不同自变量，即与因变量有紧密联系的影响因素；a、b_1、b_2 为线性回归方程的参数。

a、b_1、b_2 可通过下列的方程组来得到

$$\sum y = na + b_1 \sum x_1 + b_2 \sum x_2$$
$$\sum x_1 y = a \sum x_2 + b_1 \sum x_1^2 + b_2 \sum x_1 x_2$$
$$\sum x_2 y = a \sum x_2 + b_1 \sum x_1 x_2 + b_2 \sum x_2^2$$

二元线性回归预测法基本原理和步骤同一元线性回归预测法没有原则上的区别，大体相同。

本章小结

时间序列就是将市场现象的某种统计指标数值，按时间先后顺序排列而成的数列。时间序列预测法是根据市场现象历史资料的时间序列，运用科学的数学方法建立预测模型，使市场现象的数量向未来延伸，预测市场现象未来的发展变化趋势，确定市场预测值的方法。

时间序列数据有不同的类型，若以时间为横坐标（时间单位可以为分钟、小时、天、周、月、季、年或若干年），以某种现象的值为纵坐标，可以形象地将时间序列分别以下五种类型：水平型、季节型、周期型、趋势型和不规则型。

简单平均法是将观察期内时间序列的各期数据的简单平均法作为下期预测值的方法。

加权平均法是给时间序列的各个数据以不同的权数，计算出加权平均数，并以其作为预测值的方法。

移动平均法是将观察期的数据，按时间先后顺序排列，然后由远及近，以一定的跨越期进行移动平均，求得平均值，并以此为基础，确定预测值的方法。

一次移动平均法是对时间序列的数据按一定跨越期进行移动，逐个计算其移动平均值，取最后一个移动平均值作为预测值的方法。

二次移动平均法是对一次移动平均数再进行第二次移动平均，再以一次移动平均值和二次移动平均值为基础建立预测模型，计算预测值的方法。

指数平滑法是以本期的实际发生数和上期的预测值为基数，分别给予不同的权数，计算出指数平滑值，并以此确定预测结果的方法。

一次指数平滑法是指以预测对象的上期实际发生数和上期预测值为资料，用平滑系数来确定二者的权数，计算其加权平均数，并根据平滑值确定本期预测值的一种预测方法。

二次指数平滑法是指在一次指数平滑值基础上再进行一次指数平滑，求得二次指数平滑值序列，通过两次指数平滑值序列的比较分析，建立线性方程进行市场预测的方法。

季节指数法是根据预测目标各年按月（或季）编制的时间序列资料所呈现的季节变动规律性，以统计方法测定出反映季节变动规律的季节指数，并利用季节指数进行预测的方法。

测定季节指数的方法大体有两类：一类是不考虑长期趋势的影响，直接根据原始时间序列计算季节指数；另一类是考虑长期趋势的影响，先将长期趋势的影响消除，然后计算季节指数。

案例

某电器商城电视机销量预测

某电器商城某年1～12月份电视机销售量如表1所示。

表1　某电器商城1～12月份电视机销售量表

月份	序号（t）	实际销售量 X_t /台	5个月简单移动平均预测
1	1	55	—
2	2	48	—
3	3	30	—
4	4	37	—
5	5	50	—
6	6	52	44
7	7	40	43
8	8	36	42
9	9	60	43
10	10	66	48
11	11	47	51
12	12	44	50

为了使预测更符合当前的发展趋势，用加权移动平均法预测下一年第一季度该电器

商城电视机销售量（$n=5$）。（对预测的前一期、前二期、前三期、前四期和前五期分别赋予 5/15、4/15、3/15、2/15 和 1/15 的权重）

1 月电视机销售量预测：

$$Q_1=\frac{x_8+2x_9+3x_{10}+4x_{11}+5x_{12}}{15}$$
$$=\frac{36+2\times 60+3\times 66+4\times 47+5\times 44}{15}$$
$$=51(\text{台})$$

2 月电视机销售量预测：

$$Q_2=\frac{x_9+2x_{10}+3x_{11}+4x_{12}+5Q_1}{15}$$
$$=\frac{60+2\times 66+3\times 47+4\times 44+5\times 51}{15}$$
$$=51(\text{台})$$

3 月电视机销售量预测：

$$Q_3=\frac{x_{10}+2x_{11}+3x_{12}+4Q_1+5Q_2}{15}$$
$$=\frac{60+2\times 47+3\times 44+4\times 51+5\times 51}{15}$$
$$=50(\text{台})$$

于是，下一年第一季度电视机销售量预测为

$$Q=Q_1+Q_2+Q_3=51+51+50=152(\text{台})$$

案例思考：

1. 收集某城市长城汽车最近半年的各月销售数据，用移动平均预测法预测第七个月销售数据。

2. 就上述数据用加权移动平均法预测第七个月销售数据，并比较两种移动平均预测法的区别。

能力提升

• **主要知识点**：简单平均法、加权平均法、移动平均法、指数平滑法、季节指数法的含义、基本思路、适用对象和预测步骤。

• **本章重点**：预测方法的步骤和应用。

• **重要概念**：简单平均法、加权平均法、移动平均法、指数平滑法、季节指数法。

• **动手操练**：对前面调查取得资料开展一种或几种时间序列预测，得出相应结论。

第 10 章　市场调查报告撰写

报告中看不中用？

本章要点

1. 了解市场调查报告的含义和类型。
2. 掌握书面市场调查报告的结构和写作技巧。
3. 掌握口头市场调查报告的技巧。

10.1　市场调查报告概述

10.1.1　市场调查报告的含义

市场调查报告是市场调查研究成果的一种表现形式。它通过文字、图表等形式将调查的结果表现出来，以使人们对所调查的市场现象或问题有一个全面系统的了解和认识。撰写市场调查报告是市场调查的最后一步，也是十分重要的一步。调查数据经过统计分析之后只是为我们得出有关结论提供了基本依据和素材，要将整个调查研究的成果用文字形式表现出来，使调查真正起到解决社会问题、服务于社会的作用，则需要撰写调查报告。调查报告是调查结果的集中表现。能否撰写出一份高质量的调查报告，是决定调查本身成败的重要环节。

市场调查报告撰写的意义归纳起来主要有三点。

（1）市场调查报告是市场调查所有活动的综合体现，是调查成果的集中体现。市场调查报告是调查与分析成果的有形产品。调查报告是将调查研究的成果以文字形式表达出来，因此调查报告是市场调查成果的集中体现，并可用做市场调查成果的历史记录。

（2）市场调查报告可以透过数据现象分析数据之间隐含的关系，使我们对事物的认识能从感性认识上升到理性认识，更好地指导实践活动。市场调查报告比起调查资料来，更便于阅读和理解，它能把死数字变成活情况，起到透过现象看本质的作用，有利于商品生产者、经营者了解、掌握市场行情，全面而透彻地把握市场动向，在确定经营目标、编制计划以及控制、协调、监督等各方面都能起到积极的作用。

（3）市场调查报告是为各级各类企事业单位管理服务的一种重要形式。一个好的调查报告，能对企业的市场活动起到有效的导向作用，调查的结果为企业作决策提供依据。许多管理者并不一定涉足市场调查过程，但他们将利用调查报告进行业务决策。所以，如果调查报告写得拙劣不堪，再好的调查资料也会黯然失色，甚至可能导致市场活动的失败。

10.1.2 市场调查报告撰写的特点

市场调查报告具有以下几个特点。

(1) 针对性。针对性包括选题上的针对性和阅读对象的明确性两方面。一是调查报告在选题上必须强调针对性，做到目的明确、有的放矢，围绕主题展开论述，这样才能发挥市场调查应有的作用。二是调查报告还必须明确阅读对象。阅读对象不同，他们的要求和所关心的问题的侧重点也不同。针对性是调查报告的灵魂，必须明确要解决什么问题、谁是读者等。针对性不强的调查报告必定是盲目的和毫无意义的。

(2) 科学性。市场调查报告不是单纯报告市场客观情况，还要通过对事实作分析研究，寻找市场发展变化规律。这就需要写作者掌握科学的分析方法，以得出科学的结论、适用的经验、深刻的教训，以及解决问题的方法、意见等。只有具备了上述特点的市场调查报告才有指导意义和实用价值。

(3) 时效性。市场调查报告对市场情况做出反映要迅速、及时，以适应瞬息万变的市场变化。市场调查滞后，就失去了其存在的意义。因此，市场调查报告的价值有一定期限，调查者要随市场情况变化而不断对市场作调查分析研究。

(4) 新颖性。市场调查报告要紧紧抓住市场活动的新动向、新问题，提出新颖的观点。如果市场调查报告的观点都是别人已经知道或已经提出的，人云亦云而没有独到的见解，就失去了调查报告存在的价值。

10.1.3 市场调查报告的类型

由于市场调查的内容极为广泛，不同的调查所要解决的问题不同，因而作为调查结果表现形式的调查报告也具有不同的类型。由于分类标准的不同，调查报告的类型划分也是多种多样的。根据调查报告的内容，可分为描述性报告和探索性报告两类。从技术角度上可分为初步报告、一般报告和技术报告三类。从性质上可分为普通调查报告、学术研究报告和学位论文三类。从作用上可分为应用性调查报告和学术性调查报告。从表现形式上可分为书面调查报告和口头调查报告。

一般最常用的分类主要有如下几种。

1. 根据调查报告的内容及其表现形式划分

(1) 纯资料性调查报告以对问题的简单描述为主要目的的，它通常以公布调查所得的各项资料为主，不加以任何解释。这些资料可供社会各界人士广泛使用，使用者可根据自己的研究选择相应的资料。大型调查多是以这种报告方式为主。

(2) 分析性调查报告则以资料的分析和研究为主，它通常以文字、图表等形式将调查过程、方法及分析结论表现出来，目的是使人们对该项调查及结论有一个全面的了解。我们通常所说的调查报告主要是指分析性调查报告，因此，本章所述内容主要也是针对此类报告。

2. 根据企业开展经营活动的需要划分

(1) 市场商品需求的调查报告，主要包括消费者数量及其结构、家庭收入、个人收入及家庭人口平均收入，用于商品支付购买力的大小以及购买力的增减变化，潜在需求量及其投向等，其中，包括城乡居民存款额的增减及尚待实现的购买力的大小，消费者在消费支付中吃、穿、用等大类商品消费支付所占比重的变化情况，需求层次的变化情况，不同消费者对商品的质量、品种、花色、款式、规格等的不同要求，消费者的心理变化等。

（2）市场与消费潜力的调查报告，主要包括企业地区销售额以及销售额的变动趋势给企业带来的影响。商品价格调查报告主要包括商品成本、市场价格变动情况、消费者对价格变动情况的反映等。

（3）商品销售渠道的调查报告，主要包括对商品的流转环节、流通路线、运输、储存等一系列属于市场营运问题的调查结果。

（4）市场商品供给的调查报告，主要包括商品生产的状况、商品资源总量及其构成、产品的更新换代速度、不同商品所处市场生命周期的阶段等。

（5）商品价格调查报告，主要包括商品成本、市场价格变动情况、消费者对价格变动的反映等。

（6）市场竞争情况的调查报告，主要包括对竞争的对手、手段，各种竞争产品质量、性能等。

（7）经营效益的调查报告，主要包括各种推销手段的效果、广告效果以及变化原因等。

10.2 书面市场调查报告

10.2.1 书面市场调查报告的结构

市场调查报告的结构，一般由题目、目录、摘要、正文、结论和建议、附录等几个部分组成。报告的结构不是固定不变的，不同的调查项目、不同的调查者或调查公司、不同的用户以及调查项目自身性质不同的调查报告，都可能会有不同的结构和风格。

1. 题目

题目，包括市场调查标题、报告日期、委托方、调查方等，一般应打印在扉页上。

标题是画龙点睛之笔。标题必须准确提示报告的主题思想，做到题文相符。标题要简单明了，高度概括，具有较强的吸引力。标题的形式一般有以下三种。

（1）直叙式标题，是指反映调查区域或指出调查地点、调查项目的标题，如“北京市居民住宅消费需求的调查”。这种标题的特点是简明、客观。

（2）表明观点式标题，是指直接阐明作者的观点、看法，或对事物作出判断的标题，如“对当前的需求不旺不容忽视”等。这种标题既表明了作者的态度，又揭示了主题，具有很强的吸引力。

（3）提出问题式标题，是指以设问、反问等形式，突出问题的焦点和尖锐性，吸引读者阅读、思考的标题，如“消费者愿意到网上购物吗？”“北京市房地产二级市场为什么成交寥寥无几？”等。

标题按其形式又可以分为单标题和双标题。单标题是用一句话概括调查报告的主题或要回答的问题的标题，一般是由调查对象及内容加上“调查报告”或“调查”组成，如“‘中关村电子一条街’调查报告”“海尔洗衣机在国内外市场地位的调查”“关于上海市家用电脑销售情况的调查”等。双标题由主题加副题组成，一般用主题概括调查报告的主题或要回答的问题，用副题标明调查对象及其内容，例如，“保护未成年人要从规范成年人入手——关于中小学生出入网吧的调查”“北京人的梦中家园——对北京居民住宅择向的调查报告”等。

2. 目录

提交调查报告，如果涉及的内容很多，页数很多，为了便于读者阅读，要把各项内容用目录或索引形式标记出来。目录包括各章节的标题、页码等。

3. 摘要

摘要是市场调查报告的内容提要。摘要是报告中十分重要的一部分，写作时需要注意以下几个问题。

（1）摘要又称概要、内容提要，主要提供调查报告的内容梗概，即不阅读全文就能获取必要的信息，包括调查目的、方法、得出的结论等重要信息。

（2）摘要的内容应当高度概括，不要超过一段话。

（3）摘要应当能够引起读者的兴趣和好奇心去进一步阅读报告的其余部分，写作时应在全文写完后再写这部分，以达到概括全文要点的效果。

4. 正文

正文是市场调查报告的主体部分，也是市场调查报告的核心部分。正文部分必须正确阐明全部论点和论据，包括问题的提出、得出的结论，论证的全部过程、分析研究问题的方法等。正文包括开头部分、论述部分和结语三部分。

1）开头部分

开头部分的撰写一般有以下几种形式。

（1）开门见山，揭示主题。报告开始就先交代调查的目的或动机，揭示主题。例如，“我公司受北京电视机厂的委托，对消费者进行一项有关电视机市场需求状况的调查，预测未来消费者对电视机的需求量和需求的种类，使北京市电视机厂能根据市场需求及时调整其产量和种类，确定今后的发展方向”。

（2）结论先行，逐步论证，即先将调查的结论写出来，然后逐步论证。许多大型的调查报告均采用这种形式，特点是观点明确，使人一目了然。例如，“我们通过对天府可乐在北京市的消费情况和购买意向的调查认为它在北京不具有市场竞争力，原因主要从以下几方面阐述”。

（3）交代情况，逐步分析，即先交代背景情况、调查数据，然后逐步分析，得出结论。例如，“本次关于非常可乐的消费情况的调查主要集中在北京、上海、重庆、天津，调查对象集中于中青年……”。

（4）提出问题，引入正题。用这种方式提出人们所关注的问题，可以引导读者进入正题，很多调查报告都是采用的这种形式。

2）论述部分

论述部分必须准确阐明全部有关论据，根据预测所得的结论，建议有关部门采取相应措施，以便解决问题。论述部分主要包括基本情况和分析两部分。

（1）基本情况部分，包括对调查数据资料及背景作客观的介绍说明、提出问题、肯定事物的一面。

（2）分析部分，包括原因分析、利弊分析、预测分析。

5. 结论和建议

结论和建议应当采用简明扼要的语言。好的结语，可使读者明确主题，加深认识，启发读者思考和联想。结语一般包括以下几个方面。

（1）概括全文，即经过层层剖析后，综合说明调查报告的主要观点，深化文章的主题。

（2）形成结论，即在对真实资料进行深入细致的科学分析的基础上，得出报告的结论。

（3）提出看法和建议，即通过分析，形成对事物的看法，在此基础上，提出建议和可行性方案。

（4）展望未来、说明意义，即通过调查分析展望未来前景。

6. 附录

附录是指调查报告中正文包含不了或没有提及，但与正文有关，必须附加说明的部分。它是对正文的补充或更详尽的说明，包括问卷、技术细节说明、原始资料背景材料、统计输出的结果等。

10.2.2 市场调查报告的撰写技巧

市场调查报告的写作技巧主要包括文字表达、表格和图形表现等方面的技巧。表格和图形表现主要应用计算机来完成，文字表达技巧主要包括叙述、说明、议论、语言运用四个方面的技巧。

1. 叙述的技巧

市场调查的叙述，主要用于开头部分，叙述事情的来龙去脉，表明调查的目的和根据、调查的过程和结果。此外，在主体部分还要叙述调查信息得来的情况。市场调查报告常用的叙述技巧有概括叙述、按时间顺序叙述、叙述主体的省略。

（1）概括叙述。叙述有概括叙述和详细叙述之分。市场调查报告主要用概括的语句叙述，即将调查过程和情况概略地陈述，不需要对事件的细枝末节详加铺陈。这是一种“浓缩型”的快节奏叙述，文字简约，一带而过，给人以整体、全面的认识，以适应市场调查报告快速、及时反映市场变化的需要。

（2）按时间顺序叙述是交代调查的目的、对象、经过时常用的叙述方法，秩序井然，前后连贯，如开头部分叙述事情的前因后果，主体部分叙述市场的历史及现状，就体现为按时间顺序叙述。

（3）叙述主体的省略是市场调查报告的叙述主体是写报告的单位，叙述中用第一人称“我们”的叙述方法。为行文简便，叙述主体一般在开头部分出现后，在后面的各部分即可省略，并不会因此而令人误解。

2. 说明的技巧

市场调查报告常用的说明技巧有数字说明、分类说明、对比说明、举例说明。

（1）数字说明。市场运作离不开数字，反映市场发展变化情况的市场调查报告，要运用大量数据，以增强调查报告的精确性和可信度。

（2）分类说明。市场调查中所获材料杂乱无章，根据主旨表达的需要，可将材料按一定标准分为几类，分别说明。例如，将调查来的基本情况，按问题性质归纳成几类，或按不同层次分为几类，每类前冠以小标题，按提要的形式表述。

（3）对比说明。市场调查报告中有关情况、数字的说明，往往采用对比形式，以便全面深入地反映市场变化情况。对比要清楚事物的可比性，在同标准的前提下，作切合实际的比较。

（4）举例说明，即为说明市场发展变化情况，举出具体、典型事例，这也是常用的方法。在市场调查中，会遇到大量事例，应从中选取有代表性的例子。

3. 议论的技巧

市场调查报告常用的议论技巧有归纳论证和局部论证。

（1）归纳论证市场调查报告是在占有大量材料之后，作分析研究，得出结论，从而形成论证的过程。这一过程主要运用议论方式，所得结论是从具体事实中归纳出来的。

（2）局部论证市场调查报告不同于议论文，不可能全篇论证，只是在情况分析、对未来预测中作局部论证。例如，对市场情况从几个方面做分析，每一方面形成一个论证过程，用数据、情况等作论据去证明其结论，形成局部论证结论。

4. 语言运用的技巧

语言运用的技巧包括用词方面和句式方面的技巧。

1）用词方面

市场调查报告中数词用得较多，因为市场调查离不开数字，很多问题要用数字说明。可以说，数词在市场调查报告中以其特有的优势，越来越显示出其重要作用。市场调查报告中介词用得也很多，主要用于交代调查目的、对象、根据等，如用“为、对、根据、从、在”等介词，此外，还多用专业名词，以反映市场发展变化，如“商品流通”“经营机制”“市场竞争”等词。为使词语表达准确，撰写者还需熟悉市场有关专业术语。

2）句式方面

市场调查报告多用陈述句，陈述调查过程、调查到的市场情况，表示肯定或否定判断。祈使句多用在提议部分，表示某种期望，但提议并非皆用祈使句，也可用陈述句。

10.2.3　撰写市场调查报告应注意的问题

撰写一份好的调查报告不是件易事，调查报告本身不仅显示着调查的质量，也反映了作者本身的知识水平和文字素养。在撰写调查报告时，主要应注意以下几个方面的问题。

(1) 考虑谁是读者。报告应当是为特定的读者而撰写的，他们可能是领导、管理部门的决策者，也可能是一般的用户。我们不但要考虑这些读者的技术水平、对调查项目的兴趣，还应当考虑他们可能在什么环境下阅读报告，以及他们会如何使用这个报告。有时候，撰写者必须适应有几种不同技术水平和对项目有不同要求的读者，为此可将报告分成几个不同的部分或干脆完全针对不同的对象分别撰写不同的报告。

(2) 力求简明扼要，删除一切不必要的词句。调查报告应该是精炼的，任何不必要的东西都应省略，不过也不能为了达到简洁而牺牲了完整性。

(3) 行文流畅，易读易懂。报告应当是易读易懂的。报告中的材料要组织得有逻辑性，使读者能够很容易弄懂报告各部分内容的内在联系。使用简短的、直接的、清楚的句子把事情说清楚，比用“正确的”但含糊难懂的词语来表达要好得多。为了检查报告是否易读易懂，最好请两三个不熟悉该项目的人来阅读报告并报出意见，反复修改几次之后再呈交给用户。

(4) 内容客观。调查报告的突出特点是用事实说话，应以客观的态度来撰写报告。在文体上最好用第三人称或非人称代词，如“作者发现……”“笔者认为……”“据发现……”“资料表明……”等语句。行文时，我们应以向读者报告的语气撰写，不要表现出力图说服读者同意某种观点或看法。读者关心的是调查的结果和发现，而不是你的个人的主观看法。同时，报告应当准确地给出项目的研究方法、调查结果的结论，不能有任何迎合用户或管理决策部门期望的倾向。

(5) 选用不同类型的图表，具体说明和突出报告的重点内容。用表格、图表、照片或其他直观形式来补充正文中的关键信息是十分重要的。直观可视的图表等对帮助报告撰写者和读者之间进行交流是很有好处的，也可以增强报告的明了程度和效果。

(6) 报告中引用他人的资料，应加以详细注释。这一点是大多数人常忽视的问题之一，通过注释，指出资料的来源，以供读者查证，同时也是对他人研究成果的尊重。注释应详细准确，如被引用资料的作者姓名、书刊名称、所属页码、出版单位和时间等都应予以列明。

(7) 打印成文，字迹清楚、外观美观。最后呈交的报告应当是专业化的，应使用质量好的纸张，打印和装订都要符合规范。印刷格式应可变化，字体的大小、空白位置的应用对报告的外观及可读性都会有很大的影响。同时报告的外观是十分重要的。干净整齐、组织得好的、有专业味道的报告一定比那些匆匆忙忙赶出来的外观不像样的报告更可信、更有价值。撰写者一定要清楚不像样的外观或一点小失误和遗漏都会严重地影响读者的信任感。

10.3 口头报告

在很多情况下，调查人员需要将市场调查结果向管理层或委托单位作口头报告。口头报告可以帮助管理部门或委托方理解书面报告并接纳书面报告。口头报告还要针对用户事先提出的问题进行说明和作出回答。

由于很多管理决策的领导对调查项目的第一印象和最后印象是根据口头报告形成

的，因此口头报告的重要性无论如何强调都不会过分。

10.3.1 口头报告的技巧

口头报告同书面报告一样，首先需要了解听众。他们的专业技术水平的层次有多高？他们在项目中的参与程度有多深？他们对项目的兴趣如何？一般来说，口头报告可少一些详细的技术性阐述。因为听众在听讲时，如果需要了解情况，他们可以随时要求对有关的技术细节进行必要的解释。

1. 口头报告的制作

口头报告制作的一个重要方面是怎样组织报告的顺序。一般有两种较通用的方式，在报告的开头，两种方式都先阐述调查的总体目标和特定目标。两者的差别是何时介绍调查的结论。其中最常用的一种方式是在对调查活动的所有项目都一步步地介绍清楚以后，再阐述结论。这种形式使报告的陈述具有逻辑性和系统性。另一种方式是在调查目标提出以后，立即阐述调查的结论。这种方式能迅速抓住听众的注意力，加深他们对调查结果的印象。这不仅使他们能够对调查所提出的各种行动方案加以思考，也能提醒他们对用以支持结论的一些例证充分注意。

口头报告的制作还要考虑如何适当地使用直观工具，以使口头阐述效果更佳。报告人可以根据听众人数的多少以及会议室的设备状况来决定使用何种工具。例如，挂图、投影器、幻灯片甚至黑板都可以用来帮助提高口头报告的效果。

2. 口头报告人的演讲

口头报告人应使用三分之一（至多不超过一半）的时间来阐述正式报告的内容，他必须把握整个讲演进程，保证留有足够的时间对关键的调查结果进行充分阐述并展开讨论，同时能保留充裕的时间来允许提问和进一步讨论。

与书面报告相比，口头报告有其独特的优点。口头报告可以产生一种相互影响的效应，因为提问和回答过程可以帮助报告人澄清谈话过程中可能出现的混淆；报告人还可以对一些需要特别注意的部分，有重点地详细阐述，并体会到什么是听众最感兴趣和特别关心的部分。此外，在报告过程中听众提出的问题可以帮助报告人对报告进行进一步改进。

3. 调查结果的图表

口头报告中如能适当运用设计精良的图表进行说明，能顶上千句言语说明的效果。在调查报告中，涉及数字表述时常可使用图表来加以说明，图片能使读者对数量之间的关系和比较有较为准确的理解，因为图表说明更加直观、明确，给人以深刻的印象。

在调查报告中，常用的图表有三种：第一种是统计图，用来显示量的多少；第二种是地图，用来显示地理区域；第三种是示意图，用形象的图形来显示数字的含义。一般来说，统计图使用最普遍。

10.3.2 口头报告应注意的问题

要使口头报告发挥效力，关键是做好充分的准备。只要准备充分，就会充满信心，增强口语表达的效果。具体应注意以下问题。

（1）按照书面报告的格式准备好详细的演讲提纲；

（2）口头报告的内容和风格要与听者的具体情况和要求相吻合；

（3）借助可视物来加强发言效果，如PPT、图片、实物等；

（4）语言要简洁明了，明确易懂；

（5）要有趣味性和说服力，适当使用实例加以说明；

（6）报告的结尾应当是明确而强有力的。

本章小结

撰写市场调查报告是市场调查活动的最后一步。它通过文字、图表等形式将调查的结果表现出来，以使人们对所调查的市场现象或问题有一个全面系统的了解和认识。市场调查报告具有针对性、科学性、时效性和新颖性的特点。

根据调查报告的内容及其表现形式不同，调查报告可分为纯资料性调查报告和分析性调查报告两大类。市场调查分析性报告较为常用，其结构一般是由题目、目录、摘要、正文、结论和建议、附录等几个部分组成。根据调查项目、承担任务的调查者或调查公司、用户以及调查项目自身性质的不同，调查报告可以有不同的结构和风格。正文是市场调查分析报告的主体部分，通常包括开头、论述和结语三部分。

口头报告可以帮助管理部门或委托方理解书面报告并接纳书面报告。口头报告还要针对用户事先提出的问题进行说明和作出回答。

案例

大学生旅游意向调查报告

一、调查概况

随着国民经济的快速发展和人们生活水平的不断提高，旅游越来越受到人们的青睐，它已经成为人们生活中不可缺少的一部分。在旅游群体中，大学生作为一个特殊的社会群体，具有一定的经济独立性和较强的生活能力。同时，他们还具有相对自由的时间和更多的冒险精神，这些都促成了大学生的旅游热。因此，大学生作为一支旅游生力军的地位不容忽视。本次调查的对象主要是大一至大四的在校大学生，调查内容集中在大学生旅游意向、旅游时间和地点的选择、旅游信息的来源、可接受的旅游价格、希望旅行社提供的服务等方面。调查方式主要采用纸质调查问卷和网络问卷调查两种形式，问卷题型以选择题为主。根据大学生性别、年级、消费能力、旅游方式差异来分发问卷，其中，纸质问卷主要以拦截访问为主，共发出100份，收回100份，有效问卷70%；网络问卷调查主要通过QQ、微信等方式进行，共发出100份，回收100份，有效问卷100%。

二、旅游兴趣分析

在旅游兴趣方面，通过收回调查问卷可以看出，被访者中非常喜欢旅游的大约占

80%，一般喜欢的占 20%，无人选择不喜欢。可见大学生旅游市场是非常庞大的。

三、旅游目的分析

在旅游目的方面，选择释放心情、缓解压力的比例最高，比例占 43%；欣赏风景的占 33%；以交友、锻炼身体为目的的分别占 11%、9%左右。由此可见，大部分的大学生喜欢比较舒适的旅游体验。

四、旅游时间分析

在旅游时间方面，大部分同学都选择在寒暑假出游，原因可能是这个时间段比较长，学生时间充足。基于此，旅游公司在做宣传时，时间点可以选择在临近寒暑假的前两周。

五、主要观点总结

1. 在旅游态度及偏好方面，大学生对旅游持有非常肯定的态度。大部分学生喜欢旅游，其旅游的目的主要是释放心情、缓解压力、欣赏风景，所以，观光休闲型旅游偏好值最高。

2. 经济支出方面，大学生的消费水平适合中低端的旅游产品，因为家长的供给依然是大学生经济的主要来源，由于大学生可支配的资金有限，不可能支付得起大酒店高昂的住宿费用，个人小旅店虽然价格便宜，但小旅店的不规范和住宿人员复杂等情况，使得大学生因安全问题对小旅店的选择存在顾虑。

3. 大多数学生选择寒暑假旅游，并乐意与同学一起游玩。原因可能是寒暑假期间，大学生有更多的时间可以自由支配，有利于长途旅行。

4. 目前学校没有充分重视大学生旅游，旅游公司缺乏适合大学生旅游的产品，所以，大学生旅游有着很大的市场空间，旅游公司应针对大学生的消费水平和旅游爱好开发相应的旅游产品。

5. 一些同学表示不喜欢跟团出游的方式，因为跟团旅游受到很多限制，如在某些景点的参观时间有规定导致游玩不能尽兴，旅游团中游客素质良莠不齐等。而大学生自己旅游又存在酒店和交通价格高、线路不熟悉等情况。

六、建议

（一）对大学生旅游的建议

1. 安全第一，在旅游过程中一定要注意自己的人身财产安全。

2. 旅游时要避开高峰期，一方面可以节省时间和资金，另一方面也便于更好的享受旅游过程。

3. 可以到自己的同学、朋友所在的城市旅游。这样既可以解决住宿问题，又能减少一些不必要的麻烦。当然，也增进了朋友之间的友谊。

（二）对旅游公司的建议

1. 设计针对大学生的旅游产品。设计此类产品时需要考虑到的一些影响因素：(1) 针对大学生的经济状况，酒店最好选择以青年旅馆为代表的廉价旅馆；(2) 因为大学生的时间相对自由，可以选择低价时间段的车票；(3) 旅游线路的选择可以考虑一些常规旅游线路之外的方案；(4) 增加以班级、支部或社团为单位的旅游团购产品。

2. 推出大学生旅游校园营销活动。旅游公司应该走近校园，聚焦学生的课余生活，做到精准营销、深度营销，例如可以举办一些大学生旅游线路设计大赛、大学生最喜欢的十大景区评选、大学生最喜欢的景点小吃大比拼等活动，以达到宣传旅游公司和大学生旅游项目的效果。

案例思考题：

1. 请分析这篇报告的结构。

2. 以上报告哪些方面还可以改进？

能力提升

• **主要知识点**：市场调查报告的含义、种类、结构和撰写。能根据市场调查预测结果撰写书面报告和进行口头报告。

• **本章重点**：市场调查报告的写作技巧。

• **动手操练**：请对现有调查结果进行分析、总结，写出市场调查书面报告，并向全班作口头报告。

第 11 章　市场调查与预测课程实训

11.1　市场调查的意义

在复杂多变的市场环境中，现代企业面临着国际市场的瞬息万变和国内市场的多元迭代。企业经营管理者必须了解市场环境变化，把握市场动态，根据外部环境变化和自身条件优劣作出及时的决策调整，制订适宜的发展战略和行动计划，才能使企业走得稳、走得远。无论哪种决策都需要全面、准确、及时的信息和对未来的洞察，信息的取得和对市场的预测都需要借助于现代的市场调查手段，可以说市场调查活动已经广泛开展到各行各业的各个领域。目前，国内越来越多的企业意识到市场调查的重要性，尤其是大中城市的市场调查服务业已逐步成为我国一个新兴的现代咨询行业，为发展中的企业持续提供援助与支持。市场调查对企业作出正确决策的作用越来越重要。

11.1.1　市场调查有助于管理者了解市场、发现商机

市场情况瞬息万变，企业不仅面临着产品竞争、资金竞争、人才竞争，更面临着技术水平和技术装备方面的竞争，如此多角度的市场竞争既可能给企业发展带来困难，同时也可能为企业创造出商机。在这种市场条件下，谁能赢得消费者的青睐，谁就是成功经营者，反之则可能面临被挤出市场的命运。因此生存危机是企业必须时时关注的问题，同时，经营者也要看到机遇，考虑如何把握住时机使企业得到长足发展。通过市场调查可以确定产品的潜在市场需求和可能的销量大小，了解客户的消费行为和需求特点，预测市场形势和动态变化，为企业发现和利用市场机会创造最佳条件。

11.1.2　市场调查有助于管理者了解产品、开拓市场

任何企业的产品都不会在市场上永远畅销，企业产品的市场生命周期理论告诉我们，每种产品都要经历培育期、成长期、成熟期、衰退期，企业要想生存和发展就需要不断地开发新产品、开拓新市场。通过市场调查可以分析企业产品所处的市场生命周期阶段，从而为下一步市场开拓计划提供依据。市场调查在新产品开发中发挥着重要作用，通过市场调查可以了解和掌握消费者的消费趋向、新的要求、消费偏好的变化以及对产品的期望等，然后适时设计出满足客户这些新要求的新产品，对企业产品进行更新换代，使企业的销售呈现新的市场生命高潮。

11.1.3　市场调查有助于管理者了解促销活动、制订营销策略

在现代市场营销中，市场情况复杂多变难以推测，产品价格瞬息万变难以把控。通过市场调查，企业可以及时掌握市场上产品价格动态，灵活调整企业策略。市场调查可以为企业制订有效的营销策略提供依据，为企业销售渠道畅通制订有效策略提供依据，

形成企业营销组合策略。市场调查使企业管理者掌握经营管理主动权，主动的管理意味着通过调整营销组合策略来适应新的竞争环境。市场调查在主动式管理中发挥重要的作用，使管理者在不断变化的市场中寻求新的机会，制订新的营销战略。

11.1.4 市场调查有助于决策者调整营销策略、提高企业竞争力

市场是不断变化的，企业对市场的认识、制订的营销策略总有偏差。通过市场调查，企业能够及时掌握市场中客户需求特点、竞争对手动态和营销措施、整个市场的经营环境等不同信息，及时调整企业市场营销策略，实现企业经营目标，在竞争中占据有利地位，提高企业经济效益。正因为市场调查是企业了解顾客和把握市场的重要手段，是辅助企业决策的重要工具，所以，对现代管理者来说，掌握和运用市场调查的理论、方法和技能是非常必要的。

11.1.5 市场调查有助于创新者找寻创新点、有效开发新产品

企业创新者开发新产品时需要有充足的市场信息，尽可能避免新产品开发失效给企业造成严重损失。例如汽车制造企业只有根据当时的市场调查数据，设计贴合主流消费者偏好的新款车，在 12 月份旺季之前推出，并进行大批量生产，才能使其作为未来两年的主打产品，成为企业经济新的亮点和效益增长点。

总之，市场调查是市场营销、贸易经济、电子商务、工商管理等工作的基础和重要组成部分，是支撑上述专业工作能力的支柱之一，同时也是上述专业经营管理人才的基本功，是其综合素质的标志之一。

越来越多的人认识到不了解市场几乎寸步难行。在当今这个信息爆炸的多元化、网络化时代，决策者尤其要认识到市场调查的重要性。在每一个重大决策作出之前，决策者一定要有充分的调查研究基础，既要有向市场看的态度和决心，更要有走出高楼大厦来到车站码头、田间地头、商铺菜场进行深入的市场实地调查，同各界各阶层人士进行沟通交流的行动。只有这样，才能真正了解市场的真实状况，才能充分掌握必要、真实可靠的信息，才能作出正确的决策。

11.2 市场调查在我国的发展

与西方国家规范而成熟的市场调查产业体系相比，我国的市场调查起步晚，市场调查作为一个整体的产业规模较小，客户主要来自境内的外商独资或中外合资企业。我国的国有企业、民营企业通过理性的调查数据去分析获取决策依据的意识还不强，这与我国巨大的市场空间和市场潜力极不相符。近年来，这一状况有了明显改善，我国市场调查业从无到有已经产生了一批本土化、专业化的市场调查公司，比如北京零点研究集团、新华信市场研究咨询等商业性市场调查公司已经成为行业内具有一定影响力的大型调查公司，并朝着大型化和综合化的方向发展。市场调查的服务范围从最初以简单数据提供为主向专业化市场调查与咨询研究并重方向迈进。市场调查的规模不断扩大，从业人员逐渐增加，行业营业额度逐步上升，有关市场调查咨询研究机构逐步增多，显示出我国市场调查具有巨大的市场空间和较大的发展潜力。

同时也能看到我国市场调查业的发展尚不成熟，具有区域发展不均衡、业务开展不够规范、未取得企业的足够重视等特点，需要全方位提高行业的竞争能力和企业调查水平。

11.2.1 调查区域发展很不均衡

纵观欧美国家的市场调查业，经过多年的发展和市场竞争已经形成了布局合理、数量可观、行业整体增长强劲的局面。他们在世界范围内寻找新的市场机会，既为本国的跨国公司开拓国际市场提供调查服务，又为世界其他国家的企业开拓国际市场提供市场调查和信息服务。而我国谢查业的总体规模与我国的总体市场规模和潜力还极不相称，主要表现在有一定规模和实力的市场调查公司太少，且主要集中在北上广深等大城市，二、三线及以下城市极不普及，区域分布不均衡，从而造成我国市场调查业总体规模偏小，还不具备与国际跨国调查公司相抗衡的实力，更谈不上开拓国际市场以及参与国际市场业务的竞争。

11.2.2 调查业务开展不够规范

专业调查公司属于新兴行业，大多数中小企业本身处于成长期，企业的调查活动主要是在学习模仿中不断探索不断壮大，还没有形成组织、管理、监督等方面的行业标准。调查业务尚欠规范，调查缺乏有效监督机制和归口管理，信息产品和服务没有标准约束，部分调查机构缺乏职业道德、弄虚作假、不正当价格竞争等现象仍然存在，影响了调查机构的社会形象和行业的健康成长。政府和行业协会在市场调查业中的作用还远没有发挥，行业缺乏统一的业务标准、质量标准、监督规则、代理商评价体系和资格评审标准等，并且各种法律法规的缺乏也影响了我国调查业进一步的规范化和长远发展。

11.2.3 企业重视程度不够

发达国家的大多数企业在生产经营过程中非常重视市场调查工作，都设立有专门的市场研究部门来收集和分析市场信息，并且充分利用外部专业性的市场调查公司作为公司发展的外脑，为公司的营销活动服务。政府对调查业也非常重视，积极为调查业的发展营造良好的政策和法律环境，促进调查产业做大做强。而我国多数企业特别是中小型企业并不信任市场调查工作，认为市场调查只是数字游戏，并不能为企业带来什么红利，愿意承担的调查成本有限。一方面是由于我国调查公司的调查质量不高，难以提供优质信息产品；另一方面，我国企业对市场调查的重要性认识不够，习惯于凭经验决策，不愿意花钱做调查。

11.2.4 信息采集难度较大

受到社会信用危机影响，企业与企业间、个人与企业间的相互信赖程度有所减弱，一方面个人不敢轻易接受调查访问，造成数据信息难以收集、样本容量不足而影响结果的有效性的局面；另一方面企业对市场调查结果不敢轻易相信并付诸实施。

11.2.5 服务水平有待提升

市场调查业是一个智力密集型行业，对从业人员的知识结构和专业技术能力具有很高的要求。欧美国家的市场调查业从业人员大多具有丰富的理论知识和实践经验，其市场调查公司的人员构成非常合理，市场调查公司不同部门配备具有不同专业素养和特长的人员，在具有丰富项目操作经验的项目总监的指导下充分利用先进的调查技术合作完成每一个项目。而我国许多调查机构的从业人员一部分是从其他行业转行过来的，也有一部分是临时雇佣或招聘来的，对市场调查理论和方法缺乏系统且完整的掌握，掌握综合营销理论、统计理论、调查理论、社会学和心理学等多学科知识的复合型调查人才极为少见。

总之，市场调查的服务主体参差不齐，少数大型的专业调查公司占据了绝大部分市场份额，有规模、业绩好的市场调查机构尚不多，多数小型的市场调查公司处于尚未摆脱生存危机阶段。市场调查的重要作用在许多企业还没有得到充分的重视，这种认知与我国市场调查业的整体服务水平不高、调查人员不专业密切相关。因此，市场调查公司必须努力提高为企业决策服务的专业化能力，加速行业整体素质的推进和提升。而企业在不接受第三方市场调查公司及“外脑”帮助前提下，全面提升管理人员调查素质与能力是十分必要的，一方面可以节约第三方调查的成本，另一方面可以取得真正为本企业决策服务的信息和洞见，为企业决策保驾护航。

11.3 市场调查工作中存在的问题

市场调查是一项复杂细致、专业性极强的技术工作，更是一项需要在设计思维、沟通能力、归纳整理等方面有开拓创新的工作，没有扎实的专业知识和工作责任心难以胜任调查工作。但目前行业中明显存在调查目的不明确、内容不恰当、技巧不熟练等问题，主要表现在以下几个方面。

1. 调查目的不明确，致使调查无方向

市场调查的目的相当于航行的目的地，关系着调查工作这条“船”向哪里“走”，怎么“走”，能不能到达目的地，企业的调查工作中常出现调查目的不明的情况，主要表现在：一是调查目的模糊，调查者不明白自己要干什么、要了解什么、调查要起到什么作用，为调查而调查使市场调查无的放矢；二是调查目标锁定过多，希望一次调查能解决很多问题，涉及的内容很多，没有明确方向，最终不能解决任何问题，使得调查失去价值。

2. 调查内容不恰当，致使调查无效果

市场信息包罗万象，调查什么应根据调查目的来确定，但一些调查者不能紧扣主题对内容进行筛选，要么什么都调查，收集一堆用不上的信息，白白浪费了时间和金钱；要么设计的内容过窄，满足不了调查的需要，或是调查的内容过宽，如需要了解产品口味却在调查内容中过多涉及产品价格和包装内容，如需要了解企业市场份额下降的原因，但调查内容却过多设计为产品本身的调查内容。调查内容过宽或过窄，或与调查目的不符，都会导致调查工作质量下降甚至调查无法进行，调查结果无效。

3. 信息收集不合理，致使调查有偏差

调查阶段信息收集设计不合理，数据可信度低，信息冗长、凌乱、无重点，难以形成有效的结论和建议；分析阶段技术或方法使用不当，调查结果对决策没有帮助，其可行性、有效性差，甚至与客观事实偏离较大，从而误导生产经营方向，引致企业损失严重。

4. 调查技巧不熟练，致使调查无结果

在市场调查行业内，有些调查人员轻描淡写、敷衍了事，草草完成调查任务。不深入调查，不挖掘现象背后，就不可能洞察到未来发展趋势，导致调查有其形、无其实，有其事、无其果，或者看似有结果，实则表面文章而已。究其原因是调查人员缺乏专业的调查技巧，导致只调查未研究，或者说只表面调查无深入了解市场发展的规律。

5. 数据整理不专业，致使调查无分析

调查人员只能勉强完成原始数据的收集，对资料的汇总整理缺乏条理化和系统化，更不用说分析预测和撰写调查报告，处理数据的技能低下，不懂得运用先进成熟的方法和电脑信息技术去分析研究，致使数据的规律性和有效性难以保证，对企业的经营决策很难起到参考作用，因此加强市场调查人员的调查能力培养十分必要，事关企业的生存和发展。

6. 调查报告泛泛谈，致使调查无价值

因为调查目的不明、内容失当、调查不专业、技巧不熟练，没有专业的分析，致使调查报告无实质内容可谈，市场现象的规律无从谈起，调查报告起不到决策参考作用，调查报告成了假而空的文字，失去应有的调查价值，这样的报告对决策有百害无一利。

造成上述状况的主要原因：一方面是从事营销调查工作的人员来自不同的领域，专业素养和学识水平参差不齐，他们主要关注与自身利益相关的销售业绩，认为搞市场调查是附带性的工作，往往对调查工作敷衍了事；另一方面调查人员即使原本有一定调查工作能力，但吃老本思想严重，不愿意学习新方法，不重视必要的知识积累和素质能力提升，工作创新不够，在经济全球化不断向纵深发展，全球竞争日趋白热化的环境下，难以达到调查工作的新时代的迫切要求，因此加强市场调查人员的调查能力培养十分必要。

11.4 市场调查与预测课程实训设计

通过前面课程的学习，我们已经掌握了必备的理论知识和操作技术要领，了解了市场调查与预测工作在现实中的情况与存在的问题。在此基础上进行的课程实训就是要运用所学的知识开展市场调查与预测活动，从而锻炼、提升开展市场调查与预测的能力，为将来真正进行市场调查与预测的工作积累经验，打下良好的基础。

根据本课程的性质与目的，实训活动应包括市场调查方案策划、市场调查问卷设计、市场调查方法的操作与运用、市场调查数据的处理、市场趋势预测、市场调查报告的撰写等内容，具体实训设计如下。

[实训活动 1] 市场调查方案策划。

实训目的：策划市场调查活动，掌握市场调查方案的格式及要领。

实训内容：选题、探索性调查，确定调查目的、对象、范围、项目、方法、步骤等内容，制作初稿、定稿，打印。

实训步骤：

（1）确定选题，进行探索性调查。

（2）调查方案策划：初步确定调查目的、对象、范围、项目、方法等内容，拟定调查方案初稿，制作小组调查方案 PPT，并在班级进行调查方案的交流。

（3）修订完善调查方案，明确调查步骤。

(4) 按要求制作“调查方案”。

实训设备及材料：计算机、打印纸等。

实训成果：按要求提交“调查方案”。

[实训活动 2] 市场调查问卷设计。

实训目的：了解市场调查问卷设计过程，掌握调查问卷的设计要领。

实训内容：根据市场调查方案的内容列出详细的调查提纲，设计调查问卷的主体部分（构造问句、设计答案、调整顺序），完成辅助部分（打印等）。

实训设备及材料：计算机、打印纸等。

实训效果：按要求提交“调查问卷”。

[实训活动 3] 市场调查方法的操作与运用。

实训目的：开展市场调查活动，体验市场调查的方法技巧。

实训内容：开展访问调查（修订方案和问卷）。

实训设备及材料：打印纸、曲别针等。

实训成果：提交调查记录和一定数量的调查问卷。

[实训活动 4] 市场调查数据的处理

实训目的：学会数据的审核、整理、汇总技术，掌握数据分析要领。

实训内容：根据调查目的对市场调查数据进行审核、分组、汇总、表示（用 EXCEL 制图或表）、初步分析，应用软件进行分组、汇总及部分高级分析（SAS、SPSS 软件的应用）。

实训设备及材料：打印纸、曲别针等。

实训成果：提交加工后的市场调查数据（汇总表、过录表等）。

[实训活动 5] 运用调查资料，开展市场趋势预测。

实训目的：运用调查资料预测市场未来发展变化趋势。

实训内容：运用整理好的调查数据对市场未来发展趋势做出定性判断分析和定量估计预测。

实训设备及材料：计算机、打印纸等。

实训成果：提交市场调查报告的预测部分。

[实训活动 6] 市场调查报告的撰写。

实训目的：对调查过程进行综合分析，掌握市场调查报告的撰写要领。

实训内容：对市场调查数据进行分析，通过观点阐述、数据分析（用 EXCEL、SPSS、SAS 等）得出调查结论，进行市场趋势预测并提出建议。

实训设备及材料：计算机、打印纸等。

实训成果：提交一份完整的“调查报告”。

11.5 市场调查与预测课程实训报告册

本节为实训报告册，没完成一个实训活动填写相应的实训报告并提交，全部完成后装订成册。也可以先把这部分内容裁剪下来装订成册再逐个完成。实训报告的练习有利于回顾和复习市场调查与预测的各个环节，最终实现市场调查与预测能力的提升。

市场调查与预测课程实训报告册

班　　级：____________________

组　　号：____________________

课题名称：____________________

姓　　名：____________________

学　　号：____________________

指导教师：____________________

完成时间：____________________

装订线

市场调查活动记录表

过程	活动内容	任务分工	完成情况	完成时间
实训一				
实训二				
实训三				
实训四				
实训五				
实训六				

市场调查与预测实训报告（一）

<table>
<tr><td>实训项目</td><td>市场调查方案策划</td></tr>
<tr><td>实训目的</td><td>策划市场调查活动，掌握市场调查方案的格式及要领</td></tr>
<tr><td colspan="2">小组实训过程：</td></tr>
<tr><td colspan="2">个人完成过程：</td></tr>
<tr><td colspan="2">实训成长小结：</td></tr>
</table>

市场调查与预测实训报告（二）

实训项目	市场调查问卷设计
实训目的	了解市场调查问卷的设计过程，掌握调查问卷的设计要领
小组实训过程：	
个人完成过程：	
实训成长小结：	

市场调查与预测实训报告（三）

实训项目	市场调查方法的操作与运用
实训目的	开展市场调查活动，体验市场调查的方法技巧
小组实训过程：	
个人完成过程：	
实训成长小结：	

市场调查与预测实训报告（四）

实训项目	市场调查数据的处理
实训目的	学会数据的审核、整理、汇总技术，掌握数据分析要领
小组实训过程：	
个人完成过程：	
实训成长小结：	

市场调查与预测实训报告（五）

实训项目	运用调查资料，开展市场趋势预测
实训目的	运用调查资料预测市场未来发展变化趋势
小组实训过程：	
个人完成过程：	
实训成长小结：	

市场调查与预测实训报告（六）

实训项目	市场调查报告的撰写
实训目的	对调查过程进行综合分析，掌握市场调查报告的撰写要领
小组实训过程：	
个人完成过程：	
实训成长小结：	

主要参考文献

艾·里斯，杰克·特劳特.2013. 定位：有史以来对美国营销影响最大的观念. 谢伟山，苑爱冬，译. 北京：机械工业出版社

艾·里斯，劳拉·里斯.2013. 品牌 22 律. 寿雯，译. 北京：机械工业出版社

岑咏霆. 2011. 市场调查技术. 3 版. 北京：高等教育出版社

车礼，胡玉立. 2000. 市场调查与预测. 武汉：武汉大学出版社

范伟达. 2002. 市场调查教程. 上海：复旦大学出版社

费孝通，刘豪兴. 2009. 社会调查自白. 上海：上海人民出版社

冯丽云. 2000. 现代市场调查与预测. 北京：经济管理出版社

龚署明. 2000. 市场调查与预测. 长沙：中南工业大学出版社

韩德昌，郭大水，刘立雁. 2000. 市场调查与市场预测. 天津：天津大学出版社

贾俊平，谭英平. 2017. 应用统计学. 3 版. 北京：中国人民大学出版社

蒋志华. 2009. 市场调查与预测. 北京：中国统计出版社

李红梅. 2015. 市场调研课程实践性教学模式研究. 教育教学论坛，(12)：107-109

李少华，雷培莉. 2001. 市场调查与数据分析. 北京：经济管理出版社

刘利兰. 2012. 市场调查与预测. 北京：经济科学出版社

卢宝蕊. 2016. 情境创设与大学生调查研究应用能力的培养. 沈阳工程学院学报（社会科学版），(3)：419-422

马连福. 2002. 现代市场调查与预测. 北京：首都经济贸易大学出版社

苗杰. 2000. 现代广告学. 北京：中国人民大学出版社

彭代武，陈涛. 1996. 市场调查·商情预测·经营决策. 北京：经济管理出版社

王静. 1995. 现代市场调查. 北京：首都经济贸易大学出版社

徐飚. 2004. 市场调查学. 北京：北京工业大学出版社

徐阳. 2000. 市场调查与市场预测. 北京：高等教育出版社

杨进. 2006. 利润倍增的 49 个细节. 北京：企业管理出版社

张美艳. 2017. 项目驱动下资源整合与市场调研能力的提升. 内蒙古科技与经济，(22)：28，31